HACKERS TOEFL ACTUAL TEST SPEAKING 200% 활용법

토플 쉐도잉&말하기 연습 프로그램
이용방법 고우해커스(goHackers.com) 접속 ▶
상단 메뉴 [TOEFL → 쉐도잉&말하기 연습] 클릭하여 이용하기

토플 스피킹/라이팅 첨삭 게시판
이용방법 고우해커스(goHackers.com) 접속 ▶
상단 메뉴 [TOEFL → 스피킹게시판/라이팅게시판] 클릭하여 이용하기

토플 공부전략 강의
이용방법 고우해커스(goHackers.com) 접속 ▶
상단 메뉴 [TOEFL → 토플공부전략] 클릭하여 이용하기

토플 자료 및 유학 정보
이용방법 유학 커뮤니티 고우해커스(goHackers.com)에 접속하여
다양한 토플 자료 및 유학 정보 이용하기

고우해커스 바로 가기 ▶

교재 MP3
이용방법 해커스인강(HackersIngang.com) 접속 ▶
상단 메뉴 [토플 → MP3/자료 → 문제풀이 MP3] 클릭하여 이용하기

문제 풀이 MP3 바로 가기 ▶

iBT 스피킹 실전모의고사 · 답안 말하기 프로그램
이용방법 해커스인강(HackersIngang.com) 접속 ▶
상단 메뉴 [토플 → MP3/자료 → 무료 MP3/자료] 클릭 ▶
본 교재의 실전모의고사 프로그램(답안 말하기 프로그램 포함) 이용하기

MP3/자료 바로 가기 ▶

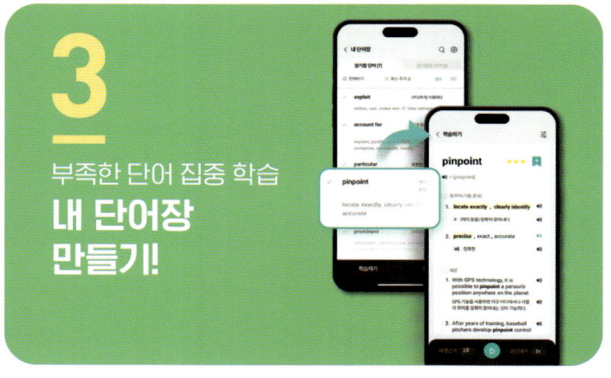

HACKERS
TOEFL
ACTUAL TEST
SPEAKING

해커스 어학연구소

무료 토플자료·유학정보 제공
goHackers.com

최신 토플 경향을 반영한

토플 스피킹, 최고의 마무리 실전서

『Hackers TOEFL Actual Test Speaking』을 내면서

해커스 토플은 토플 시험 준비와 함께 여러분의 영어 실력 향상에 도움이 되고자 하는 마음에서 시작되었습니다. 해커스 토플을 처음 출간하던 때와 달리, 이제는 많은 토플 책들을 서점에서 볼 수 있지만, 그럼에도 해커스 토플이 여전히 **독보적인 베스트셀러**의 자리를 지킬 수 있는 것은 늘 **처음과 같은 마음으로** 더 좋은 책을 만들기 위해 고민하고, **최신 경향을 반영하기 위해 끊임없이 노력**하기 때문입니다.

이러한 노력의 결실로, 새롭게 변경된 토플 시험에서도 학습자들이 영어 실력을 향상하고 토플 고득점을 달성하는 데 도움을 주고자 **최신 토플 경향을 반영한** 『Hackers TOEFL Actual Test Speaking』을 출간하게 되었습니다.

토플 스피킹 고득점을 위한 확실한 마무리!

최신 토플 출제 경향을 철저히 분석하여 실전에 가까운 난이도의 문제를 총 15회분 제공합니다. 문제 유형에 따른 단계별 전략, 자세한 지문 해석과 모범 답안, 고득점 필수 표현 등 보다 체계적이고 논리적인 학습을 통해 토플 Speaking 영역 고득점을 위한 확실한 마무리가 가능합니다.

완벽한 실전 대비, 이보다 더 철저할 순 없다!

총 15회분의 실전모의고사 중 3회분을 해커스인강(HackersIngang.com)에서 제공하여, 실제 토플 시험과 동일한 환경에서 풀어볼 수 있도록 하였습니다. 또한, 답안 말하기 프로그램을 활용하여 자신의 답안을 컴퓨터 환경에서 제한 시간에 맞춰 말해보고, 다시 들어보면서 부족한 점을 보완함으로써 보다 철저하게 실전에 대비할 수 있습니다.

『Hackers TOEFL Actual Test Speaking』이 여러분의 토플 목표 점수 달성에 확실한 해결책이 되고 영어 실력 향상, 나아가 **여러분의 꿈을 향한 길**에 믿음직한 동반자가 되기를 소망합니다.

해커스 어학연구소

HACKERS TOEFL ACTUAL TEST SPEAKING

CONTENTS

해커스 토플로 실전 Speaking 완벽 대비!   6
교재 학습 가이드   8
실전모의고사 프로그램 100% 활용법   12
iBT TOEFL 소개 및 시험장 Tips   14
iBT TOEFL Speaking 미리보기   16
2주/4주 완성 학습 플랜   22

해설집

SPEAKING STRATEGIES
INDEPENDENT TASK Q1   26
INTEGRATED TASK Q2 / Q3 / Q4   28

TEST 01
INDEPENDENT TASK Q1   36
INTEGRATED TASK Q2 / Q3 / Q4   38

TEST 02
INDEPENDENT TASK Q1   46
INTEGRATED TASK Q2 / Q3 / Q4   48

TEST 03
INDEPENDENT TASK Q1   56
INTEGRATED TASK Q2 / Q3 / Q4   58

TEST 04
INDEPENDENT TASK Q1   66
INTEGRATED TASK Q2 / Q3 / Q4   68

TEST 05
INDEPENDENT TASK Q1   76
INTEGRATED TASK Q2 / Q3 / Q4   78

TEST 06
INDEPENDENT TASK Q1   86
INTEGRATED TASK Q2 / Q3 / Q4   88

TEST 07
INDEPENDENT TASK Q1   96
INTEGRATED TASK Q2 / Q3 / Q4   98

TEST 08
INDEPENDENT TASK Q1   106
INTEGRATED TASK Q2 / Q3 / Q4   108

TEST 09
INDEPENDENT TASK Q1   116
INTEGRATED TASK Q2 / Q3 / Q4   118

TEST 10
INDEPENDENT TASK Q1   126
INTEGRATED TASK Q2 / Q3 / Q4   128

TEST 11
INDEPENDENT TASK Q1   136
INTEGRATED TASK Q2 / Q3 / Q4   138

TEST 12
- INDEPENDENT TASK ... 146
  Q1
- INTEGRATED TASK ... 148
  Q2 / Q3 / Q4

출제 예상 토픽 리스트
- INDEPENDENT TASK ... 156
  Q1
- INTEGRATED TASK ... 158
  Q2 / Q3 / Q4

TOPIC LIST
*다음의 TOPIC LIST는 교재에 수록된 모든 유형별 문제를 토픽별로 구분하여 목록으로 구성한 것이다.

유형	토픽	TEST
Q1	학교	TEST 01, TEST 02, TEST 03, TEST 04, TEST 07, TEST 12, TEST 13
	일상	STRATEGY, TEST 05, TEST 06, TEST 08, TEST 09, TEST 10, TEST 11, TEST 14, TEST 15
Q2	정책	STRATEGY, TEST 01, TEST 02, TEST 05, TEST 06, TEST 09, TEST 10, TEST 12, TEST 13, TEST 15
	시설	TEST 03, TEST 07, TEST 14
	수업	TEST 04, TEST 08, TEST 11
Q3	심리	STRATEGY, TEST 01, TEST 04, TEST 07, TEST 09, TEST 13, TEST 15
	생물	TEST 02, TEST 05, TEST 08, TEST 10, TEST 12, TEST 14
	경제경영	TEST 03, TEST 06, TEST 11
Q4	생물	STRATEGY, TEST 01, TEST 03, TEST 05, TEST 07, TEST 09, TEST 11, TEST 12, TEST 13, TEST 15
	경영경제	TEST 02, TEST 10, TEST 14
	심리	TEST 04
	지구과학	TEST 06
	예술	TEST 08

문제집 (책 속의 책)
TEST 01~12

실전모의고사 프로그램 (온라인)
TEST 13~15 + 답안 말하기 프로그램

*해커스인강(HackersIngang.com) 접속
→ [토플 → MP3/자료 → 무료 MP3/자료] 클릭
→ [실전모의고사 프로그램] 클릭

해커스 토플로 실전 Speaking 완벽 대비!

1 실전 TOEFL Speaking 완벽 대비

최신 출제 경향 반영
모든 테스트에 최신 TOEFL Speaking 시험 경향을 완벽히 반영하여 학습자들이 실전 감각을 익히고 실제 시험에 효과적으로 대비할 수 있도록 하였다.

실전에 가까운 난이도의 문제 구성
모든 테스트를 실전에 가까운 난이도의 문제로 구성하여 효과적인 실전 대비가 가능하게 하였다.

온라인 실전모의고사 프로그램 제공
교재에 수록된 12회분의 테스트 외에 해커스인강(HackersIngang.com)에서 3회분의 테스트를 추가 제공하여, 학습자들이 실전과 같은 컴퓨터 환경에서 문제를 풀어봄으로써 iBT TOEFL Speaking 시험을 미리 경험해 보고 실전에 대비한 최종 마무리를 할 수 있도록 하였다.

2 고득점 달성을 위한 확실한 해결책

문제 유형에 따른 맞춤형 전략 제시
Speaking Strategies에서 문제 유형별로 맞춤화된 전략과 전략 적용을 제시하여, 학습자들이 고득점 달성에 필요한 문제 접근 방법을 체계적으로 익힐 수 있도록 하였다.

실전에서 활용 가능한 모범 답안 제시
실제 시험에서 바로 활용 가능한 표현 및 문장 구조로 모범 답안을 구성하여, 이를 익힌 학습자들이 논리적으로 유창하게 답안을 말함으로써 고득점에 가까워질 수 있도록 하였다.

고득점 필수 표현 수록
각 테스트의 독립형(Q1) 모범 답안마다 고득점 필수 표현과 예문을 함께 수록하여, 학습자들이 다양한 표현을 익힘으로써 고득점에 한 걸음 더 다가갈 수 있도록 하였다.

3 체계적인 학습으로 실전 마무리

정확한 해석과 구조 제시
교재의 모든 모범 답안, 읽기 지문, 대화/강의 스크립트에 대한 정확한 해석을 제공하여, 학습자들이 교재의 내용을 명확히 이해할 수 있도록 하였고, 글의 구조를 별도로 표시하여 답변의 흐름을 이해하고, 자신의 답안을 완성하는 데 참고할 수 있도록 하였다.

학습 플랜과 학습 플랜 활용법 제시
교재 학습 기간에 따른 두 가지 학습 플랜을 제시하여 학습자가 자신이 선호하는 플랜을 선택할 수 있도록 하였고, 학습 플랜 활용법을 상세하게 제시하여 교재를 더욱 효과적으로 학습할 수 있도록 하였다.

학습 상황을 스스로 점검할 수 있는 체크 시스템 제공
테스트 전 확인사항, SELF-CHECK LIST 및 SELF-EVALUATION LIST를 제공하여, 학습자들이 자신의 테스트 진행 과정과 Speaking 실력 향상 과정을 스스로 점검해 볼 수 있도록 하였다.

4 점수를 올려주는 다양한 학습 자료 제공

답안 말하기 프로그램 무료 제공
답안 말하기 프로그램을 온라인 실전모의고사 프로그램과 함께 제공하여, 학습자들이 교재의 모든 테스트에 대한 답안을 실전과 동일한 컴퓨터 환경에서 말해볼 수 있도록 하였다.

문제 유형별 출제 예상 토픽 리스트 제공
최신 iBT TOEFL Speaking 시험 출제 경향이 반영된 출제 예상 토픽 리스트를 수록하여, 학습자들이 다양한 토픽을 미리 접해보고 실제 시험에서 출제될 수 있는 문제들에 대비할 수 있도록 하였다.

고우해커스(goHackers.com)를 통한 정보 공유
학습자들은 온라인 토론과 정보 공유의 장인 고우해커스(goHackers.com)에서 교재에 대한 의견과 다양한 무료 학습 자료를 공유할 수 있으며, TOEFL 시험 및 유학에 대한 풍부한 정보도 얻을 수 있다.

교재 학습 가이드

Part 1 유형별 전략과 실전 Test 학습

SPEAKING STRATEGIES 익히기

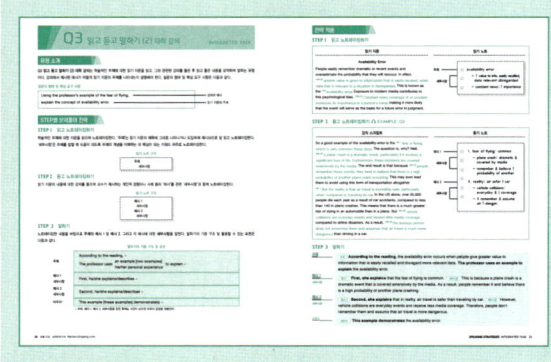

iBT TOEFL Speaking 문제에 더욱 효과적으로 접근할 수 있도록 문제 유형별 전략과 이 전략을 단계별로 적용한 예를 제공하였다. 테스트를 학습하기 전에 SPEAKING STRATEGIES를 익혀, 보다 체계적이고 효과적인 답안 말하기를 준비할 수 있다.

TEST 풀기

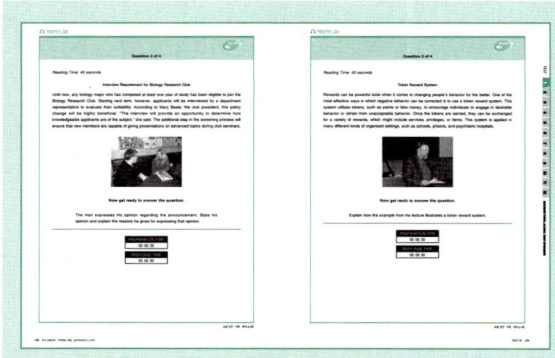

실제 iBT TOEFL Speaking 시험과 유사한 형태의 화면으로 구성된 테스트 총 15회분(온라인 실전모의고사 프로그램 수록 3회분 포함)을 수록하였다. 테스트 진행에 앞서 '테스트 전 확인사항' 리스트를 통해 시험을 볼 준비가 되었는지 스스로 확인해 본 후, 테스트를 풀어보면서 실전 감각을 유지할 수 있다.

SELF-CHECK LIST로 점검하기

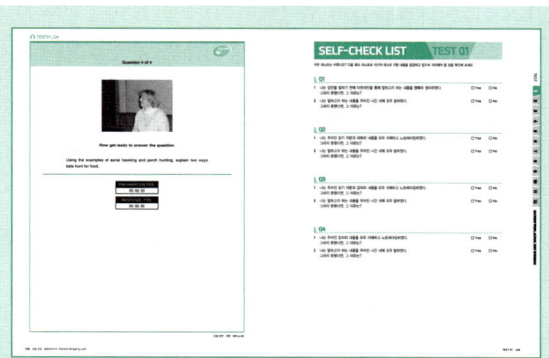

각 테스트를 마친 후에는 'SELF-CHECK LIST'를 활용하여 자신의 테스트 진행 과정 및 태도를 점검할 수 있다.

Part 2 실전 Test 복습

모범 답안, 지문 및 해석으로 심화학습하기

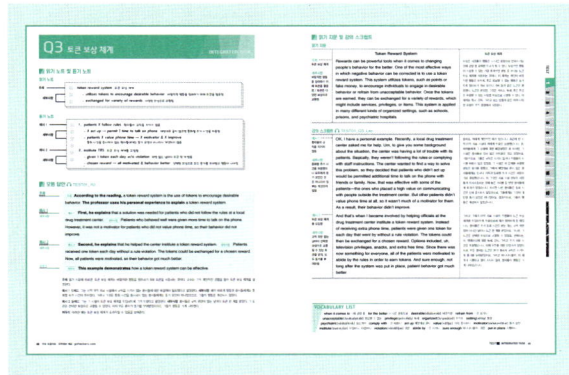

자신이 말한 답안과 비교하여 심화학습을 할 수 있도록, 모범 답안, 읽기 지문, 대화/강의 스크립트를 정확한 해석 및 중요 어휘와 함께 제공하였다. 또한, 독립형(Q1)에서는 다양한 표현을 익힐 수 있도록 '고득점 필수 표현'을 제공하였다.

*자세한 독립형/통합형 유형별 심화학습 방법은 pp.10~11 참고

SELF-EVALUATION LIST로 답안 점검하기

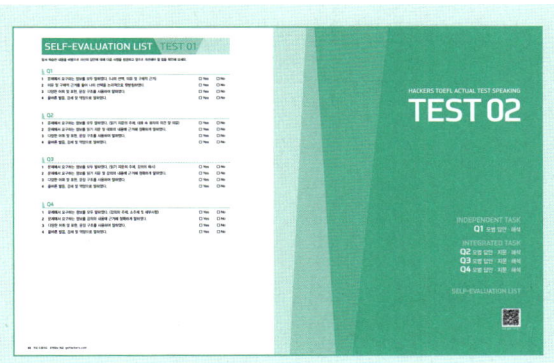

심화학습한 내용을 바탕으로 자신이 말한 답안을 스스로 점검할 수 있도록 'SELF-EVALUATION LIST'를 제공하였다. 문제 유형별로 제시된 기준에 따라 답안을 검토함으로써 Speaking 실력 향상을 위해 개선해야 할 점을 파악하고, 이를 바탕으로 앞으로의 학습 목표를 세울 수 있다.

출제 예상 토픽 리스트로 추가 학습하기

최신 iBT TOEFL Speaking 시험 출제 경향을 바탕으로 각 문제 유형별 출제 예상 토픽 리스트를 제공하였다. 다양한 토픽을 미리 익혀둠으로써 실제 시험에 효과적으로 대비할 수 있다.

Part 3 유형별 심화학습 방법

독립형

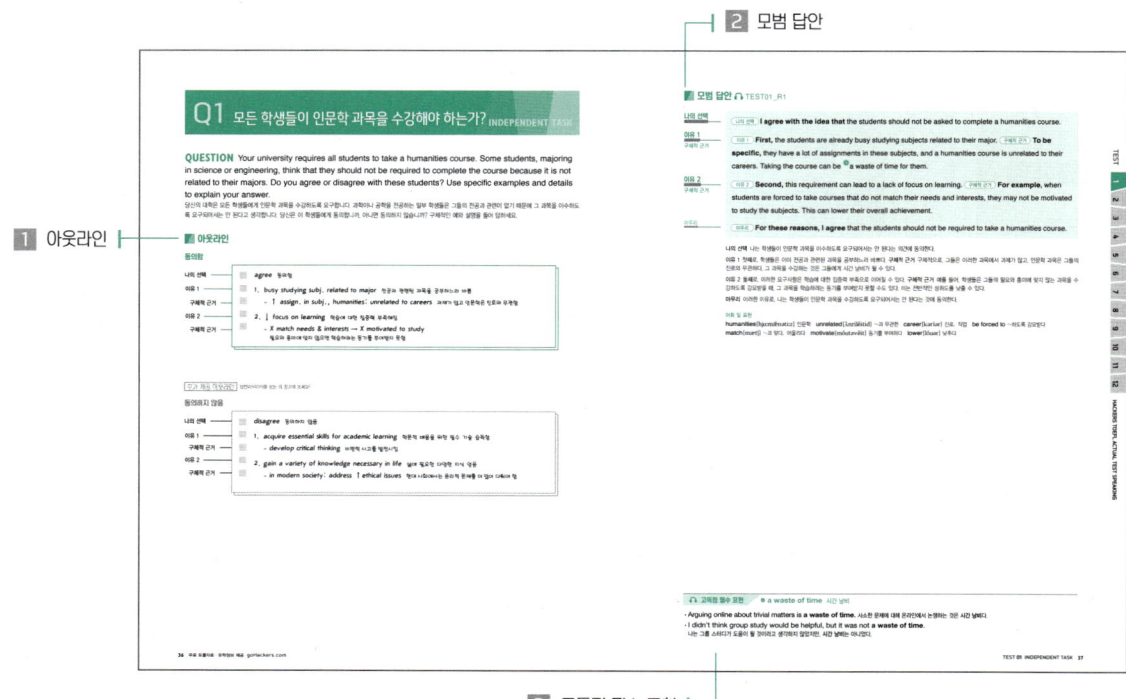

1 아웃라인 점검하기

답안을 효과적으로 말할 수 있는 아웃라인 예시를 자신이 작성한 아웃라인과 비교해보고, 수정하거나 보완할 내용이 없는지 점검해본다. 추가로 제공하는 아웃라인도 확인하여 아이디어를 참고해본다.

2 모범 답안 말해보기

모범 답안에 별도로 표시된 유형별 답안의 기본 구조 및 표현을 보고, 아웃라인의 내용을 바탕으로 어떻게 답안을 효과적으로 말할 수 있는지 확인한다. MP3로 제공되는 모범 답안을 들으며 자신이 말한 답안과 비교하여, 답안의 내용이나 어휘 및 표현, 발음 등에 수정하거나 보완할 내용이 없는지 점검해본다. 각 문제에 대해 주어진 시간 안에 유창하게 답변할 수 있을 때까지 반복하여 답안을 말해본다.

3 고득점 필수 표현 학습하기

실제 시험에서 고득점을 얻는 데 도움이 되도록, 모범 답안에 사용된 중요 표현을 다양한 예문 및 MP3와 함께 학습한다.

통합형

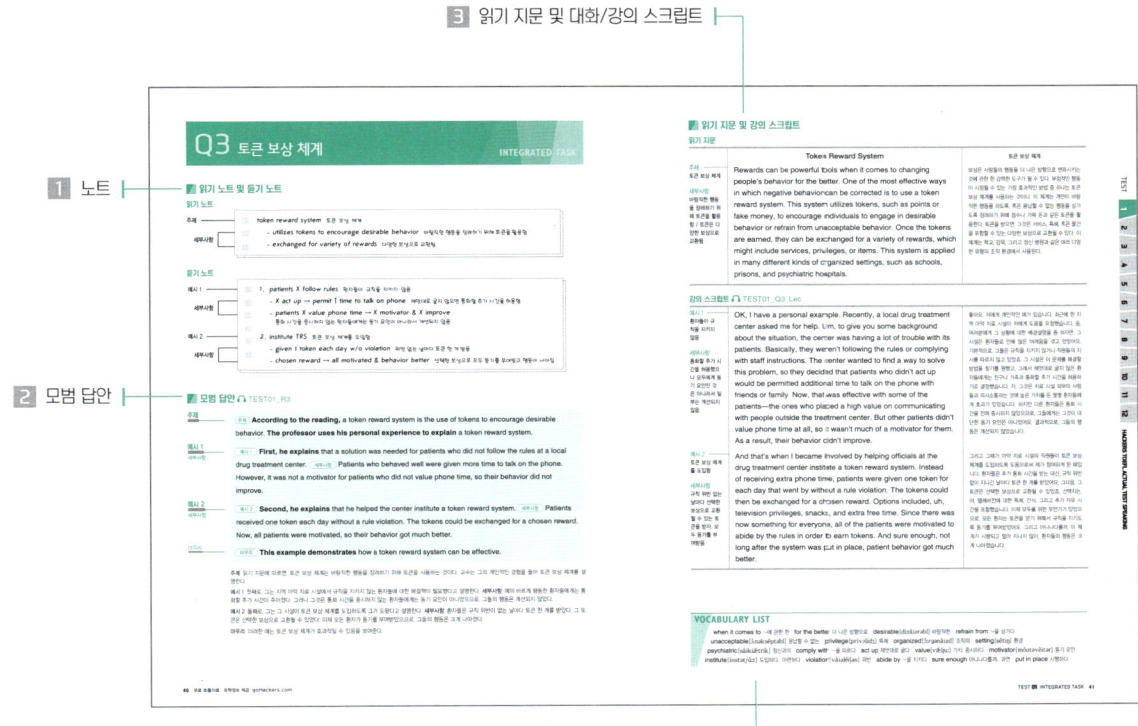

1 노트 점검하기

읽기 지문과 강의의 핵심 내용을 노트테이킹한 읽기 노트와 듣기 노트를 자신이 작성한 노트와 비교해보고, 수정하거나 보완할 내용이 없는지 점검해본다.

2 모범 답안 말해보기

모범 답안에 별도로 표시된 유형별 답안 기본 구조 및 표현을 보고, 노트의 내용을 바탕으로 어떻게 답안을 효과적으로 말할 수 있는지 확인한다. MP3로 제공되는 모범 답안을 들으며 자신이 말한 답안과 비교하여, 답안의 내용이나 어휘 및 표현, 발음 등에 수정하거나 보완할 내용이 없는지 점검해본다. 각 문제에 대해 주어진 시간 안에 유창하게 답변할 수 있을 때까지 반복하여 답안을 말해본다.

3 읽기 지문 및 대화/강의 스크립트 학습하기

읽기 지문과 대화/강의 스크립트의 정확한 해석과 구조 및 내용 요약을 참고하여 지문의 흐름과 내용을 명확하게 이해한다.

4 VOCABULARY LIST 학습하기

지문에 사용된 중요 어휘와 표현을 뜻, 발음기호와 함께 학습한다.

실전모의고사 프로그램 100% 활용법

해커스인강(HackersIngang.com)에서는 해커스 어학연구소에서 자체 제작한 실전모의고사 프로그램을 제공한다. 이 프로그램에는 iBT TOEFL Speaking 시험과 동일한 방식으로 문제를 풀 수 있는 테스트 3회분과, 교재에 수록된 12회분의 테스트에 대한 답안을 실제 시험과 같은 컴퓨터 환경에서 말해볼 수 있는 답안 말하기 프로그램이 수록되어 있다.

*온라인 실전모의고사 프로그램 이용 경로
해커스인강(HackersIngang.com) 접속 → [토플 → MP3/자료 → 무료 MP3/자료] 클릭 → [실전모의고사 프로그램] 클릭

프로그램의 기본 구성

메인 화면

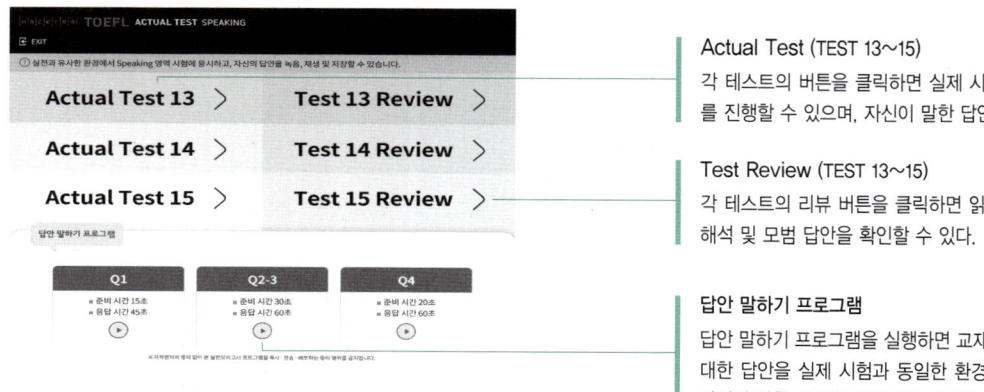

Actual Test (TEST 13~15)
각 테스트의 버튼을 클릭하면 실제 시험과 동일한 방식으로 테스트를 진행할 수 있으며, 자신이 말한 답안을 컴퓨터에 저장할 수 있다.

Test Review (TEST 13~15)
각 테스트의 리뷰 버튼을 클릭하면 읽기 지문, 대화/강의 스크립트, 해석 및 모범 답안을 확인할 수 있다.

답안 말하기 프로그램
답안 말하기 프로그램을 실행하면 교재에 수록된 12회분의 테스트에 대한 답안을 실제 시험과 동일한 환경에서 말해볼 수 있으며, 역시 자신이 말한 답안을 컴퓨터에 저장할 수 있다.

Actual Test (TEST 13~15)

테스트 진행

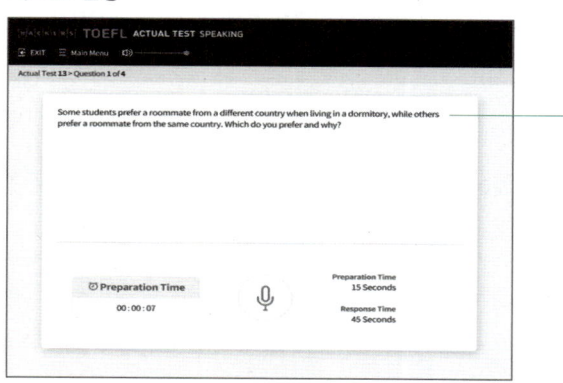

실제 시험과 동일한 환경에서 테스트를 진행할 수 있다. 독립형(Q1)은 응답 시간 45초, 통합형(Q2~Q4)은 응답 시간 60초의 제한 시간이 주어지고, 시간이 초과되면 자동으로 다음 화면으로 전환된다.

Test Review (TEST 13~15)

모범 답안

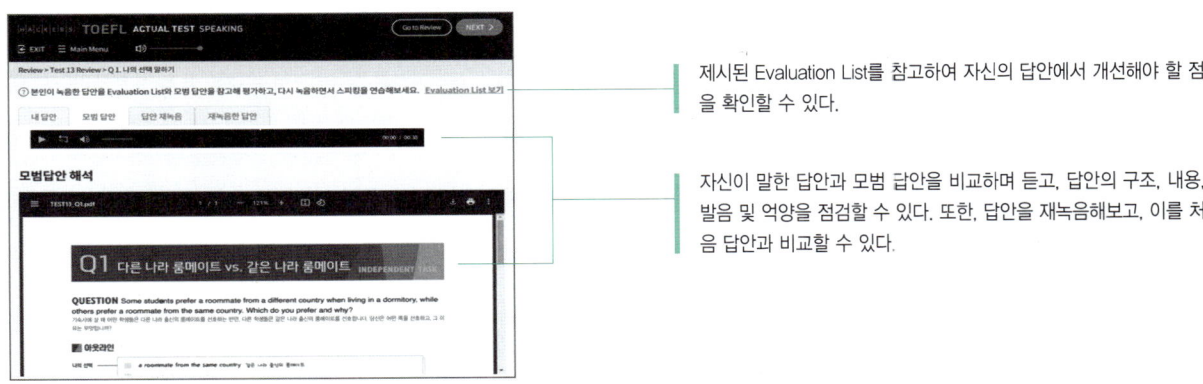

제시된 Evaluation List를 참고하여 자신의 답안에서 개선해야 할 점을 확인할 수 있다.

자신이 말한 답안과 모범 답안을 비교하며 듣고, 답안의 구조, 내용, 발음 및 억양을 점검할 수 있다. 또한, 답안을 재녹음해보고, 이를 처음 답안과 비교할 수 있다.

읽기 지문 및 대화/강의 스크립트

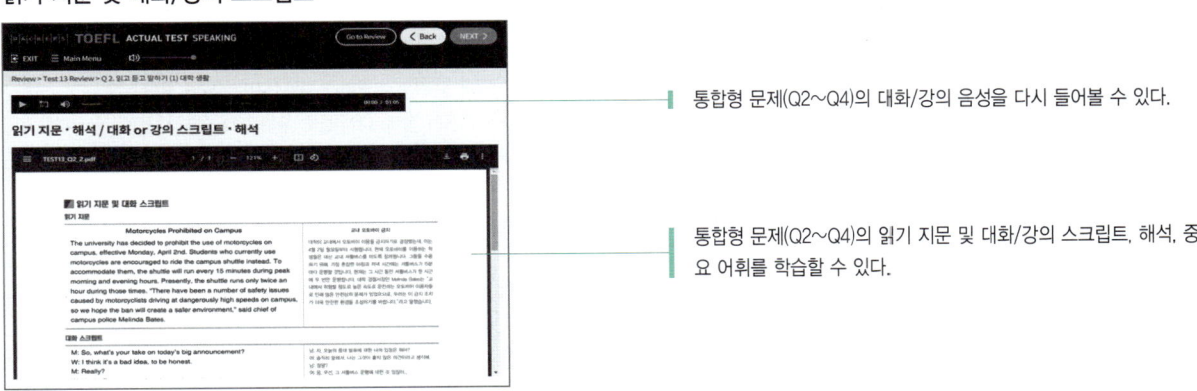

통합형 문제(Q2~Q4)의 대화/강의 음성을 다시 들어볼 수 있다.

통합형 문제(Q2~Q4)의 읽기 지문 및 대화/강의 스크립트, 해석, 중요 어휘를 학습할 수 있다.

답안 말하기 프로그램

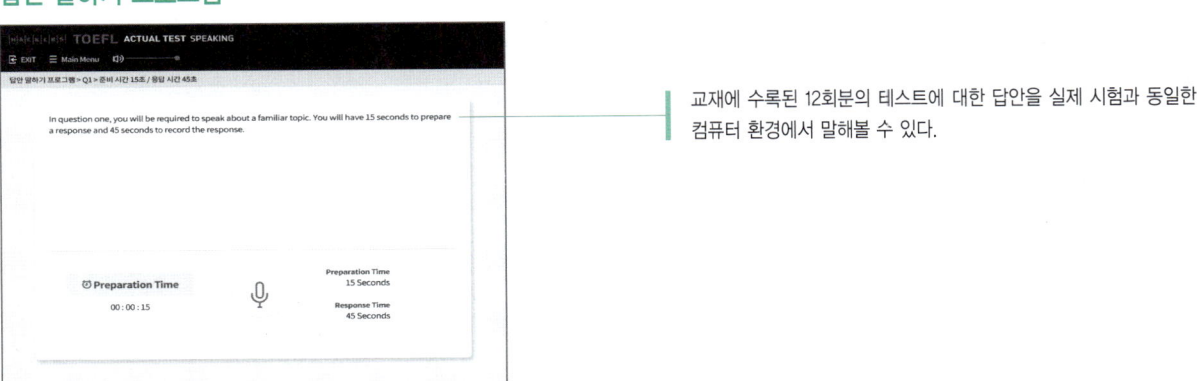

교재에 수록된 12회분의 테스트에 대한 답안을 실제 시험과 동일한 컴퓨터 환경에서 말해볼 수 있다.

iBT TOEFL 소개 및 시험장 Tips

iBT TOEFL이란?

iBT(Internet-based test) TOEFL(Test of English as a Foreign Language)은 종합적인 영어 실력을 평가하는 시험으로 읽기, 듣기, 말하기, 쓰기 능력을 평가하는 유형의 문제 외에도, 듣기-말하기, 읽기-듣기-말하기, 읽기-듣기-쓰기와 같이 각 능력을 연계한 통합형 문제가 출제된다. iBT TOEFL은 Reading, Listening, Speaking, Writing 영역의 순서로 진행되며, 4개의 시험 영역 모두 노트테이킹을 허용하므로 문제를 풀 때 노트테이킹한 내용을 참고할 수 있다.

iBT TOEFL 구성

시험 영역	출제 지문 및 문항 수	시험 시간	점수 범위	특징
Reading	• 2개 지문 출제 지문당 길이: 700단어 지문당 10문항 출제	36분	0~30점	• 지문 길이가 길고, 다양한 구조의 지문이 출제됨 • 사지선다 형태, 지문 클릭(지문에 문장 삽입하기) 형태, 또는 정보를 분류하여 요약표나 정보 분류표에 넣는 형태 등이 출제됨
Listening	• 2개 대화 출제 대화당 길이: 3분 대화당 5문항 출제 • 3개 강의 출제 강의당 길이: 3~5분 강의당 6문항 출제	41분	0~30점	• 대화 및 강의의 길이가 길고, 실제 상황에 가까움 • 사지선다 형태, 다시 듣고 푸는 형태, 정보를 표 안에 분류해 넣거나 순서대로 배열하는 형태 등이 출제됨
Speaking	• 독립형 1문항 출제 • 통합형 3문항 출제	17분 준비: 15~30초 답변: 45~60초	0~30점	• 독립형 문제 (1번) – 익숙한 주제에 대해 의견 말하기 • 통합형 문제 (2~4번) – 읽고 들은 내용을 바탕으로 말하기
Writing	• 통합형 1문항 출제 • 토론형 1문항 출제	35분	0~30점	• 통합형 문제 – 읽고 들은 내용에 기초하여 글쓰기 • 토론형 문제 – 토론 주제에 대해 글쓰기
		2시간 내외	총점 120점	

iBT TOEFL 접수 및 성적 확인

실시일	ETS Test Center 시험은 1년에 60회 이상 실시되며, 홈에디션 시험은 일주일에 약 4~5일 실시됨
시험 장소	ETS Test Center에서 치러지거나, 집에서 홈에디션 시험으로 응시 가능 (홈에디션 시험 응시 가능한 장비 및 환경 요건은 ETS 토플 웹사이트에서 확인 가능)
접수 방법	ETS 토플 웹사이트 또는 전화상으로 접수
시험 비용	(2025년 현재 기준이며, 가격 변동 있을 수 있음) • 시험 접수 비용 US $228 • 시험일 변경 비용 US $69 • 추가 접수 비용 US $49 (응시일로부터 7일 이내에 등록할 경우) • 추가 리포팅 비용 US $29 (대학당) • 취소한 성적 복원 비용 US $20 • Speaking/Writing 재채점 비용 US $80 (영역당) • 빠른 채점 비용 US $129
시험 당일 주의사항	• 공인된 신분증 원본 반드시 지참하며, 자세한 신분증 규정은 ETS 토플 웹사이트에서 확인 가능 • 홈에디션 시험에 응시할 경우, 사전에 Entrust IDVaaS 앱 설치하여 신분증 인증 필요 • 홈에디션 시험에 응시할 경우, 사전에 ProctorU 프로그램 설치하여 정상 작동 여부 확인 • 홈에디션 시험에 응시할 경우, 휴대폰 또는 손거울, 화이트보드 또는 투명 시트와 지워지는 마카 지참 (일반 종이와 필기구, 헤드폰 및 이어폰은 사용 불가)
성적 및 리포팅	• 시험 응시 후 바로 Reading/Listening 영역 비공식 점수 확인 가능 • 시험 응시일로부터 약 4~8일 후에 온라인으로 성적 확인 가능 • 빠른 채점 신청 시, 시험 응시 후 24시간 내로 성적 확인 가능 • 시험 접수 시, 자동으로 성적 리포팅 받을 기관 선택 가능 • MyBest Scores 제도 시행 (최근 2년간의 시험 성적 중 영역별 최고 점수 합산하여 유효 성적으로 인정)

시험장 Tips

1. **입실 절차** 고사장에 도착한 순서대로 번호표를 받아 입실하고, 입실 순서대로 시험을 시작한다.
2. **신분 확인** 신분증 확인 후 성적표에 인쇄될 사진을 찍은 다음 감독관의 안내에 따라 시험을 볼 자리에 앉는다.
3. **필기 도구** 연필과 종이는 감독관이 나누어주므로 따로 챙겨갈 필요가 없다. 부족한 경우 조용히 손을 들고 요청하면 된다.
4. **헤드폰 음량 및 마이크 음량 조절** 헤드폰 음량은 Listening, Speaking, Writing 영역 시작 전이나 시험 중간에 화면의 음량 버튼을 이용하여 조절할 수 있다. 적절한 크기로 하되 주위에 방해가 되지 않는 크기로 설정한다. 마이크 음량은 시험 시작 직후와 Speaking 영역을 시작하기 전에 조절할 수 있다. 평소 말하는 톤으로 음량을 조절한다.
5. **주의 집중** 응시자들의 시험 시작 시간이 달라 고사장이 산만할 수 있으나, 집중하도록 노력한다. 특히 Listening이나 Writing 영역 시험을 보고 있을 때 다른 응시자의 Speaking 답변 소리가 들리더라도 자신의 시험에 집중한다.

iBT TOEFL Speaking 미리보기

iBT Speaking의 구성

총 4개의 문제가 출제되며, 이 문제들은 유형에 따라 크게 Independent Task(독립형 문제) 1개와 Integrated Task(통합형 문제) 3개로 분류된다.

Independent Task(독립형 문제)
말하기에 대한 영어 구사 능력을 평가하는 유형으로, 응시자는 주어진 주제에 대해 자신의 지식과 경험을 바탕으로 논리적으로 답안을 말해야 한다.

Integrated Task(통합형 문제)
읽기, 듣기, 말하기를 연계하여 통합적인 영어 구사 능력을 평가하는 유형으로, 응시자는 특정 주제에 대해 읽고 들은 정보를 바탕으로 답안을 말해야 한다.

iBT Speaking 문제 유형 분석

문제 유형	문제 번호	문제 유형 분석	제한 시간
Independent Task (독립형 문제)	Q1	나의 선택 말하기 문제에 제시된 두 가지 사항 중 한 가지를 선택하거나, 주어진 진술에 대한 찬반 여부를 택하여 그 이유를 설명하는 유형	준비 시간: 15초 응답 시간: 45초
Integrated Task (통합형 문제)	Q2	읽고 듣고 말하기 (1) 대학 생활 대학 생활 관련 주제에 대한 지문을 읽은 후 대화를 듣고 중심 화자의 의견을 설명하는 유형	읽기 시간: 45/50초 준비 시간: 30초 응답 시간: 60초
	Q3	읽고 듣고 말하기 (2) 대학 강의 학술적인 주제에 대한 지문을 읽은 후 강의를 듣고 지문의 주제와 강의의 예를 연계시켜 설명하는 유형	
	Q4	듣고 말하기 - 대학 강의 학술적인 주제에 대한 강의를 듣고 강의의 중심 내용을 예와 함께 설명하는 유형	준비 시간: 20초 응답 시간: 60초

iBT Speaking 화면 구성 및 시험 진행 방식

헤드폰 음량 조절 화면

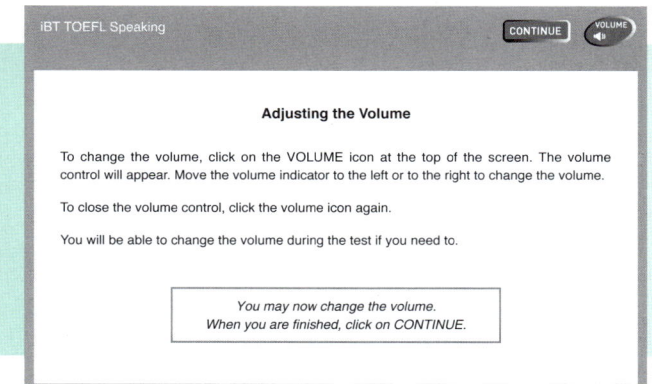

시험이 시작되기 전 헤드폰의 음량을 조절할 수 있는 화면이다. 우측 상단의 VOLUME 버튼을 클릭하면 음량을 조절할 수 있는 컨트롤러가 나타난다. 시험을 보는 동안 언제든지 음량을 조절할 수 있다.

마이크 음량 조절 화면

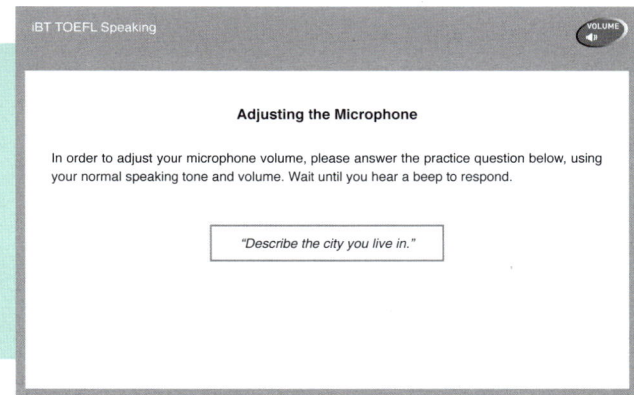

시험이 시작되기 전 마이크의 음량을 조절할 수 있는 화면이다. '삐' 소리가 난 후, 마이크를 통해 화면에 제시된 질문에 답한 후 녹음된 목소리의 음량을 확인한다. 마이크의 음량 조절은 시험이 시작되기 전에 이 화면을 통해서만 가능하므로, 녹음된 목소리의 음량이 너무 작거나 크지 않은지 반드시 확인한다.

Speaking 영역 전체 Direction

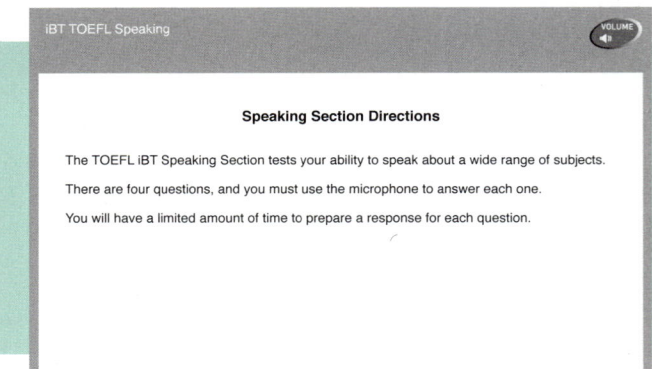

Speaking 영역의 전반적인 시험 진행 방식에 대한 설명이 화면에 제시되고, 같은 내용을 음성으로도 들려준다.

독립형 문제(Q1)

■ 문제가 제시되는 화면

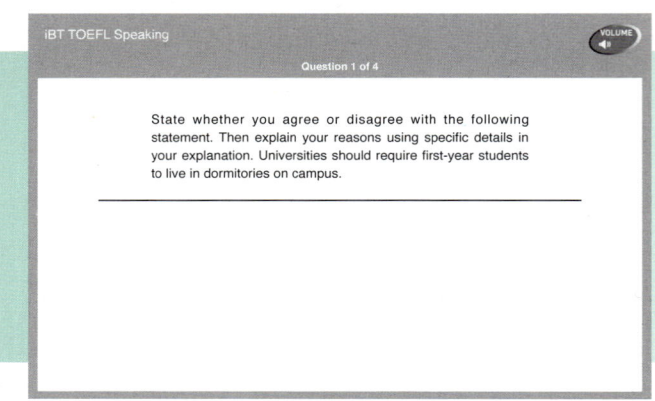

문제가 화면에 제시되고 같은 내용을 음성으로도 들려준다.

■ 답안을 말하는 화면

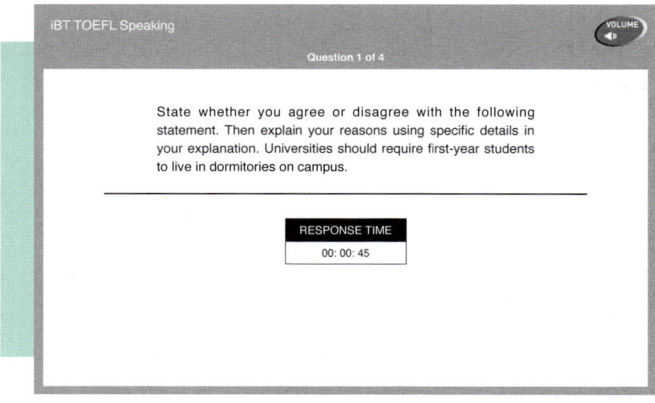

준비 시간 15초가 주어진다는 Direction이 음성으로 제시되고, 남은 시간이 화면에 표시된다. 준비 시간이 종료되면 곧바로 응답 시간 45초의 시작을 알리는 Direction이 음성으로 제시되고, 마찬가지로 남은 시간이 화면에 표시된다. 응답 시간이 끝나면 다음 화면으로 자동 전환된다.

통합형 문제(Q2~Q4)

■ 읽기 지문이 제시되는 화면

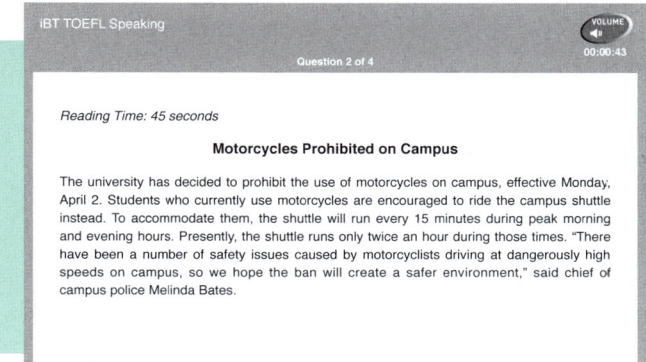

대학교 공지문이나 학술적인 주제에 대한 지문이 화면에 제시된다. 읽기에 주어지는 시간은 지문의 길이에 따라 45초 혹은 50초이며, 남은 시간이 화면 우측 상단에 표시된다.

■ 대화나 강의가 제시되는 화면

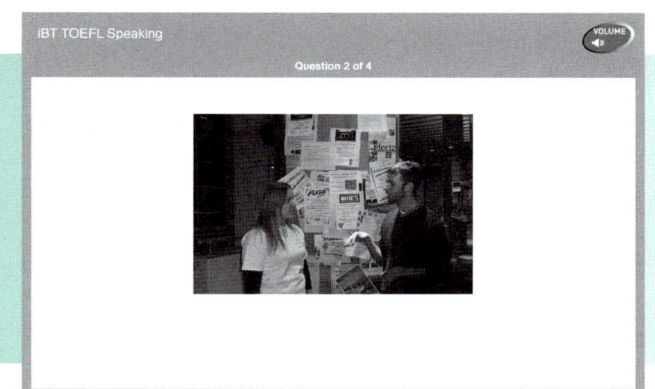

Q2~Q3의 경우 읽기 지문과 관련된 대화 또는 강의를, Q4의 경우 학술적인 주제에 대한 강의를 듣게 된다. 대화나 강의를 들을 때는 화면에 관련 사진이 제시된다.

■ 답안을 말하는 화면

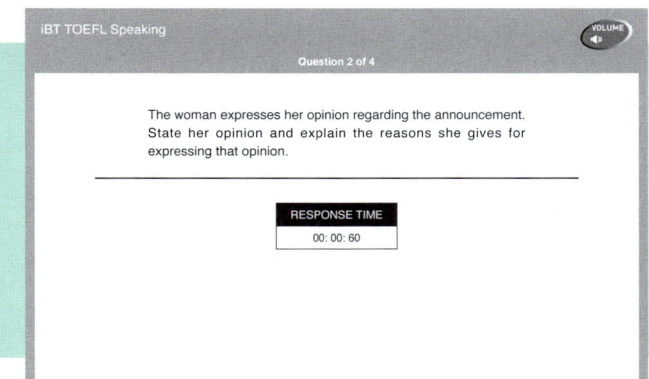

Q2~Q3의 경우 30초, Q4의 경우 20초의 준비 시간이 주어진다는 Direction이 음성으로 제시되고, 남은 시간이 화면에 표시된다. 준비 시간이 끝나면 Q2~Q4 모두 응답 시간 60초의 시작을 알리는 Direction이 음성으로 제시되고, 남은 시간이 화면에 표시된다. 응답 시간이 끝나면 다음 화면으로 자동 전환된다.

iBT Speaking 점수 평가 요소

iBT Speaking에서는 크게 응시자의 내용 전개 능력과 언어 사용 능력을 평가한다. 내용 전개 능력에서는 응시자가 주제를 언급하고 관련된 정보를 제시하였는지, 내용의 전달이 명백하고 자연스러운지, 전체적으로 의견이 일관성 있는지를 평가한다. 특히 통합형 문제의 경우에는 지문의 정보를 효과적으로 종합하여 요약하였는지도 평가한다. 언어 사용 능력에서는 학생이 다양한 표현과 정확한 문법을 구사하였는지, 그리고 자연스러운 발음으로 유창하게 말하였는지를 평가한다.

독립형 문제 채점 기준표

점수	내용 전개 능력	언어 사용 능력
4점	• 실수가 거의 없고 질문의 요구 사항을 만족시킴 • 답안이 질문에 적합하고 조리 있음 • 일관된 전개를 보이며 논리가 명백함	• 어휘와 문법을 효과적으로 사용함 • 단문과 복문을 자연스럽게 사용함 • 발음과 억양에 다소 어려움이 있어도 내용 전달에 영향을 미치지 않음
3점	• 전반적으로 이해하기 쉽지만 주제 전달에 있어 눈에 띄는 실수를 함 • 전개가 일관되지 않고 부연 설명이 부족함 • 위의 사항들이 의미 전달에 영향을 미치지 않음	• 다소 부정확한 어휘나 문법을 사용하거나 문장 구조와 언어 사용이 제한적임 • 말하는 속도, 억양, 발음에 실수가 있어 채점자의 세심한 주의를 요함
2점	• 주제와 관련은 있지만 세부 근거가 적고 내용 전개가 허술함 • 주장 간의 연결성이 불명확하고 관련 자료가 애매하거나 반복적임	• 어휘와 문법의 한계 때문에 주제의 흐름을 표현할 수 없음 • 대체로 이해가 가능하지만 발음과 억양이 불명확하고 말의 속도와 리듬이 끊김
1점	• 논리가 없으며 일관성이 떨어져 이해하기 어려움 • 주제를 이어가지 못하고 같은 표현들을 반복함	• 발음, 강세, 억양에 문제가 있으며 답안이 짧고 계속 끊기거나 주저함 • 어휘와 문법이 내용 전달에 방해됨 • 사전에 연습하였거나 상투적인 표현들에 의존함
0점	• 답안을 말하려는 노력을 하지 않거나 답안이 주제와 관련 없는 경우	

통합형 문제 채점 기준표

점수	내용 전개 능력	언어 사용 능력
4점	• 일관되고 조리 있는 설명으로 이해가 쉬움 • 부분적으로 말의 속도가 달라지지만 전반적으로 내용이 명확함 • 주제를 정확히 전달하고 질문과 관련된 정보를 제시함	• 발음과 억양에 어려움이나 실수가 거의 없음 • 사소한 실수가 있더라도 적절한 단어와 다양한 문법을 사용하여 주제를 효과적으로 전달함
3점	• 질문에 적절하게 답할 수 있지만 완전하지 않음 • 대부분 내용이 일관되고 질문과 관련된 정보를 제시함	• 문법과 어휘를 효과적으로 사용하며 일관된 전개를 보임 • 어휘와 문법의 사용이 다소 제한적이나 심각한 문제는 되지 않음 • 전반적으로 표현이 부드럽고 명확하지만 속도, 억양, 발음의 미미한 실수가 듣기에 방해됨
2점	• 답안이 획일화되고 적절하지 못함 • 적절한 정보가 결여되거나 부적절한 정보를 제시함 • 주제에 대한 이해가 부족하여 중심 문장을 언급하지 않음	• 짧은 문구만 자연스럽게 구사함 • 생각을 조리 있게 설명하지 못하고 매우 일상적인 단어들로만 표현함 • 전달력의 부족으로 가끔 의미가 모호해짐
1점	• 이해가 매우 어렵고 논리가 없으며 일관성이 떨어짐 • 관련된 정보를 언급하지 못함 • 내용이 종종 부정확하고 애매하게 표현함	• 짧은 표현이나 몇몇 단어에만 의존함 • 지속적으로 발음, 강세, 억양에 문제가 있어 의미가 모호함
0점	• 답안을 말하려는 노력을 하지 않거나 답안이 주제와 관련 없는 경우	

iBT Speaking 예상 점수 환산표

iBT Speaking 문제들의 모든 답안은 디지털 방식으로 녹음되어 ETS의 Online Scoring Network로 보내진다. 응시자들의 답안은 점수의 신뢰성을 위해 최소 세 명의 시험관에 의해 채점된다. 각 답안은 0~4의 점수로 기록되고, 네 문제의 평균 점수는 0~30의 점수로 환산된다.

아래의 표는 iBT Speaking 네 문제의 평균 점수를 환산한 것이다.

Speaking 평균 점수	예상 환산 점수 범위
4	30
3.75	28-29
3.5	26-27
3.25	24-25
3	22-23
2.75	20-21
2.5	18-19
2.25	16-17
2	15
1.75	13-14
1.5	11-12
1.25	9-10
1	7-8
0.75	5-6
0.5	3-4
0.25	1-2
0	0

[점수 환산의 예]
Q1은 4점을 받고, Q2~Q4는 각각 3점을 받은 경우
$\{(4 \times 1) + (3 \times 3)\} / 4 = 3.25$ (평균 점수)
3.25점을 예상 환산표를 이용하여 변환하면 약 24-25점이다.

2주/4주 완성 학습 플랜

자신에게 맞는 학습 플랜을 선택하여 효과적으로 학습한다.

2주 학습 플랜

교재의 테스트 4회분과 온라인 실전모의고사 프로그램의 테스트 1회분을 3일 동안 학습하고, 4일째에 앞서 학습한 테스트 5회분을 복습한다. 이러한 과정을 세 번 반복한다.

	DAY 1	DAY 2	DAY 3	DAY 4	DAY 5	DAY 6
WEEK 1	TEST 01 & 02 테스트 진행 및 심화학습	TEST 03 & 04 테스트 진행 및 심화학습	TEST 13 (온라인) 테스트 진행 및 심화학습	TEST 01~04, 13 복습	TEST 05 & 06 테스트 진행 및 심화학습	TEST 07 & 08 테스트 진행 및 심화학습
WEEK 2	TEST 14 (온라인) 테스트 진행 및 심화학습	TEST 05~08, 14 복습	TEST 09 & 10 테스트 진행 및 심화학습	TEST 11 & 12 테스트 진행 및 심화학습	TEST 15 (온라인) 테스트 진행 및 심화학습	TEST 09~12, 15 복습

4주 학습 플랜

테스트를 하루 1회분씩 3일 동안 학습하고, 4일째에 앞서 학습한 테스트 3회분을 복습한다. 이러한 과정을 다섯 번 반복한다.

	DAY 1	DAY 2	DAY 3	DAY 4	DAY 5
WEEK 1	TEST 01 테스트 진행 및 심화학습	TEST 02 테스트 진행 및 심화학습	TEST 03 테스트 진행 및 심화학습	TEST 01~03 복습	TEST 04 테스트 진행 및 심화학습
WEEK 2	TEST 05 테스트 진행 및 심화학습	TEST 06 테스트 진행 및 심화학습	TEST 04~06 복습	TEST 07 테스트 진행 및 심화학습	TEST 08 테스트 진행 및 심화학습
WEEK 3	TEST 09 테스트 진행 및 심화학습	TEST 07~09 복습	TEST 10 테스트 진행 및 심화학습	TEST 11 테스트 진행 및 심화학습	TEST 12 테스트 진행 및 심화학습
WEEK 4	TEST 10~12 복습	TEST 13 (온라인) 테스트 진행 및 심화학습	TEST 14 (온라인) 테스트 진행 및 심화학습	TEST 15 (온라인) 테스트 진행 및 심화학습	TEST 13~15 복습

학습 플랜 활용법

테스트 진행

1. 학습 플랜을 따라 매일 정해진 분량의 테스트를 진행한다. 테스트를 진행할 때 온라인 실전모의고사 프로그램에 수록된 답안 말하기 프로그램을 활용하여 정해진 시간 안에 답안을 말하는 훈련을 한다. 심화학습을 위해 자신의 답안을 반드시 컴퓨터에 저장해둔다.
2. 테스트를 마치면 SELF-CHECK LIST를 활용하여 전반적인 테스트 진행 과정을 점검한다.

심화학습

1. 해설집의 모범 답안을 참고하여 자신의 답안의 내용을 점검한다. 전체적인 답안의 구조와 전개 방식이 질문의 핵심 포인트에 부합하는지, 중요한 정보가 빠져 있지는 않은지 등을 확인한다.
2. MP3에 수록된 모범 답안을 듣고 이를 참고하여 자신의 답안의 발음, 강세, 억양을 점검한다. 또한, 속도가 너무 느리지는 않았는지, 중간에 pause나 더듬거리는 부분이 많아 내용 전달이 잘 안 되지는 않았는지 확인해본다.
3. 모범 답안과 비교한 내용을 바탕으로 SELF-EVALUATION LIST를 활용하여 자신의 부족한 부분과 개선해야 할 점을 확인한다.
4. 독립형(Q1)의 경우, 답안의 구조와 표현을 중심으로 모범 답안을 분석하고 고득점 필수 표현을 통해 중요한 표현을 익힌다. 통합형(Q2~Q4)의 경우, 해석과 구조 및 내용 요약을 참고하여 읽기 지문과 대화/강의 스크립트를 분석하고 자신이 노트테이킹한 내용과 비교해본다. 특히 Q2와 Q3의 경우에는 읽기 지문과 대화/강의의 정보가 어떻게 연계되었는지를 중심으로 모범 답안과 자신의 답안을 비교 분석해본다.
5. 모범 답안 혹은 지문에 모르는 어휘나 표현이 사용되었을 경우에는 해설집에서 제공하는 어휘 및 표현과 VOCABULARY LIST를 참고해 학습한다.
6. 1~5번에서 학습한 내용을 토대로 답안 말하기 프로그램을 통해 답안을 재녹음하고 처음의 답안과 비교해본다.

복습

SELF-CHECK LIST와 SELF-EVALUATION LIST에 반복해서 'No'로 체크된 문항이 있는지 확인하고, 부족한 부분이 얼마나 개선되었는지 점검해본다. 고득점 필수 표현의 예문 음성을 들으며 해당 표현을 자유롭게 구사할 수 있도록 반복해서 연습하고, 어휘 및 표현과 VOCABULARY LIST에 나온 단어들의 뜻과 발음을 완벽히 익혀둔다. 그리고 답안 말하기 프로그램을 이용하여 어려웠던 문제들 위주로 답안을 다시 말해보는 연습을 한다.

SPEAKING STRATEGIES

INDEPENDENT TASK
Q1 나의 선택 말하기

INTEGRATED TASK
Q2 읽고 듣고 말하기 (1) 대학 생활
Q3 읽고 듣고 말하기 (2) 대학 강의
Q4 듣고 말하기 - 대학 강의

🎧 MP3는 SPEAKING STRATEGIES 폴더에 수록되어 있습니다.

무료 음원 바로 듣기

✓ 실전에 유용한 스피킹 전략

1. 문제의 핵심 요구 사항을 정확히 파악하여 말한다.

각 문제 유형별로 핵심 요구 사항이 조금씩 다르므로, 답안에 포함되어야 할 정보가 무엇인지 정확히 파악하여 그에 맞는 내용을 말해야 한다. 아무리 유창하게 말하더라도, 답안이 문제에서 요구하는 바에 부합하지 않으면 좋은 점수를 받을 수 없다.

2. 주어진 시간을 효율적으로 관리하며 말한다.

문제에서 요구하는 정보를 시간 내에 모두 전달하기 위해서는 주어진 답변 시간 45~60초를 효율적으로 관리하며 말해야 한다. 시간이 모자라 중요한 정보를 말하지 못하는 경우가 발생하지 않도록, 화면에 제시된 시간 카운트에 유의하며 답안을 말한다.

3. 말을 더듬거나 pause가 생기지 않도록 유의하며 말한다.

자주 말을 더듬거나 pause가 생기면 답안 내용이 제대로 전달되지 않는다. 또한, 앞서 말한 내용과 잘 이어지지 않거나, 시제나 수의 불일치와 같은 문법 실수를 할 가능성이 높아져 좋은 점수를 받기 어렵다. 따라서 말할 내용이 순간적으로 생각나지 않더라도 말을 계속 이어나갈 수 있도록, 아웃라인 또는 노트테이킹한 내용을 참조하여 말한다.

4. 발음, 강세, 억양을 자연스럽게 살려 말한다.

답안의 내용이 아무리 좋더라도 발음, 강세, 억양이 올바르지 않으면 그 내용을 효과적으로 전달할 수 없다. 따라서 답안을 말할 때 발음, 강세, 억양을 자연스럽게 살려서 말한다.

Q1 나의 선택 말하기

INDEPENDENT TASK

유형 소개

Q1 나의 선택 말하기는 학교생활이나 일상생활과 관련된 토픽에 대한 나의 선택을 말하는 유형이다. 먼저 질문에 제시된 두 가지 선택 사항이나 진술에 대한 나의 선택을 말하고, 그것을 선택한 이유를 설명해야 한다. 질문의 형태 및 핵심 요구 사항은 다음과 같다.

질문의 형태 및 핵심 요구 사항

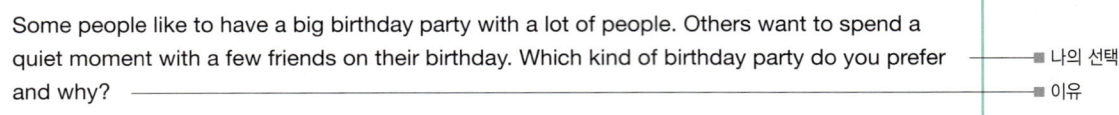

> Some people like to have a big birthday party with a lot of people. Others want to spend a quiet moment with a few friends on their birthday. Which kind of birthday party do you prefer and why?

― 나의 선택
― 이유

STEP별 문제풀이 전략

STEP 1 아웃라인 적기

질문에 제시된 토픽에 대해 말할 내용의 아웃라인을 간략하게 적는다. 말할 내용을 짧은 시간 안에 모두 생각해내야 하므로, '나의 선택'을 적을 때는 말할 거리가 더 많이 생각나는 쪽을 선택한다. '이유'를 적을 때는 그에 대한 구체적 근거를 들어야 하므로, 너무 세부적인 내용은 피하여 두 가지 이유를 적는다. '구체적 근거'를 적을 때는 이유를 잘 뒷받침할 수 있는 예를 제시하거나 좀 더 자세한 설명을 덧붙인다.

아웃라인 구조

> 나의 선택
> 이유 1
>   구체적 근거
> 이유 2
>   구체적 근거

STEP 2 말하기

적어놓은 아웃라인을 바탕으로 **나의 선택, 이유 1 및 이유 2**, 그리고 각 이유에 대한 **구체적 근거**를 말한다. 말하기의 기본 구조 및 활용할 수 있는 표현은 다음과 같다.

말하기의 기본 구조 및 표현

나의 선택	I (would) prefer ~ / I think it is better ~ *or* I agree [disagree] with the statement [idea/plan] that ~
이유 1 구체적 근거	First, ~ For example, ~ / To be specific, ~
이유 2 구체적 근거	Second, ~ For example, ~ / To be specific, ~
마무리*	For these reasons, I prefer ~ / I think it is better ~ *or* For these reasons, I agree [disagree] ~

* 나의 선택, 이유 1, 이유 2, 구체적 근거를 말한 후에도 시간이 남으면 마무리 문장을 덧붙인다.

전략 적용

QUESTION

Some people like to have a big birthday party with a lot of people. Others want to spend a quiet moment with a few friends on their birthday. Which kind of birthday party do you prefer and why?

어떤 사람들은 많은 사람과 성대한 생일 파티를 하는 것을 좋아합니다. 다른 사람들은 생일에 몇 명의 친구와 조용한 시간을 보내기를 원합니다. 당신은 어떤 유형의 생일 파티를 선호하고, 그 이유는 무엇입니까?

STEP 1   아웃라인 적기

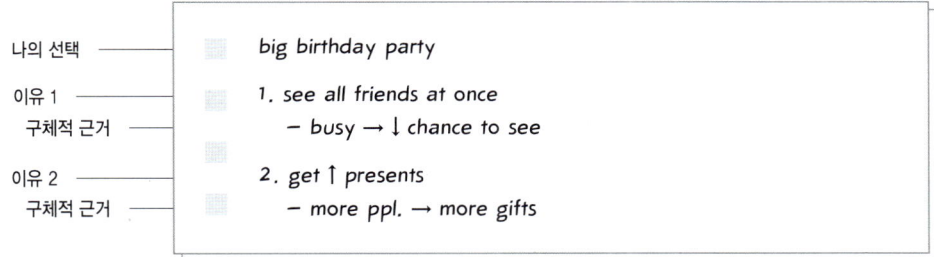

나의 선택 — big birthday party

이유 1 — 1. see all friends at once
구체적 근거 —   – busy → ↓ chance to see

이유 2 — 2. get ↑ presents
구체적 근거 —   – more ppl. → more gifts

STEP 2   말하기

나의 선택
이유 1
구체적 근거

이유 2
구체적 근거

마무리

(나의 선택) **I prefer** to have a big birthday party with a lot of people.

(이유 1) **First,** I can see all of my friends at once. (구체적 근거) **To be specific,** a birthday is an occasion when all my friends can get together. We are usually too busy with our lives, so we rarely have the chance to see each other.

(이유 2) **Second,** I can get lots of presents on my birthday. (구체적 근거) **To be specific,** the more people who attend, the more gifts I will receive.

(마무리) **For these reasons, I prefer** to have a lot of people at my birthday parties.

Q2 읽고 듣고 말하기 (1) 대학 생활

INTEGRATED TASK

유형 소개

Q2 읽고 듣고 말하기 (1) 대학 생활은 대학 생활에 대한 읽기 지문을 읽고 그와 관련된 대화를 들은 후, 읽고 들은 내용을 요약하여 말하는 유형이다. 읽기 지문의 내용에 대해 대화의 중심 화자가 주장하는 의견과 이유를 설명해야 한다. 질문의 형태 및 핵심 요구 사항은 다음과 같다.

질문의 형태 및 핵심 요구 사항

The man expresses his opinion about the announcement.	■ 읽기 지문에 대한 화자의 의견
State his opinion and explain the reasons he gives for expressing that opinion.	■ 이유

STEP별 문제풀이 전략

STEP 1 읽고 노트테이킹하기

대학 생활에 대한 지문을 읽으며 노트테이킹한다. '주제'는 읽기 지문의 제목에 그대로 나타나거나 도입부에 제시되므로 잘 읽고 노트테이킹한다. '세부사항'은 주제를 말할 때 도움이 되도록 현재 상황의 단점, 또는 주제의 장점이나 앞으로 일어날 변화 위주로 노트테이킹한다.

읽기 노트 구조

주제
　세부사항

STEP 2 듣고 노트테이킹하기

읽기 지문의 내용에 대한 대화를 들으며 노트테이킹한다. 일관된 의견을 강하게 내세우는 화자가 중심 화자이므로, 해당 '화자의 의견'을 노트테이킹한다. 또한 화자의 의견을 뒷받침하는 이유를 설명할 때 도움이 되도록, '이유'를 관련 '세부사항'과 함께 노트테이킹한다.

듣기 노트 구조

화자의 의견
　이유 1
　　세부사항
　이유 2
　　세부사항

STEP 3 말하기

노트테이킹한 내용을 바탕으로 **주제, 화자의 의견, 이유 1 및 이유 2**, 그리고 각 이유에 대한 **세부사항**을 말한다. 말하기의 기본 구조 및 활용할 수 있는 표현은 다음과 같다.

말하기의 기본 구조 및 표현

주제	According to the reading, ~
화자의 의견	The man/woman thinks [does not think] it is a good idea for two reasons. *or* The man/woman thinks it is a good idea but has one concern.
이유 1 세부사항	First, he/she says that ~ *or* On the one hand, he/she says that ~
이유 2 세부사항	Second, he/she mentions that ~ *or* On the other hand, he/she mentions that ~
마무리*	For these reasons, he/she believes it is (not) a great idea. *or* For these reasons, he/she is not sure if it is a great idea.

* 주제, 화자의 의견, 이유 1, 이유 2, 세부사항을 말한 후에도 시간이 남으면 마무리 문장을 덧붙인다.

전략 적용

STEP 1 읽고 노트테이킹하기

읽기 지문

Student Artwork to Be Auctioned

On November 15th, ᵗᵒᵖⁱᶜ the university will hold an on-campus auction of student artwork, including paintings, sculptures, photography, and mixed media. The auction will be ᵈᵉᵗᵃⁱˡ a fundraiser, and the proceeds will be used to purchase supplies for students in the fine arts department. It will also be a great opportunity for ᵈᵉᵗᵃⁱˡ student artists to gain more exposure. In particular, the auction will give them the chance to show their work to the larger community outside the university.

읽기 노트

주제 — auction of stud. artwork
세부사항
- fundraiser
  → purchase supplies
- stud. artists gain ↑ exposure

STEP 2 듣고 노트테이킹하기 🎧 EXAMPLE_Q2

대화 스크립트

W: Did you see the announcement about a student art auction in the paper today?
M: Yeah, and ᵒᵖⁱⁿⁱᵒⁿ I'm not sure if it's going to be that successful.
W: Oh? What do you mean?
M: Well, for one thing, ʳᵉᵃˢᵒⁿ¹ there have been a couple of recent fundraisers on campus that flopped. People aren't willing to spend enough cash to make these events worthwhile. ᵈᵉᵗᵃⁱˡ Like the fundraising dinner for the basketball team I went to last month that brought in just a few hundred dollars. Sure, the attendees bought some drinks and raffle tickets, but it wasn't nearly enough to pay for the new uniforms the team needed. In fact, they barely collected enough money to cover the cost of the event.
W: Wow, that's terrible.
M: And I'm also skeptical about how much exposure the artists will gain from the auction. It's an on-campus event, right? So ʳᵉᵃˢᵒⁿ² it's unlikely that a lot of people who aren't associated with the university will attend. I mean, ᵈᵉᵗᵃⁱˡ it's student work, after all—it just won't have the same draw that an auction of professional work would have.
W: Yeah, good point.

듣기 노트

화자의 의견 — M: X
이유 1
세부사항
1. recent fundraisers flopped
   - ex) dinner for basketball team, ↓ $
이유 2
세부사항
2. unlikely ppl. X univ. attend
   - stud. work
     → X same draw of pro.

STEP 3 말하기

주제 (주제) According to the reading, the university will hold an auction of student artwork.

화자의 의견 (화자의 의견) The man does not think it is a good idea for two reasons.

이유 1 / 세부사항 (이유 1) First, he says that other recent fundraisers on campus haven't turned out well. (세부사항) For example, he attended a fundraising dinner for the basketball team and it collected only a few hundred dollars.

이유 2 / 세부사항 (이유 2) Second, he mentions that it's unlikely that people from outside the university will attend the auction. (세부사항) Since the auction will be solely of student work, it won't have the same draw as an auction of professional artwork.

마무리 (마무리) For these reasons, he believes it is not a great idea.

Q3 읽고 듣고 말하기 (2) 대학 강의

INTEGRATED TASK

유형 소개

Q3 읽고 듣고 말하기 (2) 대학 강의는 학술적인 주제에 대한 읽기 지문을 읽고, 그와 관련된 강의를 들은 후 읽고 들은 내용을 요약하여 말하는 유형이다. 강의에서 제시된 예시가 어떻게 읽기 지문의 주제를 나타내는지 설명해야 한다. 질문의 형태 및 핵심 요구 사항은 다음과 같다.

질문의 형태 및 핵심 요구 사항

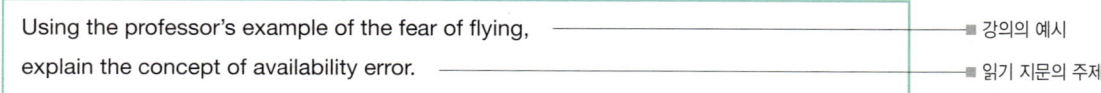

- Using the professor's example of the fear of flying, ── 강의의 예시
- explain the concept of availability error. ── 읽기 지문의 주제

STEP별 문제풀이 전략

STEP 1 읽고 노트테이킹하기

학술적인 주제에 대한 지문을 읽으며 노트테이킹한다. '주제'는 읽기 지문의 제목에 그대로 나타나거나 도입부에 제시되므로 잘 읽고 노트테이킹한다. '세부사항'은 주제를 말할 때 도움이 되도록 주제의 개념을 이해하는 데 핵심이 되는 키워드 위주로 노트테이킹한다.

읽기 노트 구조

주제
세부사항

STEP 2 듣고 노트테이킹하기

읽기 지문의 내용에 대한 강의를 들으며 교수가 제시하는 개인적 경험이나 사례 등의 '예시'를 관련 '세부사항'과 함께 노트테이킹한다.

듣기 노트 구조

예시 1
세부사항
예시 2
세부사항

STEP 3 말하기

노트테이킹한 내용을 바탕으로 **주제**와 **예시 1** 및 **예시 2**, 그리고 각 예시에 대한 **세부사항**을 말한다. 말하기의 기본 구조 및 활용할 수 있는 표현은 다음과 같다.

말하기의 기본 구조 및 표현

주제	According to the reading, ~ The professor uses an example [two examples] / his/her personal experience to explain ~
예시 1 세부사항	First, he/she explains/describes ~
예시 2 세부사항	Second, he/she explains/describes ~
마무리*	This example [these examples] demonstrate(s) ~

* 주제, 예시 1, 예시 2, 세부사항을 말한 후에도 시간이 남으면 마무리 문장을 덧붙인다.

전략 적용

STEP 1 읽고 노트테이킹하기

읽기 지문	읽기 노트

Availability Error

People easily remember dramatic or recent events and overestimate the probability that they will reoccur. In effect, ^{세부사항} greater value is given to information that is easily recalled, while data that is relevant to a situation is disregarded. This is known as the ^{주제} availability error. Exposure to modern media contributes to this psychological bias. ^{세부사항} Constant news coverage of an incident increases its importance in a person's mind, making it more likely that the event will serve as the basis for a future error in judgment.

주제 — availability error
세부사항
 - ↑ value to info. easily recalled, data relevant disregarded
 - constant news: ↑ importance

STEP 2 듣고 노트테이킹하기 🎧 EXAMPLE_Q3

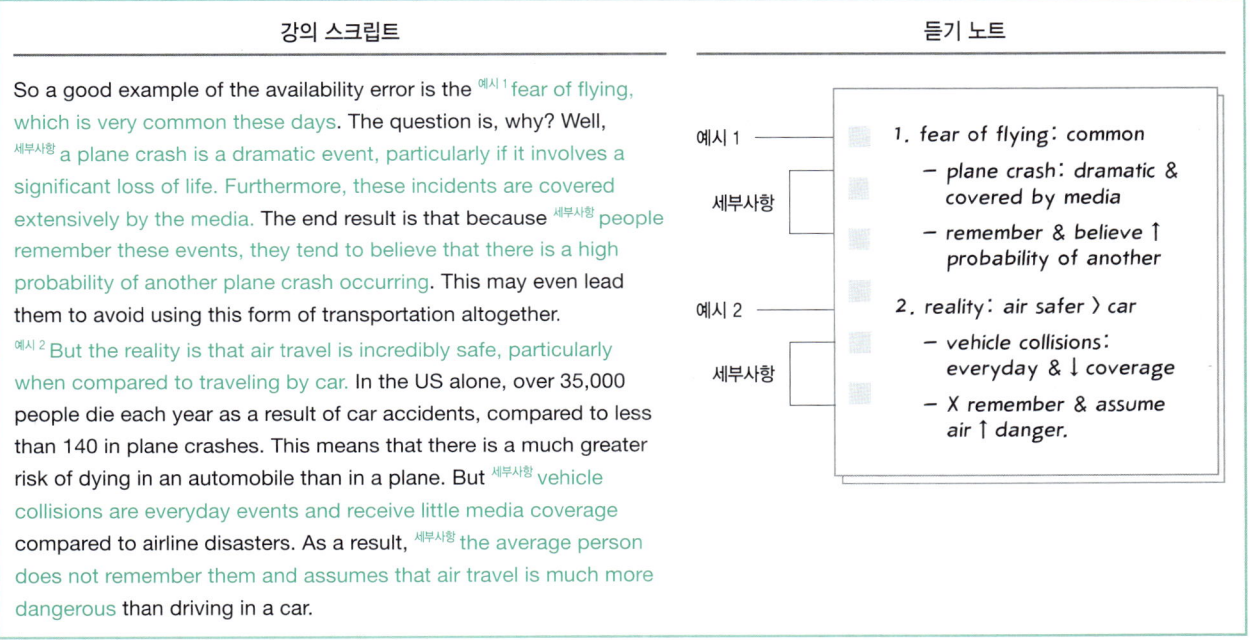

강의 스크립트	듣기 노트

So a good example of the availability error is the ^{예시 1} fear of flying, which is very common these days. The question is, why? Well, ^{세부사항} a plane crash is a dramatic event, particularly if it involves a significant loss of life. Furthermore, these incidents are covered extensively by the media. The end result is that because ^{세부사항} people remember these events, they tend to believe that there is a high probability of another plane crash occurring. This may even lead them to avoid using this form of transportation altogether. ^{예시 2} But the reality is that air travel is incredibly safe, particularly when compared to traveling by car. In the US alone, over 35,000 people die each year as a result of car accidents, compared to less than 140 in plane crashes. This means that there is a much greater risk of dying in an automobile than in a plane. But ^{세부사항} vehicle collisions are everyday events and receive little media coverage compared to airline disasters. As a result, ^{세부사항} the average person does not remember them and assumes that air travel is much more dangerous than driving in a car.

예시 1
세부사항
 1. fear of flying: common
  - plane crash: dramatic & covered by media
  - remember & believe ↑ probability of another

예시 2
세부사항
 2. reality: air safer > car
  - vehicle collisions: everyday & ↓ coverage
  - X remember & assume air ↑ danger.

STEP 3 말하기

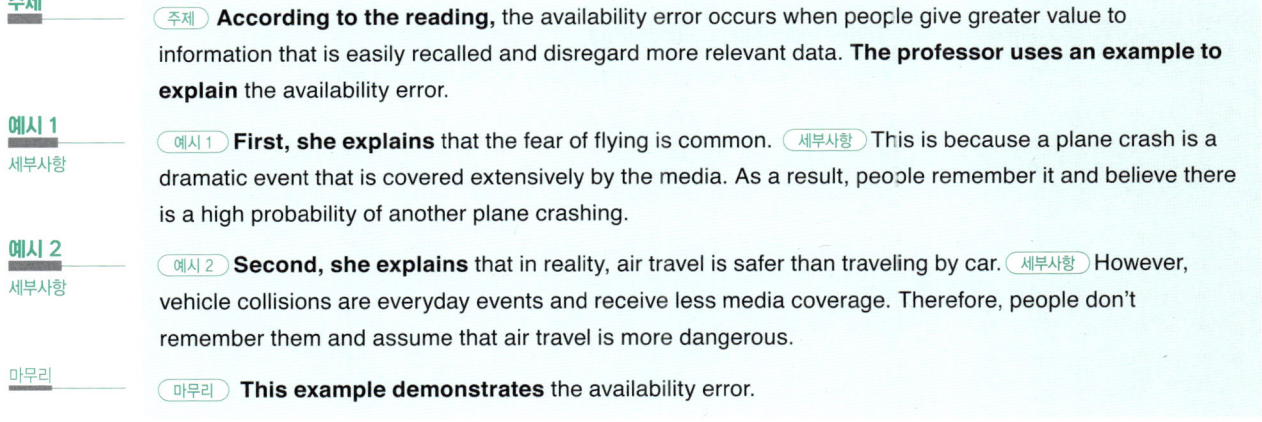

주제 (주제) **According to the reading,** the availability error occurs when people give greater value to information that is easily recalled and disregard more relevant data. **The professor uses an example to explain** the availability error.

예시 1 / 세부사항 (예시 1) **First, she explains** that the fear of flying is common. (세부사항) This is because a plane crash is a dramatic event that is covered extensively by the media. As a result, people remember it and believe there is a high probability of another plane crashing.

예시 2 / 세부사항 (예시 2) **Second, she explains** that in reality, air travel is safer than traveling by car. (세부사항) However, vehicle collisions are everyday events and receive less media coverage. Therefore, people don't remember them and assume that air travel is more dangerous.

마무리 (마무리) **This example demonstrates** the availability error.

Q4 듣고 말하기 - 대학 강의

INTEGRATED TASK

유형 소개

Q4 듣고 말하기-대학 강의는 학술적인 주제에 대한 대학 교수의 강의를 듣고 들은 내용을 요약하여 말하는 유형이다. 강의에서 제시된 세부사항을 이용하여 주제를 설명해야 한다. 질문의 형태 및 핵심 요구 사항은 다음과 같다.

질문의 형태 및 핵심 요구 사항

Using points and examples from the lecture,	■ 강의의 세부사항
explain two ways that plant fossils provide climate information.	■ 주제와 두 가지 소주제

STEP별 문제풀이 전략

STEP 1 듣고 노트테이킹하기

학술적인 주제에 대한 교수의 강의를 들으며 노트테이킹한다. 강의 도입부에서 '주제'가 제시되므로 잘 듣고 노트테이킹한다. 또한, 세부사항을 바탕으로 각 소주제를 설명해야 하므로, '소주제'와 함께 해당 소주제의 특징을 잘 설명하는 내용이나 예를 '세부사항'으로 노트테이킹한다.

듣기 노트 구조

주제
 소주제 1
  세부사항
 소주제 2
  세부사항

STEP 2 말하기

노트테이킹한 내용을 바탕으로 **주제, 소주제 1 및 소주제 2**, 그리고 각 소주제에 대한 **세부사항**을 말한다. 말하기의 기본 구조 및 활용할 수 있는 표현은 다음과 같다.

말하기의 기본 구조 및 표현

주제	The professor explains ~ by giving two examples.
소주제 1 세부사항	First, he/she describes ~
소주제 2 세부사항	Second, he/she describes ~
마무리*	These examples demonstrate ~

* 주제, 소주제 1, 소주제 2, 세부사항을 말한 후에도 시간이 남으면 마무리 문장을 덧붙인다.

전략 적용

STEP 1 듣고 노트테이킹하기 🎧 EXAMPLE_Q4

강의 스크립트	듣기 노트

강의 스크립트:

There are a number of methods used by scientists to study ancient weather patterns. Today, I want to focus on ^{주제} how plant fossils provide valuable information about past climates.

Now, ^{소주제1} the fossilized remains of leafy plants are especially useful when trying to understand prehistoric climate conditions. This is because ^{세부사항} the shape of a leaf is determined by the, uh, average annual temperature of the environment in which the plant lives. If the majority of plants from a specific time period had ^{세부사항} leaves with smooth edges, global temperatures were likely higher than average. Um, plants with this type of leaf retain moisture better, which is an obvious advantage in warm climates. In contrast, plants that produce ^{세부사항} leaves with jagged edges are more common in cooler climates because they can perform photosynthesis with greater efficiency. This is important if the plant has to cope with a short growing season each year.

Researchers also study pieces of ^{소주제2} ancient tree trunks to learn about past climates. Commonly referred to as petrified wood, these fossils offer a wealth of data. ^{세부사항} Most trees have growth rings. Widely spaced rings mean that the tree grew quickly each year, while narrow ones indicate periods of slow growth. Scientists can use this information to ^{세부사항} determine how temperature and, um, precipitation patterns varied over the course of the tree's life. Um, for example, a series of very narrow rings may indicate that the area in which the tree lived experienced an extended period of drought.

듣기 노트:

- 주제 — plant fossils: info. about past climates
- 소주제 1 — 1. leafy plants
  - 세부사항
    - shape determined by average temp.
    - smooth edges: temp. ↑, moisture ↑ ↔ jagged edges: cooler, photosynthesis ↑
- 소주제 2 — 2. ancient tree trunks
  - 세부사항
    - growth rings wide: grew ↑ ↔ narrow: ↓
    - how temp. & precipitation patterns varied

STEP 2 말하기

주제 ⓐ주제 **The professor explains** how plant fossils provide climate information about the past **by giving two examples**.

소주제 1 / 세부사항 ⓐ소주제1 **First, he describes** how leafy plants are useful. ⓐ세부사항 A leaf's shape is determined by the average temperature. For example, leaves have smooth edges in climates that have high temperatures so that they can keep moisture. On the other hand, leaves have jagged edges in cooler climates since they make photosynthesis more efficient.

소주제 2 / 세부사항 ⓐ소주제2 **Second, he describes** how ancient tree trunks give information. ⓐ세부사항 Wide growth rings mean that the tree grew quickly, while narrow rings indicate a slower rate of growth. This can be used to study how temperature and precipitation patterns varied.

마무리 ⓐ마무리 **These examples demonstrate** two ways that plant fossils provide information about past climates.

HACKERS TOEFL ACTUAL TEST SPEAKING

TEST 01

INDEPENDENT TASK
Q1 모범 답안 · 해석

INTEGRATED TASK
Q2 모범 답안 · 지문 · 해석
Q3 모범 답안 · 지문 · 해석
Q4 모범 답안 · 지문 · 해석

SELF-EVALUATION LIST

무료 음원 바로 듣기

Q1 모든 학생들이 인문학 과목을 수강해야 하는가? INDEPENDENT TASK

QUESTION Your university requires all students to take a humanities course. Some students, majoring in science or engineering, think that they should not be required to complete the course because it is not related to their majors. Do you agree or disagree with these students? Use specific examples and details to explain your answer.

당신의 대학은 모든 학생들에게 인문학 과목을 수강하도록 요구합니다. 과학이나 공학을 전공하는 일부 학생들은 그들의 전공과 관련이 없기 때문에 그 과목을 이수하도록 요구되어서는 안 된다고 생각합니다. 당신은 이 학생들에게 동의합니까, 아니면 동의하지 않습니까? 구체적인 예와 설명을 들어 답하세요.

아웃라인

동의함

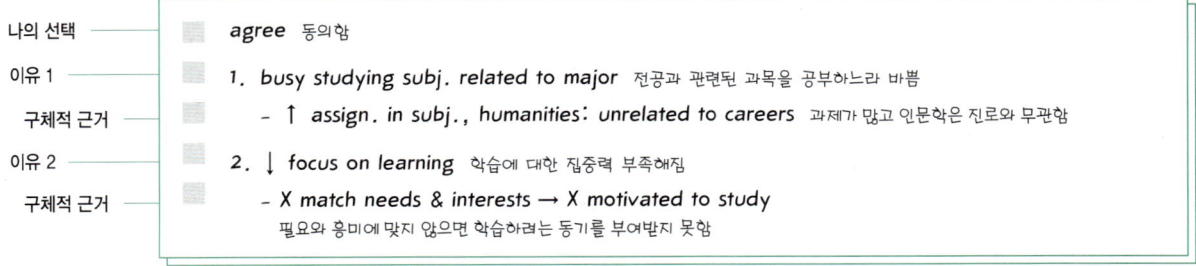

- 나의 선택 — agree 동의함
- 이유 1 — 1. busy studying subj. related to major 전공과 관련된 과목을 공부하느라 바쁨
- 구체적 근거 — ↑ assign. in subj., humanities: unrelated to careers 과제가 많고 인문학은 진로와 무관함
- 이유 2 — 2. ↓ focus on learning 학습에 대한 집중력 부족해짐
- 구체적 근거 — X match needs & interests → X motivated to study 필요와 흥미에 맞지 않으면 학습하려는 동기를 부여받지 못함

추가 제공 아웃라인 답변 아이디어를 얻는 데 참고해 보세요!

동의하지 않음

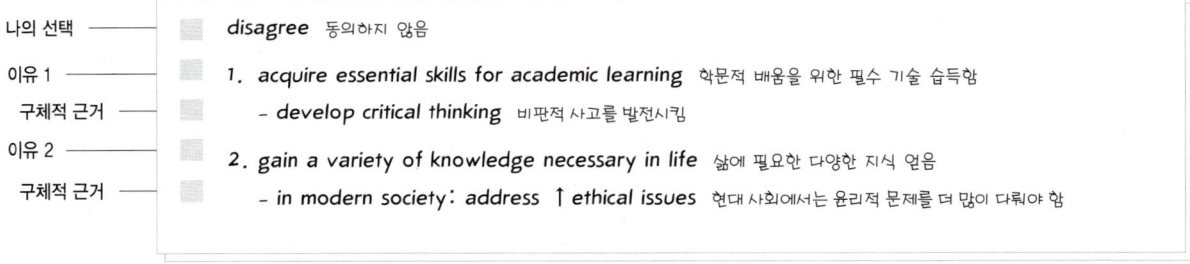

- 나의 선택 — disagree 동의하지 않음
- 이유 1 — 1. acquire essential skills for academic learning 학문적 배움을 위한 필수 기술 습득함
- 구체적 근거 — develop critical thinking 비판적 사고를 발전시킴
- 이유 2 — 2. gain a variety of knowledge necessary in life 삶에 필요한 다양한 지식 얻음
- 구체적 근거 — in modern society: address ↑ ethical issues 현대 사회에서는 윤리적 문제를 더 많이 다뤄야 함

모범 답안 🎧 TEST01_R1

나의 선택 I agree with the idea that the students should not be asked to complete a humanities course.

이유 1 First, the students are already busy studying subjects related to their major. **구체적 근거** To be specific, they have a lot of assignments in these subjects, and a humanities course is unrelated to their careers. Taking the course can be **a waste of time** for them.

이유 2 Second, this requirement can lead to a lack of focus on learning. **구체적 근거** For example, when students are forced to take courses that do not match their needs and interests, they may not be motivated to study the subjects. This can lower their overall achievement.

마무리 For these reasons, I agree that the students should not be required to take a humanities course.

나의 선택 나는 학생들이 인문학 과목을 이수하도록 요구되어서는 안 된다는 의견에 동의한다.
이유 1 첫째로, 학생들은 이미 전공과 관련된 과목을 공부하느라 바쁘다. 구체적 근거 구체적으로, 그들은 이러한 과목에서 과제가 많고, 인문학 과목은 그들의 진로와 무관하다. 그 과목을 수강하는 것은 그들에게 시간 낭비가 될 수 있다.
이유 2 둘째로, 이러한 요구사항은 학습에 대한 집중력 부족으로 이어질 수 있다. 구체적 근거 예를 들어, 학생들은 그들의 필요와 흥미에 맞지 않는 과목을 수강하도록 강요받을 때, 그 과목을 학습하려는 동기를 부여받지 못할 수도 있다. 이는 전반적인 성취도를 낮출 수 있다.
마무리 이러한 이유로, 나는 학생들이 인문학 과목을 수강하도록 요구되어서는 안 된다는 것에 동의한다.

어휘 및 표현

humanities[hju:mǽnəti:z] 인문학 unrelated[ʌ̀nriléitid] ~과 무관한 career[kəríər] 진로, 직업 be forced to ~하도록 강요받다
match[mætʃ] ~과 맞다, 어울리다 motivate[móutəvèit] 동기를 부여하다 lower[lóuər] 낮추다

🎧 **고득점 필수 표현** ❈ **a waste of time** 시간 낭비

- Arguing online about trivial matters is **a waste of time**. 사소한 문제에 대해 온라인에서 논쟁하는 것은 **시간 낭비**다.
- I didn't think group study would be helpful, but it was not **a waste of time**.
  나는 그룹 스터디가 도움이 될 것이라고 생각하지 않았지만, **시간 낭비**는 아니었다.

Q2 동아리의 면접 의무화

INTEGRATED TASK

읽기 노트 및 듣기 노트

읽기 노트

주제 / 세부사항

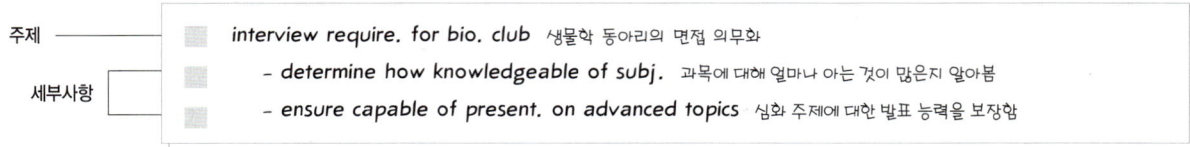

듣기 노트

화자의 의견 / 이유 1 / 세부사항 / 이유 2 / 세부사항

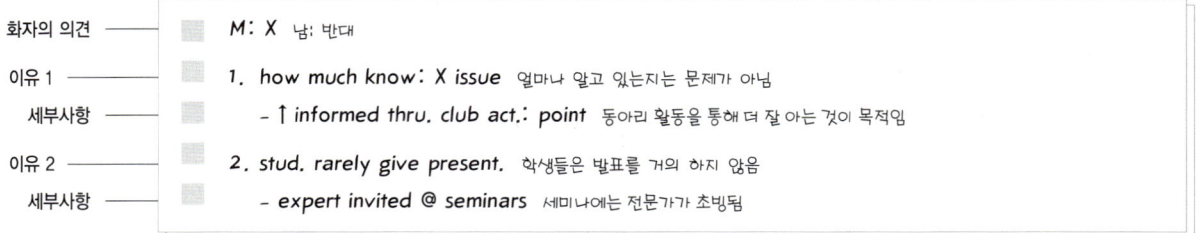

모범 답안 🎧 TEST01_R2

주제 〔주제〕 **According to the announcement,** students will be required to have an interview to join the Biology Research Club.

화자의 의견 〔화자의 의견〕 **The man does not think it is a good idea for two reasons.**

이유 1 / 세부사항 〔이유 1〕 **First, he says that** how much applicants know about biology should not be an issue. 〔세부사항〕 This is because members become more informed about the subject through club activities, and this is the point of the club.

이유 2 / 세부사항 〔이유 2〕 **Second, he mentions that** students rarely give seminar presentations. 〔세부사항〕 Usually, an expert in a specific field of biology is invited to speak at a seminar held by the club.

마무리 〔마무리〕 **For these reasons, he believes it is not a great idea.**

주제 공지에 따르면, 학생들은 생물학 연구 동아리에 가입하려면 면접을 보도록 요구될 것이다.
화자의 의견 남자는 두 가지 이유로 그것이 좋은 의견이 아니라고 생각한다.
이유 1 첫째로, 그는 지원자들이 생물학에 대해 얼마나 알고 있는지는 문제가 되어서는 안 된다고 말한다. 세부사항 이는 회원들은 동아리 활동을 통해서 그 과목에 대해 더 잘 알게 되고, 이것이 그 동아리의 목적이기 때문이다.
이유 2 둘째로, 그는 학생들은 세미나 발표를 거의 하지 않는다고 말한다. 세부사항 보통, 그 동아리에 의해 개최되는 세미나에는 특정 생물학 분야의 전문가가 강연하도록 초빙된다.
마무리 이러한 이유로, 그는 그것이 좋은 의견이 아니라고 생각한다.

읽기 지문 및 대화 스크립트

읽기 지문

주제
생물학 연구 동아리의 면접 의무화

세부사항
과목에 대해 얼마나 아는 것이 많은지 알아봄 / 심화 주제에 대한 발표 능력을 보장함

Interview Requirement for Biology Research Club

Until now, any biology major who has completed at least one year of study has been eligible to join the Biology Research Club. Starting next term, however, applicants will be interviewed by a department representative to evaluate their suitability. According to Mary Beale, the club president, this policy change will be highly beneficial. "The interview will provide an opportunity to determine how knowledgeable applicants are of the subject," she said. The additional step in the screening process will ensure that new members are capable of giving presentations on advanced topics during club seminars.

생물학 연구 동아리의 면접 의무화

지금까지는, 최소 일 년의 학업을 마친 생물학 전공자라면 누구든지 생물학 연구 동아리에 가입할 자격이 있었습니다. 그러나 다음 학기부터, 지원자들은 그들의 적합성을 평가하기 위해 학과 대표와 면접을 보게 될 것입니다. 동아리 회장인 Mary Beale에 따르면, 이 정책 변화는 상당히 유익할 것입니다. 그녀는 "면접은 지원자들이 이 과목에 대해 얼마나 아는 것이 많은지를 알아볼 기회를 줄 것입니다."라고 말했습니다. 선발 과정의 이 추가적인 단계는 새로운 회원들이 동아리 세미나에서 심화 주제에 대해 발표할 능력이 있다는 것을 보장할 것입니다.

대화 스크립트 🎧 TEST01_Q2_Conv

화자의 의견
반대

이유 1
생물학에 대해 얼마나 알고 있는지는 문제가 아님

세부사항
동아리 활동을 통해 더 잘 아는 것이 목적임

이유 2
학생들은 발표를 거의 하지 않음

세부사항
보통 세미나에는 전문가가 초빙됨

M: I just read the announcement about the new requirement to join the Biology Research Club. I'm not sure about this policy change . . .
W: Really? Why do you say that?
M: Um, take the idea that it'll, uh . . . you know, make it easier to figure out how much potential members know about biology . . .
W: Yes?
M: Well, I don't think that should be an issue.
W: Um, why not?
M: Students join the club because they're interested in, um, learning more about biology. Even if they don't know much at first, they will become more informed through club activities. I mean, that's the entire point of the club . . .
W: Hmm . . . I never thought about it that way. But what about the, uh, seminars? You have to agree that some of the past student presentations, well . . . they dealt with really basic subject matter. They weren't just useful.
M: Sure, but students rarely give the presentations, right? Usually, an expert in a particular field of biology is invited to speak at the seminars held by the club.
W: I guess so.
M: I mean, out of the nine seminars that have already taken place this semester, seven were led by visiting professors. Only two were conducted by student members.
W: Yeah, you have a good point.

남: 지금 막 생물학 연구 동아리에 가입하기 위한 새로운 요건에 관한 공지를 읽었어. 나는 이 정책 변화에 대해 잘 모르겠어...
여: 정말? 왜 그렇게 말해?
남: 음, 그 의견 있잖아, 어... 그러니까, 후보 회원들이 생물학에 대해 얼마나 알고 있는지 알아내는 것을 더 쉽게 할 것이라는...
여: 응?
남: 음, 나는 그것이 문제가 되어서는 안 된다고 생각해.
여: 음, 왜 안 되는데?
남: 학생들은, 음, 생물학에 대해 더 배우는 데 관심이 있어서 그 동아리에 가입해. 그들이 처음에는 아는 것이 많이 없더라도, 동아리 활동을 통해서 더 잘 알게 될 거야. 내 말은, 그것이 그 동아리의 전적인 목적이잖아...
여: 흠... 나는 그것에 대해 그런 식으로 생각해 본 적은 없었어. 하지만, 어, 세미나에 대해서는 어때? 과거 학생 발표 중 일부는, 음... 정말 기본적인 주제를 다뤘다는 것은 인정해야 해. 그 발표들은 정말 도움이 안 됐어.
남: 맞아, 하지만 학생들은 발표를 거의 하지 않아, 그렇지? 보통, 그 동아리에 의해 개최되는 세미나에는 특정 생물학 분야의 전문가가 강연하도록 초빙되잖아.
여: 그런 것 같긴 하다.
남: 그러니까, 이번 학기에 이미 열린 아홉 개의 세미나 중에서 일곱 개가 방문 교수들에 의해 진행됐어. 단 두 개만이 학생 회원들에 의해 진행됐지.
여: 그래, 네 말이 일리가 있다.

VOCABULARY LIST

eligible[élidʒəbl] 자격이 있는   representative[rèprizéntətiv] 대표   evaluate[ivǽljueit] 평가하다   suitability[sù:təbíləti] 적합성
knowledgeable[nálidʒəbl] 아는 것이 많은   screening[skrí:niŋ] 선발   ensure[inʃúər] 보장하다   figure out 알아내다   potential[pəténʃəl] 후보의
informed[infɔ́:rmd] 잘 아는   point[pɔint] 목적   subject matter 주제   rarely[rɛ́ərli] 거의 ~하지 않는

Q3 토큰 보상 체계

INTEGRATED TASK

읽기 노트 및 듣기 노트

읽기 노트

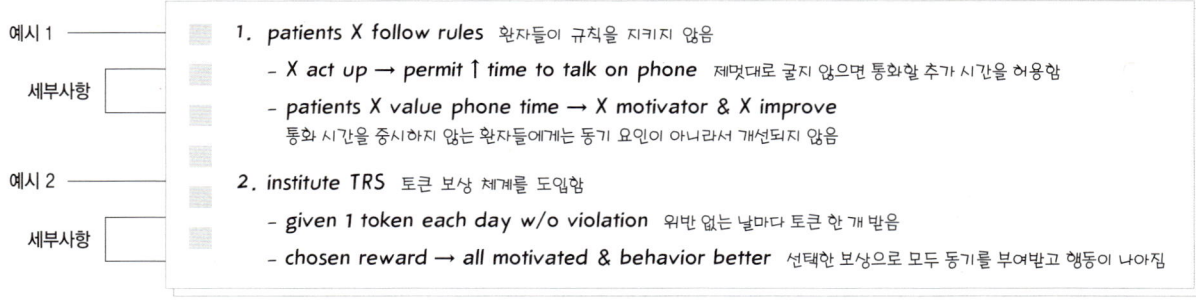

듣기 노트

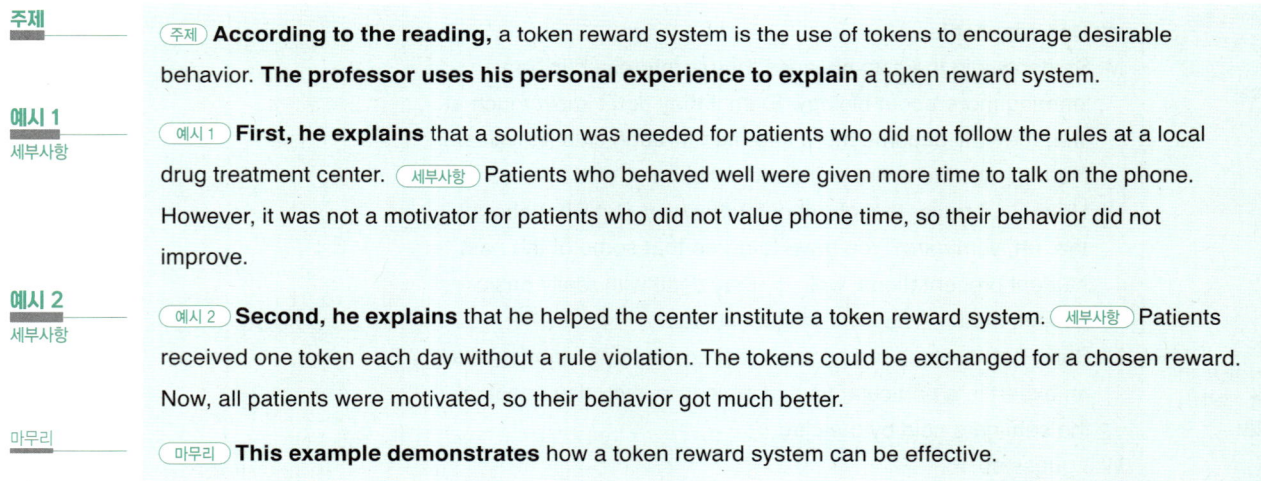

모범 답안 🎧 TEST01_R3

주제 **According to the reading,** a token reward system is the use of tokens to encourage desirable behavior. **The professor uses his personal experience to explain** a token reward system.

예시 1 **First, he explains** that a solution was needed for patients who did not follow the rules at a local drug treatment center. **세부사항** Patients who behaved well were given more time to talk on the phone. However, it was not a motivator for patients who did not value phone time, so their behavior did not improve.

예시 2 **Second, he explains** that he helped the center institute a token reward system. **세부사항** Patients received one token each day without a rule violation. The tokens could be exchanged for a chosen reward. Now, all patients were motivated, so their behavior got much better.

마무리 **This example demonstrates** how a token reward system can be effective.

주제 읽기 지문에 따르면, 토큰 보상 체계는 바람직한 행동을 장려하기 위해 토큰을 사용하는 것이다. 교수는 그의 개인적인 경험을 들어 토큰 보상 체계를 설명한다.

예시 1 첫째로, 그는 지역 마약 치료 시설에서 규칙을 지키지 않는 환자들에 대한 해결책이 필요했다고 설명한다. 세부사항 예의 바르게 행동한 환자들에게는 통화할 추가 시간이 주어졌다. 그러나 그것은 통화 시간을 중시하지 않는 환자들에게는 동기 요인이 아니었으므로, 그들의 행동은 개선되지 않았다.

예시 2 둘째로, 그는 그 시설이 토큰 보상 체계를 도입하도록 그가 도왔다고 설명한다. 세부사항 환자들은 규칙 위반이 없는 날마다 토큰 한 개를 받았다. 그 토큰은 선택한 보상으로 교환될 수 있었다. 이제 모든 환자가 동기를 부여받았으므로, 그들의 행동은 크게 나아졌다.

마무리 이러한 예는 토큰 보상 체계가 효과적일 수 있음을 보여준다.

읽기 지문 및 강의 스크립트

읽기 지문

주제
토큰 보상 체계

세부사항
바람직한 행동을 장려하기 위해 토큰을 활용함 / 토큰은 다양한 보상으로 교환됨

Token Reward System

Rewards can be powerful tools when it comes to changing people's behavior for the better. One of the most effective ways in which negative behavior can be corrected is to use a token reward system. This system utilizes tokens, such as points or fake money, to encourage individuals to engage in desirable behavior or refrain from unacceptable behavior. Once the tokens are earned, they can be exchanged for a variety of rewards, which might include services, privileges, or items. This system is applied in many different kinds of organized settings, such as schools, prisons, and psychiatric hospitals.

토큰 보상 체계

보상은 사람들의 행동을 더 나은 방향으로 변화시키는 것에 관한 한 강력한 도구가 될 수 있다. 부정적인 행동이 시정될 수 있는 가장 효과적인 방법 중 하나는 토큰 보상 체계를 사용하는 것이다. 이 체계는 개인이 바람직한 행동을 하도록, 혹은 용납할 수 없는 행동을 삼가도록 장려하기 위해 점수나 가짜 돈과 같은 토큰을 활용한다. 토큰을 받으면, 그것은 서비스, 특혜, 혹은 물건을 포함할 수 있는 다양한 보상으로 교환될 수 있다. 이 체계는 학교, 감옥, 그리고 정신 병원과 같은 여러 다양한 유형의 조직 환경에서 사용된다.

강의 스크립트 🎧 TEST01_Q3_Lec

예시 1
환자들이 규칙을 지키지 않음

세부사항
통화할 추가 시간을 허용했으나 모두에게 동기 요인인 것은 아니라서 일부는 개선되지 않음

OK, I have a personal example. Recently, a local drug treatment center asked me for help. Um, to give you some background about the situation, the center was having a lot of trouble with its patients. Basically, they weren't following the rules or complying with staff instructions. The center wanted to find a way to solve this problem, so they decided that patients who didn't act up would be permitted additional time to talk on the phone with friends or family. Now, that was effective with some of the patients—the ones who placed a high value on communicating with people outside the treatment center. But other patients didn't value phone time at all, so it wasn't much of a motivator for them. As a result, their behavior didn't improve.

좋아요, 저에게 개인적인 예가 있습니다. 최근에 한 지역 마약 치료 시설이 저에게 도움을 요청했습니다. 음, 여러분에게 그 상황에 대한 배경설명을 좀 하자면, 그 시설은 환자들로 인해 많은 어려움을 겪고 있었어요. 기본적으로, 그들은 규칙을 지키지 않거나 직원들의 지시를 따르지 않고 있었죠. 그 시설은 이 문제를 해결할 방법을 찾기를 원했고, 그래서 제멋대로 굴지 않은 환자에게는 친구나 가족과 통화할 추가 시간을 허용하기로 결정했습니다. 자, 그것은 치료 시설 외부의 사람들과 의사소통하는 것에 높은 가치를 둔 몇몇 환자들에게 효과가 있었습니다. 하지만 다른 환자들은 통화 시간을 전혀 중시하지 않았으므로, 그들에게는 그것이 대단한 동기 요인은 아니었어요. 결과적으로, 그들의 행동은 개선되지 않았습니다.

예시 2
토큰 보상 체계를 도입함

세부사항
규칙 위반 없는 날마다 선택한 보상으로 교환될 수 있는 토큰을 받자, 모두 동기를 부여받음

And that's when I became involved by helping officials at the drug treatment center institute a token reward system. Instead of receiving extra phone time, patients were given one token for each day that went by without a rule violation. The tokens could then be exchanged for a chosen reward. Options included, uh, television privileges, snacks, and extra free time. Since there was now something for everyone, all of the patients were motivated to abide by the rules in order to earn tokens. And sure enough, not long after the system was put in place, patient behavior got much better.

그리고 그때가 마약 치료 시설의 직원들이 토큰 보상 체계를 도입하도록 도움으로써 제가 참여하게 된 때입니다. 환자들은 추가 통화 시간을 받는 대신, 규칙 위반 없이 지나간 날마다 토큰 한 개를 받았어요. 그다음, 그 토큰은 선택한 보상으로 교환될 수 있었죠. 선택지는, 어, 텔레비전에 대한 특혜, 간식, 그리고 추가 자유 시간을 포함했습니다. 이제 모두를 위한 무언가가 있었으므로, 모든 환자는 토큰을 얻기 위해서 규칙을 지키도록 동기를 부여받았어요. 그리고 아니나 다를까, 이 체계가 시행되고 얼마 지나지 않아, 환자들의 행동은 크게 나아졌습니다.

VOCABULARY LIST

when it comes to ~에 관한 한 for the better 더 나은 방향으로 desirable[dizáiərəbl] 바람직한 refrain from ~을 삼가다
unacceptable[ʌ̀nəkséptəbl] 용납할 수 없는 privilege[prívəlidʒ] 특혜 organized[ɔ́ːrgənàizd] 조직의 setting[sétiŋ] 환경
psychiatric[sàikiǽtrik] 정신과의 comply with ~을 따르다 act up 제멋대로 굴다 value[vǽljuː] 가치; 중시하다 motivator[móutəvèitər] 동기 요인
institute[ínstətjùːt] 도입하다, 마련하다 violation[vàiəléiʃən] 위반 abide by ~을 지키다 sure enough 아니나 다를까, 과연 put in place 시행하다

Q4 박쥐의 사냥 방법

INTEGRATED TASK

듣기 노트

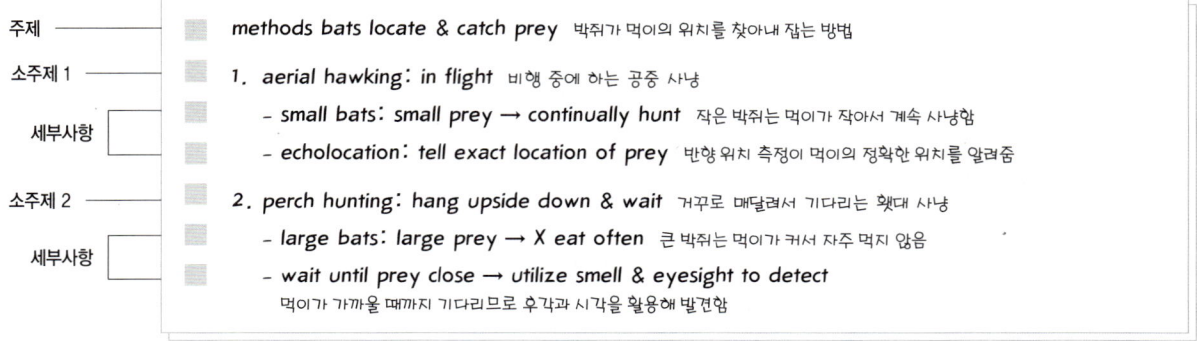

주제 — methods bats locate & catch prey 박쥐가 먹이의 위치를 찾아내 잡는 방법
소주제 1 — 1. aerial hawking: in flight 비행 중에 하는 공중 사냥
세부사항 — - small bats: small prey → continually hunt 작은 박쥐는 먹이가 작아서 계속 사냥함
- echolocation: tell exact location of prey 반향 위치 측정이 먹이의 정확한 위치를 알려줌
소주제 2 — 2. perch hunting: hang upside down & wait 거꾸로 매달려서 기다리는 횃대 사냥
세부사항 — - large bats: large prey → X eat often 큰 박쥐는 먹이가 커서 자주 먹지 않음
- wait until prey close → utilize smell & eyesight to detect
먹이가 가까울 때까지 기다리므로 후각과 시각을 활용해 발견함

모범 답안 🎧 TEST01_R4

주제 The professor explains how bats hunt for food **by giving two examples**.

소주제 1 **First, she describes** aerial hawking, which is when bats hunt while in flight. **세부사항** Aerial hawking is used by small bats that have to continually hunt for food since their prey is so small. Aerial hawkers rely on echolocation, which tells the bats the exact location of the prey.

소주제 2 **Second, she describes** perch hunting, which is when bats hang upside down and wait for prey. **세부사항** This method is used by large bats that consume large prey, so they don't have to eat as often. And because they wait until the prey come very close, the bats can use smell and eyesight to locate them.

마무리 **These examples demonstrate** two ways that bats hunt for food.

주제 교수는 두 가지 예를 들어 박쥐가 어떻게 먹이를 사냥하는지를 설명한다.

소주제 1 첫째로, 그녀는 박쥐가 비행 중에 사냥하는 공중 사냥을 설명한다. 세부사항 공중 사냥은 먹이가 작아서 계속 먹이를 사냥해야 하는 작은 박쥐들에 의해 사용된다. 공중 사냥을 하는 박쥐는 반향 위치 측정에 의존하는데, 이는 박쥐들에게 먹이의 정확한 위치를 알려준다.

소주제 2 둘째로, 그녀는 박쥐가 거꾸로 매달려서 먹이를 기다리는 횃대 사냥을 설명한다. 세부사항 이 방법은 큰 먹이를 섭취하기 때문에 그리 자주 먹지 않아도 되는 큰 박쥐들에 의해 사용된다. 그리고 그 박쥐들은 먹이가 아주 가까이 올 때까지 기다리므로, 그들은 먹이의 위치를 찾아내기 위해 후각과 시각을 사용할 수 있다.

마무리 이러한 예는 박쥐가 먹이를 사냥하는 두 가지 방법을 보여준다.

강의 스크립트

강의 스크립트 🎧 TEST01_Q4_Lec

주제
박쥐의 두 가지 사냥 방법

Animals hunt in a variety of ways, and bats are no exception. In fact, there is substantial variation in hunting strategies among bats, depending on the type and species. So let's look at a couple of distinct methods that bats use to locate and catch their prey.

소주제 1
비행 중에 하는 공중 사냥

세부사항
작은 박쥐는 먹이가 작아서 계속 사냥함 / 반향 위치 측정이 먹이의 정확한 위치를 알려줌

All right, so one of the strategies is referred to as aerial hawking. In this method, bats detect, pursue, and consume their prey while in flight. This strategy is closely associated with smaller bats, which are lightweight and can remain in flight for long periods of time without wasting much energy. Bats that use this form of hunting tend to consume smaller prey, such as mosquitoes, and, um, because each meal provides such little sustenance—you know, a mosquito is hardly a snack even for a small bat—they have to continually hunt to get enough food to survive. Aerial hawkers rely almost exclusively on echolocation to target insects. This is basically the emission of ultrasonic waves by bats, which bounce back like echoes and tell the bats the exact location of the prey.

소주제 2
거꾸로 매달려서 기다리는 횃대 사냥

세부사항
큰 박쥐는 먹이가 커서 자주 먹지 않아도 됨 / 후각과 시각을 활용해 먹이를 발견함

Now in the other method, perch hunting, bats hang upside down from a perch and mostly just wait around for prey to come near them. As you might expect, this is very efficient in terms of the energy the bats have to expend to catch prey, and it is commonly seen in bats with a larger body size. Also, the prey is typically larger for bats that hunt from a perch, so they do not have to eat as often considering the fact that they get more nutrition out of each meal. And because they usually wait until their comparatively large prey come really close to them, perch-hunting bats can just utilize their sense of smell and even their inferior eyesight to detect prey. Once they sense a target, they make a short flight to the ground to snatch it.

VOCABULARY LIST

exception[iksépʃən] 예외　**substantial**[səbstǽnʃəl] 상당한　**variation**[vɛ̀əriéiʃən] 다양성　**distinct**[distíŋkt] 다른, 구별된
locate[lóukeit] 위치를 찾아내다　**detect**[ditékt] 발견하다　**pursue**[pərsúː] 뒤쫓다, 추격하다　**consume**[kənsúːm] 섭취하다, 소비하다　**in flight** 비행 중인
lightweight[láitwèit] 가벼운　**mosquito**[məskíːtou] 모기　**sustenance**[sʌ́stənəns] 영양　**hardly**[hɑ́ːrdli] 도저히 ~가 아닌
exclusively[iksklúːsivli] 오로지, 전적으로　**echolocation**[èkouloukéiʃən] 반향 위치 측정　**emission**[imíʃən] 방출　**ultrasonic wave** 초음파
bounce back 반사하다　**upside down** 거꾸로　**wait around** 무작정 기다리다　**nutrition**[njuːtríʃən] 영양분　**comparatively**[kəmpǽrətivli] 비교적
inferior[infíəriər] 열등한　**eyesight**[áisàit] 시각, 시력　**snatch**[snætʃ] 잡아채다

SELF-EVALUATION LIST TEST 01

앞서 학습한 내용을 바탕으로 자신의 답안에 대해 다음 사항을 점검하고 앞으로 개선해야 할 점을 확인해 보세요.

Q1

1. 문제에서 요구하는 정보를 모두 말하였다. (나의 선택, 이유 및 구체적 근거) ☐ Yes ☐ No
2. 이유 및 구체적 근거를 들어 나의 선택을 논리적으로 뒷받침하였다. ☐ Yes ☐ No
3. 다양한 어휘 및 표현, 문장 구조를 사용하여 말하였다. ☐ Yes ☐ No
4. 올바른 발음, 강세 및 억양으로 말하였다. ☐ Yes ☐ No

Q2

1. 문제에서 요구하는 정보를 모두 말하였다. (읽기 지문의 주제, 대화 속 화자의 의견 및 이유) ☐ Yes ☐ No
2. 문제에서 요구하는 정보를 읽기 지문 및 대화의 내용에 근거해 정확하게 말하였다. ☐ Yes ☐ No
3. 다양한 어휘 및 표현, 문장 구조를 사용하여 말하였다. ☐ Yes ☐ No
4. 올바른 발음, 강세 및 억양으로 말하였다. ☐ Yes ☐ No

Q3

1. 문제에서 요구하는 정보를 모두 말하였다. (읽기 지문의 주제, 강의의 예시) ☐ Yes ☐ No
2. 문제에서 요구하는 정보를 읽기 지문 및 강의의 내용에 근거해 정확하게 말하였다. ☐ Yes ☐ No
3. 다양한 어휘 및 표현, 문장 구조를 사용하여 말하였다. ☐ Yes ☐ No
4. 올바른 발음, 강세 및 억양으로 말하였다. ☐ Yes ☐ No

Q4

1. 문제에서 요구하는 정보를 모두 말하였다. (강의의 주제, 소주제 및 세부사항) ☐ Yes ☐ No
2. 문제에서 요구하는 정보를 강의의 내용에 근거해 정확하게 말하였다. ☐ Yes ☐ No
3. 다양한 어휘 및 표현, 문장 구조를 사용하여 말하였다. ☐ Yes ☐ No
4. 올바른 발음, 강세 및 억양으로 말하였다. ☐ Yes ☐ No

HACKERS TOEFL ACTUAL TEST SPEAKING

TEST 02

INDEPENDENT TASK
Q1 모범 답안 · 해석

INTEGRATED TASK
Q2 모범 답안 · 지문 · 해석
Q3 모범 답안 · 지문 · 해석
Q4 모범 답안 · 지문 · 해석

SELF-EVALUATION LIST

무료 음원 바로 듣기

Q1 초등학교에서 가르치는 것이 대학교보다 쉬운가? INDEPENDENT TASK

QUESTION Do you agree or disagree with the following statement? **Teaching in an elementary school is easier than teaching in a university.** Use specific reasons and details in your response.
당신은 다음 진술에 동의합니까, 아니면 동의하지 않습니까? 초등학교에서 가르치는 것이 대학교에서 가르치는 것보다 더 쉽다. 구체적 근거와 설명을 들어 답하세요.

아웃라인

동의하지 않음

나의 선택 — disagree 동의하지 않음
이유 1 — 1. elementary: teach ↑ subjects 초등학교는 많은 과목을 가르침
구체적 근거 — - all subj. ↔ univ. 1 field 모든 과목을 가르쳐야 하지만 대학은 한 분야만 가르침
이유 2 — 2. univ. students ↑ motivated 대학생들은 더 의욕적임
구체적 근거 — - good grades benefit careers 좋은 성적이 취업에 도움이 됨

추가 제공 아웃라인 답변아이디어를 얻는 데 참고해 보세요!

동의함

나의 선택 — agree 동의함
이유 1 — 1. class content: much easier 초등학교 수업 내용이 훨씬 더 쉬움
구체적 근거 — - teaching in univ. → requires more specialized knwlge.
대학교에서 가르치는 건 더 전문적인 지식을 필요로 함
이유 2 — 2. class hrs. shorter 수업시간이 더 짧음
구체적 근거 — - univ.: 2-3hrs., elementary: ↓ than 1 hr.
대학교 수업은 2-3시간인 반면 초등학교 수업은 한 시간 미만임

모범 답안 🎧 TEST02_R1

나의 선택 I disagree with the statement that teaching in an elementary school is easier than teaching in a university.

First, elementary school teachers teach many subjects. **To be specific,** they are responsible for all subject areas of the curriculum. In contrast, university professors only have to teach classes in one field.

Second, university students are more motivated, so they are easier to teach. **For example,** they work hard because they know good grades will benefit their careers. However, elementary school students don't dwell on the future, so they are not eager to study.

For these reasons, I disagree that being an elementary school teacher is less difficult.

나의 선택 나는 초등학교에서 가르치는 것이 대학교에서 가르치는 것보다 더 쉽다는 진술에 동의하지 않는다.

이유 1 첫째로, 초등학교 교사들은 많은 과목을 가르친다. 구체적 근거 구체적으로, 그들은 교육과정의 모든 교과 영역을 담당한다. 반면에, 대학교수들은 한 분야의 수업들만 하면 된다.

이유 2 둘째로, 대학생들은 더 의욕적이어서 가르치기가 더 쉽다. 구체적 근거 예를 들어, 그들은 좋은 성적이 취업에 도움이 된다는 것을 알기 때문에 열심히 공부한다. 그러나 초등학생들은 미래를 깊이 생각하지 않으므로, 공부에 열성적이지 않다.

마무리 이러한 이유로, 나는 초등학교 교사인 것이 덜 어렵다는 것에 동의하지 않는다.

어휘 및 표현
curriculum[kəríkjuləm] 교육과정 motivated[móutəvèitid] 의욕적인 eager[íːgər] 열성적인

🎧 **고득점 필수 표현** ✿ **dwell on** ~을 깊이 생각하다

- I tend to **dwell on** my problems too much. 나는 내 문제를 너무 **깊이 생각하는** 경향이 있다.
- My father says it's best not to **dwell on** the past. 우리 아버지는 과거를 **깊이 생각하지** 않는 것이 가장 좋다고 말씀하신다.

Q2 교내 디지털 간판 사용

INTEGRATED TASK

읽기 노트 및 듣기 노트

읽기 노트

주제
세부사항

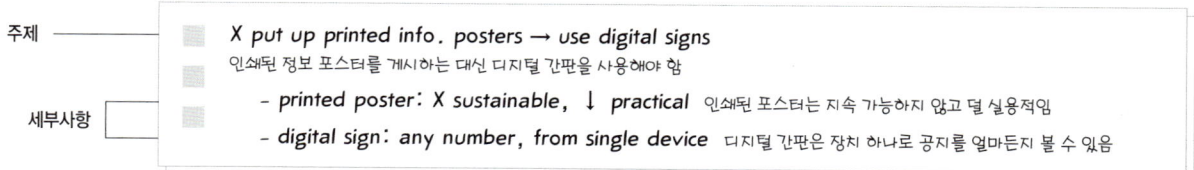

듣기 노트

화자의 의견
이유 1
세부사항
이유 2
세부사항

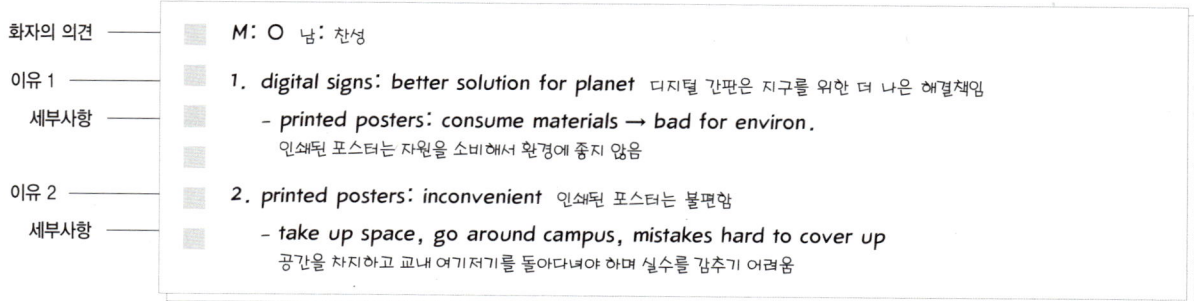

모범 답안 🎧 TEST02_R2

주제 (주제) **According to the reading,** the school administration should use digital signs instead of putting up printed information posters.

화자의 의견 (화자의 의견) **The man thinks it is a good idea for two reasons.**

이유 1
세부사항 (이유 1) **First, he says that** digital signs are a better solution for the planet. (세부사항) This is because printed posters consume materials like ink and paper and create waste, which is bad for the environment.

이유 2
세부사항 (이유 2) **Second, he mentions that** printed posters are inconvenient to use. (세부사항) They take up space and force people to go around campus. Moreover, mistakes on printed posters are hard to cover up, while digital signs can be easily changed.

마무리 (마무리) **For these reasons, he believes it is a great idea.**

주제 읽기 지문에 따르면, 학교 행정부는 인쇄된 정보 포스터를 게시하는 대신에 디지털 간판을 사용해야 한다.
화자의 의견 남자는 두 가지 이유로 그것이 좋은 의견이라고 생각한다.
이유 1 첫째로, 그는 디지털 간판이 지구를 위한 더 나은 해결책이라고 말한다. 세부사항 인쇄된 포스터는 잉크와 종이 같은 자원을 소비하고 쓰레기를 만드는데, 이는 환경에 좋지 않기 때문이다.
이유 2 둘째로, 그는 인쇄된 포스터가 사용하기에 불편하다고 말한다. 세부사항 그것들은 공간을 차지하고 사람들이 교내 여기저기를 돌아다니게 만든다. 게다가, 인쇄된 포스터의 실수는 감추기 어려운 반면, 디지털 간판은 쉽게 변경될 수 있다.
마무리 이러한 이유로, 그는 그것이 좋은 의견이라고 생각한다.

읽기 지문 및 대화 스크립트

읽기 지문

주제
학교 행정부가 정보 포스터를 게시하는 대신 디지털 간판을 사용해야 함

세부사항
인쇄된 포스터는 지속 가능하지 않고 덜 실용적임 / 디지털 간판은 독립형 장치 하나로 공지를 얼마든지 볼 수 있음

Dear Editor,

I'd like to make a suggestion to the school administration. I think that instead of putting up printed information posters, they should use digital signs. For one thing, printed posters are not sustainable. They consume materials like ink and paper, and they create waste when they eventually have to be discarded. Moreover, given today's technology, printed posters seem far less practical than digital signs. Right now, separate posters have to be printed out for every announcement, and there are physical limits to the number that can be put up. With digital signs, you can have any number of announcements visible from a single, stand-alone device. I hope the school administration will consider making a change.

Sincerely,
Sandra Newton

편집장님께,

저는 학교 행정부에 한 가지 제안을 하고 싶습니다. 저는 그들이 인쇄된 정보 포스터를 게시하는 대신에 디지털 간판을 사용해야 한다고 생각합니다. 우선 한 가지는, 인쇄된 포스터는 지속 가능하지 않습니다. 그것들은 잉크와 종이 같은 재료를 소비하고, 결국 폐기되어야 할 때는 쓰레기를 만듭니다. 게다가, 오늘날의 기술을 고려할 때, 인쇄된 포스터는 디지털 간판보다 훨씬 덜 실용적으로 보입니다. 지금은 모든 공지에 대해 각각의 포스터가 인쇄되어야 하며, 게시될 수 있는 수에 물리적인 한계가 있습니다. 디지털 간판으로는 하나의 독립형 장치에서 공지를 얼마든지 볼 수 있습니다. 저는 학교 행정부가 변화를 고려하기를 바랍니다.

Sandra Newton 드림

대화 스크립트 🎧 TEST02_Q2_Conv

화자의 의견
찬성

이유 1
디지털 간판은 지구를 위한 더 나은 해결책임

세부사항
인쇄된 포스터는 환경에 좋지 않음

이유 2
인쇄된 포스터는 불편함

세부사항
공간을 차지하고 교내 여기저기를 돌아다녀야 하며 실수를 감추기 어려움

W: Did you see Sandra's letter to the editor today?
M: Yes, I thought she made some reasonable points.
W: I honestly never thought that printed posters were a problem before now.
M: Me neither, but now that she brought it up, I do think that digital signs are a better solution for sharing information, not just for the school, but also, like she says, for the planet. Paper posters consume resources and create waste, both of which are bad for the environment. The school should do everything it can to operate more sustainably.
W: I see what you mean. That does make sense.
M: And, uh, besides that, printed posters are so inconvenient to use. They take up space on our walls and force people to go around campus putting them up and taking them down . . . And, um, mistakes are also hard to cover up on printed posters. You have to paste the new information directly on top or replace the poster altogether.
W: Not with a digital sign.
M: Nope. All you have to do is open the file on a computer, make your changes, and save it over the old file. With some digital signs, this can even be done remotely.

여: 오늘 Sandra가 편집장에게 보낸 편지 봤어?
남: 응. 난 그녀가 합리적인 주장을 했다고 생각했어.
여: 난 솔직히 지금까지 인쇄된 포스터가 문제라고 전혀 생각하지 않았어.
남: 나도 그랬지만, 그녀가 그걸 꺼냈으니 말인데, 나는 디지털 간판이 정보 공유를 위한 더 나은 해결책이라고 생각하는데, 학교뿐만 아니라, 그녀가 말하는 것처럼, 지구를 위해서도 말이야. 종이 포스터는 자원을 소비하고 쓰레기를 만드는데, 이 두 가지 모두 환경에 좋지 않아. 학교는 더 지속 가능하게 운영하기 위해 할 수 있는 모든 것을 해야 해.
여: 무슨 말인지 알겠어. 말이 되네.
남: 그리고, 어, 그것 말고도 인쇄된 포스터는 사용하기에 너무 불편해. 벽에 공간을 차지하고 사람들이 게시하고 치우면서 교내 여기저기를 돌아다니게 만들어… 그리고, 음, 인쇄된 포스터에는 실수를 감추기도 어려워. 새로운 정보를 바로 위에 붙이거나 포스터를 완전히 교체해야 해.
여: 디지털 간판으로는 그렇지 않지.
남: 맞아. 컴퓨터에서 파일을 열고 변경한 후 이전 파일에 저장하기만 하면 돼. 어떤 디지털 간판으로는 이게 심지어 원격으로도 될 수 있어.

VOCABULARY LIST

put up 게시하다　**sustainable**[səstéinəbl] 지속 가능한　**consume**[kənsúːm] 소비하다　**discard**[diskάːrd] 폐기하다　**practical**[præ̀ktikəl] 실용적인　**visible**[vízəbl] 보이는　**stand-alone** 독립형의　**reasonable**[ríːzənəbl] 합리적인　**bring up** (화제를) 꺼내다　**operate**[άːpərèit] 운영하다　**inconvenient**[ìnkənvíːnjənt] 불편한　**take down** 치우다　**cover up** 감추다, 은폐하다　**remotely**[rimóutli] 원격으로

Q3 수렴 진화

INTEGRATED TASK

읽기 노트 및 듣기 노트

읽기 노트

주제 — convergent evolution 수렴 진화

세부사항
- diff. species face same evolutionary challenges → evolve features alike
  서로 다른 종들이 같은 진화적 문제들에 직면하여 유사한 특징들을 발달시킴
- similar in food & habitat 식량원과 서식지가 유사함

듣기 노트

예시 1 / 세부사항
1. sharks & dolphins look similar 상어와 돌고래는 비슷해 보임
   - separate groups, in ocean → identical traits 별개 군인데 바다에 살아서 같은 특징을 가짐
   - long body: ↓ drag, fins: stability in water ← adapt to same environ.
     같은 환경에 적응하기 위해, 물속에서 적은 저항을 겪는 긴 몸과 안정성을 주는 지느러미를 가짐

예시 2 / 세부사항
2. seals & penguins share physical characteristic 물개와 펭귄은 육체적 특징을 공유함
   - flippers: propel thru. water, move along snow & ice
     물갈퀴는 물을 헤치며 나아가게 하고, 눈과 빙하를 따라 이동하게 해줌
   - travel on land & in water → develop similar limbs
     육지와 물속에서 이동해야 하므로 비슷한 다리를 발달시킴

모범 답안 🎧 TEST02_R3

주제 — 〈주제〉 **According to the reading,** convergent evolution is a phenomenon that occurs when different species face the same evolutionary challenges and evolve similar features as a result. **The professor uses two examples to explain** convergent evolution.

예시 1 / 세부사항 — 〈예시 1〉 **First, she explains** why sharks and dolphins look similar. 〈세부사항〉 They are from separate animal groups that live in the ocean, but they have almost identical traits. Both have long bodies to reduce drag and fins to increase stability in the water. This is because they adapted to the same environmental conditions.

예시 2 / 세부사항 — 〈예시 2〉 **Second, she explains** that seals and penguins share a physical characteristic. 〈세부사항〉 They both have flippers, which can propel an animal through water and let it move along snow and ice. Seals and penguins need to travel on land and in water, so they developed similar limbs.

마무리 — 〈마무리〉 **These examples demonstrate** convergent evolution.

주제 읽기 지문에 따르면, 수렴 진화는 서로 다른 종들이 같은 진화적 문제들에 직면하여 그 결과로 유사한 특징들을 발달시킬 때 발생하는 현상이다. 교수는 두 가지 예를 들어 수렴 진화를 설명한다.

예시 1 첫째로, 그녀는 왜 상어와 돌고래가 비슷해 보이는지를 설명한다. 세부사항 그들은 바다에 사는 별개의 동물군에서 왔지만, 거의 같은 특성을 가지고 있다. 둘 다 물속에서 저항을 줄이는 긴 몸과 안정성을 높이는 지느러미를 가지고 있다. 이는 그들이 같은 환경 조건에 적응했기 때문이다.

예시 2 둘째로, 그녀는 물개와 펭귄이 육체적 특징을 공유한다고 설명한다. 세부사항 그들 둘 다 물갈퀴를 가지고 있는데, 이것은 동물이 물을 헤치고 나아가게 하고, 눈과 빙하를 따라 이동하게 해준다. 물개와 펭귄은 육지와 물속에서 이동해야 하므로 비슷한 다리를 발달시킨 것이다.

마무리 이러한 예는 수렴 진화를 보여준다.

읽기 지문 및 강의 스크립트

읽기 지문

주제
수렴 진화

세부사항
서로 다른 종들이 같은 진화적 문제들에 직면하여 유사한 특징 발달시킴 / 식량원과 서식지가 유사함

Convergent Evolution

Evolution is the process of biological change that occurs in species over many generations. It has several fascinating aspects, one being convergent evolution. This happens when two or more different species face the same evolutionary challenges and independently evolve features that are alike in form and function to cope with them. Even unrelated animals can come to resemble each other. One common explanation of convergent evolution attributes it to creatures occupying similar niches in an ecosystem with regard to food sources and habitat. The comparable conditions the animals live under cause them to undergo the same adaptations.

수렴 진화

진화는 많은 세대에 걸쳐 종 안에서 발생하는 생물학적 변화의 과정이다. 그것은 여러 흥미로운 양상을 띠는데, 한 가지가 수렴 진화이다. 이는 둘 이상의 서로 다른 종들이 같은 진화적 문제들에 직면하여, 그것들에 대처하기 위해 형태와 기능 면에서 유사한 특징들을 독립적으로 발달시킬 때 발생한다. 심지어 관련이 없는 동물들조차도 서로 유사해질 수 있다. 수렴 진화의 한 가지 일반적인 설명은 그것이 생태계에서 식량원과 서식지의 측면에서 유사한 지위를 차지하고 있는 생물들 때문이라고 본다. 동물들이 살아가는 비슷한 조건이 그들로 하여금 같은 적응을 겪게 하는 것이다.

강의 스크립트 🎧 TEST02_Q3_Lec

예시 1
상어와 돌고래는 비슷해 보임

세부사항
같은 환경에 적응하기 위해, 물속에서 적은 저항과 안정성을 주는 긴 몸과 지느러미를 가짐

One example to illustrate this is sharks and dolphins. They look pretty similar, so it'd be natural to assume that they are related. But a shark is a fish and a dolphin is a mammal—they're from two completely separate animal groups. Both live in the ocean though, and this has caused them to develop almost identical traits. These include a long, narrow body that experiences less drag, making it possible to move quickly and nimbly underwater. Also, dolphins and sharks have triangular fins on their backs that provide stability. Um, these fins prevent the animals from rolling over involuntarily in the water. Because sharks and dolphins had to adapt to the same environmental conditions, they ended up with very similar features.

이것을 보여주는 한 가지 예는 상어와 돌고래입니다. 둘은 아주 비슷해 보이기 때문에, 그들이 동종이라고 생각하는 것이 당연할 것입니다. 하지만 상어는 어류이고 돌고래는 포유류로, 그들은 완전히 별개의 두 개의 동물군에서 왔죠. 그렇지만 둘 다 바다에 살고, 이것이 그들로 하여금 거의 같은 특징들을 발달시키도록 했습니다. 이는 적은 저항을 겪어 물속에서 빠르고 민첩하게 움직이는 것을 가능하게 하는 길고 가는 몸을 포함합니다. 또한, 돌고래와 상어는 등에 안정성을 주는 삼각형 모양의 지느러미가 있습니다. 음, 이러한 지느러미는 이 동물들이 물속에서 본의 아니게 뒤집어지지 않게 해줍니다. 상어와 돌고래는 같은 환경 조건에 적응해야 했기 때문에, 그들은 결국 매우 비슷한 특징들을 가지게 된 것입니다.

예시 2
물개와 펭귄은 육체적 특징을 공유함

세부사항
육지와 물속에서 이동해야 하므로 비슷한 다리를 발달시킴

Now, another example that can be used to illustrate convergent evolution is seals and penguins. This one is a little less obvious . . . I mean, no one would ever mistake a seal for a penguin, right? But what you need to consider is that each animal must be able to move efficiently in more than one environment. So they share a key physical characteristic . . . they both have specialized limbs called flippers. These appendages are flat and wide, and this means that they can propel an animal quickly through the water. They function well on land too, especially in the Antarctic. Seals and penguins can use their flippers to move along the snow and ice very rapidly. So, over a period of millions of years, the need to travel on land and in water resulted in seals and penguins developing similar limbs.

자, 수렴 진화를 설명하기 위해 들 수 있는 또 다른 예는 물개와 펭귄입니다. 이번 것은 조금 덜 분명해요... 제 말은, 아무도 물개를 펭귄으로 착각하지는 않을 거예요, 그렇죠? 하지만 여러분이 고려해야 하는 것은, 각 동물은 한 가지 이상의 자연 환경에서 효율적으로 움직일 수 있어야 한다는 것입니다. 그래서 그들은 중요한 육체적 특징을 공유하죠... 그들 둘 다 물갈퀴라고 불리는 특화된 다리를 가지고 있어요. 이 신체 부위는 넓적한데, 이는 그것이 동물이 물을 헤치며 빠르게 나아가게 해준다는 뜻입니다. 물갈퀴는 육지, 특히 남극 지역에서도 잘 기능합니다. 물개와 펭귄은 눈과 빙하를 따라 매우 빠르게 이동하는 데 물갈퀴를 이용할 수 있죠. 그래서 수백만 년의 기간 동안, 육지와 물속에서 이동해야 할 필요성이 물개와 펭귄이 비슷한 다리를 발달시키는 결과를 낳은 것입니다.

VOCABULARY LIST

evolve[iválv] 발달시키다, 진화하다　resemble[rizémbl] 유사하다　niche[nitʃ] 지위　drag[dræg] 저항　nimbly[nímbli] 민첩하게
triangular[traiǽŋgjulər] 삼각형의　fin[fin] 지느러미　involuntarily[inváləntèrəli] 본의 아니게　mistake A for B A를 B로 착각하다　limb[lim] 다리, 팔
flipper[flípər] 물갈퀴　appendage[əpéndidʒ] 신체 부위　propel[prəpél] 나아가게 하다　Antarctic[æntά:rktik] 남극의

Q4 고객의 염려에 대처하기   INTEGRATED TASK

📗 듣기 노트

주제
소주제 1
세부사항
소주제 2
세부사항

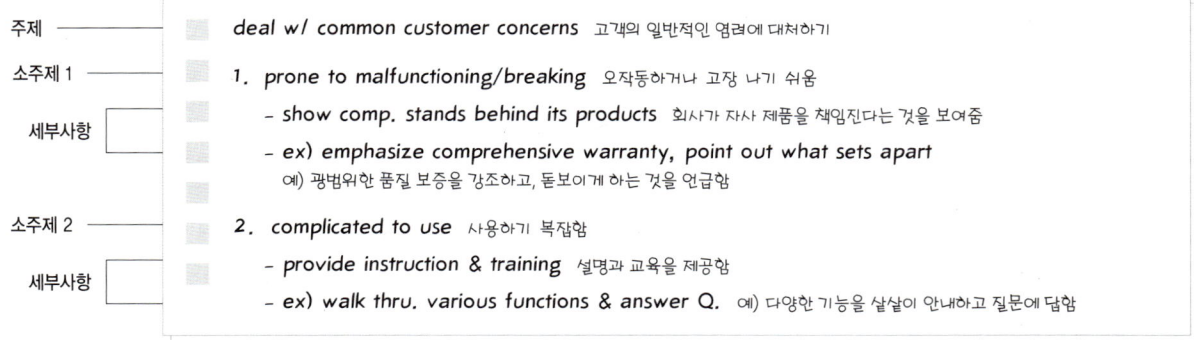

- deal w/ common customer concerns   고객의 일반적인 염려에 대처하기
1. prone to malfunctioning/breaking   오작동하거나 고장 나기 쉬움
   - show comp. stands behind its products   회사가 자사 제품을 책임진다는 것을 보여줌
   - ex) emphasize comprehensive warranty, point out what sets apart
     예) 광범위한 품질 보증을 강조하고, 돋보이게 하는 것을 언급함
2. complicated to use   사용하기 복잡함
   - provide instruction & training   설명과 교육을 제공함
   - ex) walk thru. various functions & answer Q.   예) 다양한 기능을 샅샅이 안내하고 질문에 답함

📗 모범 답안 🎧 TEST02_R4

주제   (주제) **The professor explains** how to cope with common customer concerns **by giving two examples**.

소주제 1
세부사항   (소주제 1) **First, he describes** how to respond to the concern that a product is prone to malfunctioning or breaking. (세부사항) Sales staff should show that the company stands behind its products. For example, a TV company's salespeople could emphasize the comprehensive warranty and point out what sets it apart to reassure customers about product quality.

소주제 2
세부사항   (소주제 2) **Second, he describes** how to overcome the worry that a product is difficult to use. (세부사항) Salespeople can provide customers with instruction and training about a product. For instance, sales staff can walk customers through a TV's various functions and answer their questions.

마무리   (마무리) **These examples demonstrate** the ways to deal with the concerns of customers.

주제 교수는 두 가지 예를 들어 고객의 일반적인 염려에 대처하는 방법을 설명한다.
소주제 1 첫째로, 그는 제품이 오작동하거나 고장 나기 쉽다는 염려에 대응하는 법을 설명한다. 세부사항 판매원은 회사가 자사의 제품을 책임진다는 것을 보여줘야 한다. 예를 들어, TV 회사의 판매원들은 제품의 품질에 대해 고객을 안심시키기 위해서, 광범위한 품질 보증을 강조하고 그것을 돋보이게 만드는 것을 언급할 수 있다.
소주제 2 둘째로, 그는 제품을 사용하기 어렵다는 우려를 극복하는 법을 설명한다. 세부사항 판매원들은 고객에게 제품에 대한 설명과 교육을 제공할 수 있다. 예를 들어, 판매원은 TV의 다양한 기능을 고객에게 샅샅이 안내하고 그들의 질문에 답해줄 수 있다.
마무리 이러한 예는 고객의 염려에 대처하는 방법을 보여준다.

어휘 및 표현
cope with ~에 대처하다   reassure[rìːəʃúər] 안심시키다

강의 스크립트

강의 스크립트 🎧 TEST02_Q4_Lec

주제
고객의 일반적인 염려에 대처하는 전략

A vital element of any company's sales strategy is the approach it uses to overcome the, uh, objections of consumers to buying new goods. Let me show you how salespeople can deal with these common customer concerns by using the example of, say, a TV company.

모든 회사의 판매 전략의 한 가지 필수 요소는 회사가, 어, 새 상품을 사는 것에 대한 고객의 반대 의사를 극복하기 위해 사용하는 접근법입니다. 판매원들이 어떻게 이러한 고객의 일반적인 염려에 대처할 수 있는지를, 어, TV 회사의 예를 들어 설명하겠습니다.

소주제 1
오작동하거나 고장 나기 쉽다는 염려

세부사항
자사 제품을 책임진다는 것을 보여줌 / 예) 광범위한 품질 보증을 강조하고, 돋보이게 하는 것을 언급함

Now, one concern that pops up a lot among people looking to buy new products is . . . well, is whether a product is prone to malfunctioning or breaking. Sales staff can respond to this by showing that the company stands behind its products. For instance, the salespeople at the TV company could emphasize that a comprehensive warranty is offered by going over the warranty terms one by one. The customer would then understand that if anything goes wrong with the TV, it will be repaired or replaced free of charge. They could also point out what sets the warranty apart . . . like that it is valid for a longer period of time than the industry norm. This approach would put customers' minds at ease about the overall quality of the product.

자, 새 제품을 살 생각을 하고 있는 사람들에게 자주 불쑥 나타나는 한 가지 염려는... 음, 제품이 오작동하거나 고장 나기 쉬운지의 여부죠. 판매원은 회사가 자사의 제품을 책임진다는 것을 보여줌으로써 이에 대응할 수 있습니다. 예를 들어, TV 회사의 판매원들은 품질 보증 조건을 하나하나 설명함으로써 광범위한 품질 보증이 제공된다는 것을 강조할 수 있습니다. 그러면, 고객은 TV에 무슨 문제가 생기면 무상으로 수리받거나 교환받는다는 것을 알게 될 것입니다. 그들은 또한 그 품질 보증을 돋보이게 하는 것을 언급할 수 있습니다... 그것이 산업 표준보다 더 긴 기간 동안 유효하다는 것처럼 말이죠. 이러한 접근법은 제품의 전반적인 품질에 대해 고객을 안심시킬 것입니다.

소주제 2
사용하기 복잡하다는 우려

세부사항
고객에게 설명과 교육을 제공함 / 예) 다양한 기능을 샅샅이 안내하고 질문에 답함

Another worry shared by many shoppers is that some products just seem too complicated for the average person to use. So how can salespeople handle this? Well, the key is to provide customers with instruction and training about the product they're interested in. This will make them much more confident in their ability to use the device, which in turn makes them more likely to purchase it. Uh, going back to our TV example, sales staff would need to walk customers through each of the TV's various functions, as well as answer any questions they may have about how to use it. This kind of hands-on experience can be very effective in addressing customer concerns about the complexity of a device because it makes them feel better about using the product on their own.

많은 구매자에 의해 공유되는 또 다른 우려는 어떤 제품은 평범한 사람이 사용하기에는 정말 너무 복잡해 보인다는 것입니다. 그럼 판매원들은 이것을 어떻게 처리할 수 있을까요? 음, 그 비결은 고객에게 그들이 관심 있어 하는 제품에 대한 설명과 교육을 제공하는 것입니다. 이는 그 기계를 사용하는 능력에 있어서 그들을 훨씬 더 자신만만하게 하여, 결과적으로 그들이 그 제품을 구매할 가능성을 더 크게 하죠. 어, TV의 예로 돌아가서, 판매 직원은 고객들이 제품을 사용하는 방법에 대해 가지고 있을지도 모르는 어떤 질문에라도 답해줄 뿐만 아니라, TV의 다양한 기능 하나하나를 고객에게 샅샅이 안내해야 할 것입니다. 이러한 실습 경험은 고객들이 스스로 제품을 사용하는 것에 대해 한층 더 능숙하게 느끼게 해주기 때문에, 기계의 복잡성에 대한 고객의 염려를 해결하는 데 매우 효과적일 수 있습니다.

VOCABULARY LIST

vital[váitl] 필수적인　**approach**[əpróutʃ] 접근법　**objection**[əbdʒékʃən] 반대 의사　**salespeople**[séilzpì:pəl] 판매원　**pop up** 불쑥 나타나다
look to ~을 할 생각을 하다　**prone to ~**을 하기 쉬운　**malfunction**[mælfʌ́ŋkʃən] 오작동하다　**stand behind** 책임지다
comprehensive[kɑ̀mprihénsiv] 광범위한, 포괄적인　**warranty**[wɔ́:rənti] 품질 보증　**terms**[tə:rmz] (합의·계약 등의) 조건　**point out** 언급하다, 지적하다
set ~ apart ~을 돋보이게 만들다　**industry norm** 산업 표준　**put one's mind at ease ~**를 안심시키다　**complicated**[kɑ́mpləkèitid] 복잡한
handle[hǽndl] 처리하다　**device**[diváis] 기계, 장치　**in turn** 결과적으로　**walk through** 샅샅이 안내하다　**hands-on**[hǽndzɑ̀n] 실습의
address[ədrés] 해결하다　**complexity**[kəmpléksəti] 복잡성

SELF-EVALUATION LIST TEST 02

앞서 학습한 내용을 바탕으로 자신의 답안에 대해 다음 사항을 점검하고 앞으로 개선해야 할 점을 확인해 보세요.

Q1

1. 문제에서 요구하는 정보를 모두 말하였다. (나의 선택, 이유 및 구체적 근거) ☐ Yes ☐ No
2. 이유 및 구체적 근거를 들어 나의 선택을 논리적으로 뒷받침하였다. ☐ Yes ☐ No
3. 다양한 어휘 및 표현, 문장 구조를 사용하여 말하였다. ☐ Yes ☐ No
4. 올바른 발음, 강세 및 억양으로 말하였다. ☐ Yes ☐ No

Q2

1. 문제에서 요구하는 정보를 모두 말하였다. (읽기 지문의 주제, 대화 속 화자의 의견 및 이유) ☐ Yes ☐ No
2. 문제에서 요구하는 정보를 읽기 지문 및 대화의 내용에 근거해 정확하게 말하였다. ☐ Yes ☐ No
3. 다양한 어휘 및 표현, 문장 구조를 사용하여 말하였다. ☐ Yes ☐ No
4. 올바른 발음, 강세 및 억양으로 말하였다. ☐ Yes ☐ No

Q3

1. 문제에서 요구하는 정보를 모두 말하였다. (읽기 지문의 주제, 강의의 예시) ☐ Yes ☐ No
2. 문제에서 요구하는 정보를 읽기 지문 및 강의의 내용에 근거해 정확하게 말하였다. ☐ Yes ☐ No
3. 다양한 어휘 및 표현, 문장 구조를 사용하여 말하였다. ☐ Yes ☐ No
4. 올바른 발음, 강세 및 억양으로 말하였다. ☐ Yes ☐ No

Q4

1. 문제에서 요구하는 정보를 모두 말하였다. (강의의 주제, 소주제 및 세부사항) ☐ Yes ☐ No
2. 문제에서 요구하는 정보를 강의의 내용에 근거해 정확하게 말하였다. ☐ Yes ☐ No
3. 다양한 어휘 및 표현, 문장 구조를 사용하여 말하였다. ☐ Yes ☐ No
4. 올바른 발음, 강세 및 억양으로 말하였다. ☐ Yes ☐ No

HACKERS TOEFL ACTUAL TEST SPEAKING
TEST 03

INDEPENDENT TASK
Q1 모범 답안·해석

INTEGRATED TASK
Q2 모범 답안·지문·해석
Q3 모범 답안·지문·해석
Q4 모범 답안·지문·해석

SELF-EVALUATION LIST

무료 음원 바로 듣기

Q1 농구 동아리 vs. 독서 동아리

INDEPENDENT TASK

QUESTION You have joined two clubs at your university, but you are considering quitting one of them because you want to focus more on your studies next semester. Would you prefer to quit the basketball club or the reading club? Use specific examples and details to explain your answer.

당신은 대학에서 두 개의 동아리에 가입했지만, 다음 학기에는 학업에 더 집중하고 싶기 때문에 그것들 중 하나를 그만두는 것을 고려하고 있습니다. 당신은 농구 동아리를 그만두는 것을 선호합니까, 아니면 독서 동아리를 그만두는 것을 선호합니까? 구체적인 예와 설명을 들어 답하세요.

아웃라인

농구 동아리 그만두기 선호

나의 선택	quit basketball club 농구 동아리 그만두기
이유 1	1. physically exhausting 체력적으로 피로하게 함
구체적 근거	- ↑ tired → X homework & study 너무 피곤해서 숙제와 공부를 못 함
이유 2	2. practice regularly 정기적으로 연습함
구체적 근거	- practice hrs./wk. → ↓ time for studying 매주 몇 시간씩 연습하면 공부할 시간이 줄어듦

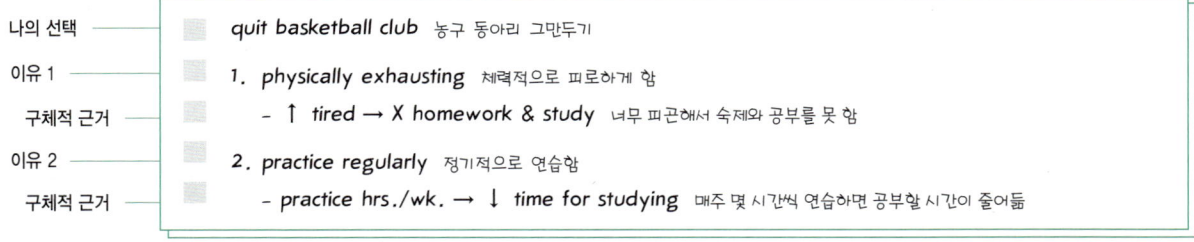

추가 제공 아웃라인 답변 아이디어를 얻는 데 참고해 보세요!

독서 동아리 그만두기 선호

나의 선택	quit reading club 독서 동아리 그만두기
이유 1	1. X relieve stress 스트레스를 해소하지 못함
구체적 근거	- academic projects: add pressure 학문 관련 과제들은 압박감을 더함
이유 2	2. ↓ opport. to develop teamwork skills 팀워크 기술을 개발할 기회가 적음
구체적 근거	- ↓ collabo. w/ others → ↓ socializing 남들과 협력하는 일이 적어서 사교 활동이 줄어듦

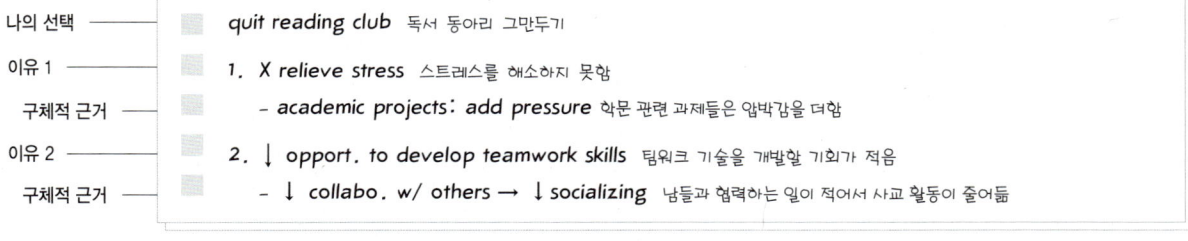

모범 답안 🎧 TEST03_R1

나의 선택
이유 1
구체적 근거

이유 2
구체적 근거

마무리

> (나의 선택) **I would prefer to** quit the basketball club.
>
> (이유 1) **First,** participating in the basketball club is physically exhausting. (구체적 근거) **For example,** after a day of playing basketball, I often feel too tired to complete my homework or study effectively. As a result, it becomes difficult to concentrate on my academic work.
>
> (이유 2) **Second,** I need to practice regularly if I stay in the basketball club. (구체적 근거) **To be specific,** basketball practice takes several hours each week and reduces the time available for studying. This lack of time makes it challenging to ⚙**keep up with** my schoolwork.
>
> (마무리) **For these reasons, I would prefer to** quit the basketball club in order to dedicate more time to my studies.

나의 선택 나는 농구 동아리를 그만두는 것을 선호한다.

이유 1 첫째로, 농구 동아리에 참여하는 것은 체력적으로 피로하게 한다. 구체적 근거 예를 들어, 하루 동안 농구를 한 후에 나는 종종 너무 피곤해서 숙제를 끝마치거나 효과적으로 공부하지 못한다. 그 결과, 학업에 집중하는 것이 어려워진다.

이유 2 둘째로, 농구 동아리에 계속 남는다면 정기적으로 연습해야 한다. 구체적 근거 구체적으로, 농구 연습은 매주 몇 시간씩 걸리고 공부에 쓸 수 있는 시간을 줄인다. 이러한 시간 부족은 학업을 따라잡는 것을 힘들게 만든다.

마무리 이러한 이유로, 나는 학업에 더 많은 시간을 할애하기 위해 농구 동아리를 그만두는 것을 선호한다.

어휘 및 표현
participate in ~에 참여하다   exhausting[igzɔ́:stiŋ] 피로하게 하는   effectively[iféktivli] 효과적으로   concentrate on ~에 집중하다
challenging[tʃǽlindʒiŋ] 힘든, 도전적인

🎧 **고득점 필수 표현**   ⚙ **keep up with** ~을 따라잡다

- It is easy for young people to **keep up with** world news. 젊은 사람들이 세계 뉴스**를 따라잡**는 것은 쉽다.
- As a student, it is not that important for me to **keep up with** the latest fashion.
  학생으로서, 내가 최신 유행**을 따라잡**는 것은 그렇게 중요하지는 않다.

Q2 모든 교실에 새 멀티미디어 장비 설치

INTEGRATED TASK

읽기 노트 및 듣기 노트

읽기 노트

주제
세부사항

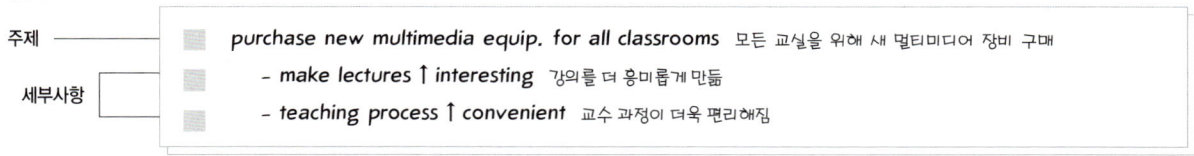

듣기 노트

화자의 의견
이유 1
세부사항
이유 2
세부사항

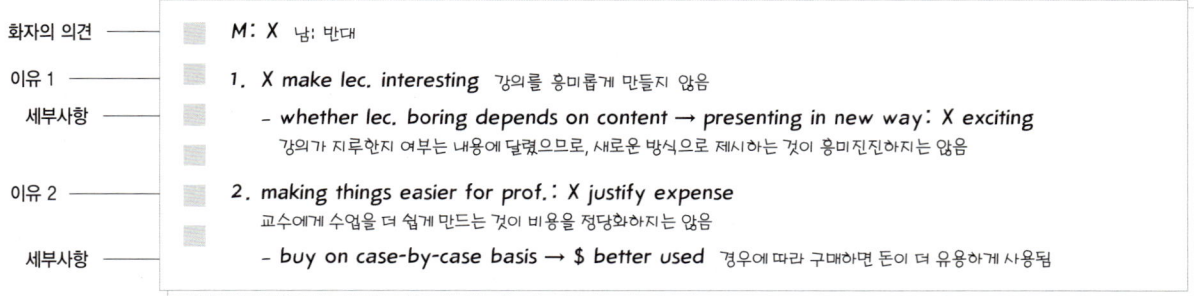

모범 답안 🎧 TEST03_R2

주제 ⓐ주제 **According to the reading,** the university plans to purchase new multimedia equipment for all of the classrooms.

화자의 의견 ⓐ화자의 의견 **The man does not think it is a good idea for two reasons.**

이유 1
세부사항 ⓐ이유 1 **First, he says that** using the equipment won't make lectures interesting. ⓐ세부사항 Whether a lecture is boring depends on its content. Presenting dull content in a new way won't lead to an exciting lecture.

이유 2
세부사항 ⓐ이유 2 **Second, he mentions that** making things easier for professors doesn't justify the expense. ⓐ세부사항 The equipment should be purchased on a case-by-case basis because the money could be better used for more pressing things.

마무리 ⓐ마무리 **For these reasons, he believes it is not a great idea.**

주제 읽기 지문에 따르면, 대학은 모든 교실을 위해 새 멀티미디어 장비를 구매할 계획이다.
화자의 의견 남자는 두 가지 이유로 그것이 좋은 의견이 아니라고 생각한다.
이유 1 첫째로, 그는 장비를 이용하는 것은 강의를 흥미롭게 만들지 않을 것이라고 말한다. 세부사항 강의가 지루한지의 여부는 그것의 내용에 달렸다. 따분한 내용을 새로운 방식으로 제시하는 것이 흥미진진한 강의로 이어지지는 않을 것이다.
이유 2 둘째로, 그는 교수에게 수업을 더 쉽게 만드는 것이 비용을 정당화하지는 않는다고 말한다. 세부사항 돈이 더 긴급한 일들에 더 유용하게 사용될 수 있으므로, 장비는 경우에 따라 구매되어야 한다.
마무리 이러한 이유로, 그는 그것이 좋은 의견이 아니라고 생각한다.

어휘 및 표현
dull[dʌl] 따분한   pressing[présiŋ] 긴급한

읽기 지문 및 대화 스크립트

읽기 지문

주제
모든 교실에 새 멀티미디어 장비 설치

세부사항
강의를 더 흥미롭게 만듦 / 교수 과정이 더욱 편리해짐

New Multimedia Equipment for All Classrooms

The university has decided to purchase new multimedia equipment for all classrooms by the start of the next semester. It is hoped that the use of these devices will make lectures more interesting for students. If professors employ audio and video to convey information during their lectures, students will be more engaged. In addition, access to multimedia equipment will result in the teaching process becoming more convenient. This is because it will be easier for professors to organize and present materials to students. The administration firmly believes that by investing in multimedia equipment, the university is creating a better learning environment for all students.

모든 교실에 새 멀티미디어 장비 설치

대학은 다음 학기 초까지 모든 교실을 위해 새 멀티미디어 장비를 구매하기로 결정했습니다. 이러한 장치의 이용이 강의를 학생들에게 더 흥미롭게 만들어 주기를 바랍니다. 만약 교수들이 강의 중에 정보를 전달하기 위해 음성과 영상을 이용한다면, 학생들은 더 몰두할 것입니다. 이에 더해, 멀티미디어 장비의 이용은 교수 과정이 더욱 편리해지는 결과를 낳을 것입니다. 이는 교수들이 자료를 준비해 학생들에게 제시하는 것이 더 쉬워질 것이기 때문입니다. 대학 당국은 멀티미디어 장비에 투자함으로써, 대학이 모든 학생에게 더 나은 학습 환경을 조성해 줄 것이라고 굳게 믿습니다.

대화 스크립트 🎧 TEST03_Q2_Conv

화자의 의견
반대

이유 1
강의를 흥미롭게 만들지 않음

세부사항
강의가 지루한지의 여부는 내용에 달렸으므로, 새로운 방식으로 제시하는 것이 흥미진진한 강의로 이어지지는 않음

이유 2
교수에게 수업을 더 쉽게 만드는 것이 비용을 정당화하지는 않음

세부사항
경우에 따라 구매하면 돈이 더 유용하게 사용됨

M: I can't believe the university is going to get new multimedia equipment for all of the classrooms. I'm not sure if that's the best decision.
W: Why do you say that?
M: First of all, the use of multimedia equipment won't necessarily make lectures interesting. I mean, whether a lecture is boring or not depends on its content. I'm taking a statistics class this semester that is really dry and tedious. The professor started giving multimedia presentations in class, but, well . . . the lectures are still really boring because there just isn't any way to make statistics fun. Presenting uninteresting information in a new way won't result in an exciting lecture.
W: I hadn't considered that, but I guess you're right.
M: Exactly. Some subjects just aren't that entertaining.
W: Well, what about making things more convenient for professors? That seems like a good reason to buy the equipment to me.
M: Sure, making things easier for professors is a good idea in general. But this isn't enough to justify the expense. The university is going to have to buy new computers, projectors, and speakers for every classroom. Can you imagine how much that is going to cost? They should just buy the equipment on a case-by-case basis. If it is needed for a particular course, fine . . . otherwise, save the money for something more urgent. There are a lot of other things on campus that the money could be better used for.

남: 학교가 모든 교실을 위해 새 멀티미디어 장비를 살 예정이라니 믿을 수가 없어. 나는 그것이 최선의 결정인지 잘 모르겠어.
여: 왜 그런 말을 하니?
남: 우선, 멀티미디어 장비의 이용이 강의를 반드시 흥미롭게 만들어 주지는 않을 거야. 그러니까, 강의가 지루한지 아닌지의 여부는 강의의 내용에 달렸어. 나는 이번 학기에 정말 지루하고 따분한 통계학 수업을 듣고 있어. 교수님이 수업에서 멀티미디어를 이용한 설명을 하기 시작했는데, 음... 통계학을 재미있게 만들 방법은 도무지 없으니, 그 강의는 여전히 정말 지루해. 재미없는 정보를 새로운 방식으로 제시하는 것은 흥미진진한 강의로 이어지지 않을 거야.
여: 그건 생각해 보지 않았지만, 네가 맞는 것 같다.
남: 그렇다니까. 어떤 과목들은 그저 그렇게 재미있지가 않아.
여: 음, 교수님에게 수업을 더 편리하게 만든다는 것은 어때? 나에게는 그게 그 장비를 구매할 좋은 이유처럼 보여.
남: 당연히 교수님에게 수업을 더 쉽게 만들어 주는 것은 일반적으로 좋은 생각이지. 하지만 이걸로는 그 비용을 정당화하기에는 충분하지 않아. 대학은 모든 교실을 위해 새 컴퓨터, 프로젝터, 그리고 스피커를 사야 할 거야. 너는 그것에 비용이 얼마나 들지 상상할 수 있겠어? 대학은 그냥 경우에 따라 장비를 구매해야 해. 만약 그것이 특정 과목에 필요하다면 괜찮지만... 그게 아니면, 더 시급한 무언가를 위해 돈을 절약하는 거지. 교내에는 돈이 더 유용하게 사용될 수 있는 다른 일들이 많잖아.

VOCABULARY LIST

equipment[ikwípmənt] 장비　device[diváis] 장치　employ[implɔ́i] 이용하다　convey[kənvéi] 전달하다　engaged[ingéidʒd] 몰두하는
present[prizént] 제시하다　statistics[stətístiks] 통계학　dry[drai] 지루한　tedious[tíːdiəs] 따분한　entertaining[èntərtéiniŋ] 재미있는
justify[dʒʌ́stəfài] 정당화하다　on a case-by-case basis 경우에 따라　urgent[ə́ːrdʒənt] 시급한

Q3 지역 마케팅

INTEGRATED TASK

읽기 노트 및 듣기 노트

읽기 노트

주제
- place marketing 지역 마케팅

세부사항
- apply branding & sales tech. to areas 장소에 브랜드화와 판매 기술을 적용함
- establish specific identity 특유의 정체성을 수립함

듣기 노트

예시 1
1. capitalize on distinctive feature: snow 고유한 특징인 눈을 활용함

세부사항
- organize annual snow festival 연례 눈 축제를 기획함
- ad. city as winter wonderland 겨울 왕국으로 도시를 홍보함

예시 2
2. positive results 긍정적인 결과를 낳음

세부사항
- ↑ profile & develop reputation of best snow festival 인지도 높이고 최고의 눈 축제라는 명성 얻음
- ↑ tourism → ↑ revenue 관광객이 증가하여 수입이 증가함

모범 답안 🎧 TEST03_R3

주제 According to the reading, place marketing is the application of branding and sales techniques to promote places. The professor uses an example to explain place marketing.

예시 1 First, he explains that a city could utilize its most distinctive feature, which is its spectacular snow. **세부사항** For example, it could organize an annual snow festival. In addition, an advertising campaign could promote the city as a "winter wonderland."

예시 2 Second, he explains that the results would be very positive. **세부사항** First of all, the city would raise its profile and might develop the reputation of having the best snow festival in the world. Moreover, tourism would also increase, leading to more tourist revenue for the city each year.

마무리 This example demonstrates place marketing.

주제 읽기 지문에 따르면, 지역 마케팅은 지역을 홍보하기 위한 브랜드화와 판매 기술의 적용이다. 교수는 한 가지 예를 들어 지역 마케팅을 설명한다.

예시 1 첫째로, 그는 한 도시가 가장 고유한 특징인 장관의 눈을 활용할 수 있다고 설명한다. 세부사항 예를 들어, 그 도시는 연례 눈 축제를 기획할 수 있다. 이에 더해, 광고 캠페인은 그 도시를 '겨울 왕국'으로 홍보할 수 있다.

예시 2 둘째로, 그는 그 결과가 매우 긍정적일 것이라고 설명한다. 세부사항 먼저, 그 도시는 인지도가 높아질 것이고, 세계에서 최고의 눈 축제를 개최한다는 명성을 얻을 수도 있다. 게다가, 관광객 또한 증가하여, 결과적으로 매해 그 도시를 위한 더 많은 관광 수입으로 이어질 것이다.

마무리 이러한 예는 지역 마케팅을 보여준다.

읽기 지문 및 강의 스크립트

읽기 지문

주제
지역 마케팅

세부사항
장소에 브랜드화와 판매 기술을 적용함 / 특유의 정체성을 수립함

Place Marketing

Various cities, regions, and countries compete for potential tourists since they are a key source of revenue. This has given rise to what is known as place marketing, which involves applying branding and sales techniques to geographical areas. Typically, a unique historical, cultural, or natural aspect of the location is emphasized in order to establish a specific identity. This brand is then communicated through advertising campaigns that may include television commercials, online marketing, or brochures. Once people associate a positive image with the place, they are more likely to visit there.

지역 마케팅

다양한 도시, 지역, 그리고 국가는 잠재 관광객들을 두고 경쟁하는데, 이는 그들이 주요 수입원이기 때문이다. 이는 지역 마케팅으로 알려진 것을 생겨나게 했는데, 이것은 지리적인 장소에 브랜드화와 판매 기술을 적용하는 것과 관련된다. 일반적으로, 특유의 정체성을 수립하기 위해 지역의 고유한 역사적, 문화적, 혹은 자연적 측면이 강조된다. 그다음, 이 브랜드는 텔레비전 광고, 온라인 마케팅, 혹은 소책자를 포함할 수 있는 광고 캠페인을 통해 알려진다. 일단 사람들이 긍정적인 이미지를 그 지역과 연관시키면, 그들이 그곳에 방문할 가능성이 높아진다.

강의 스크립트 🎧 TEST03_Q3_Lec

Now that you've read about how place marketing is used to promote a region, I'd like to give an example of it. Envision a mid-sized city. It has some unique features, notably a dazzling winter season. Now, imagine that this city desperately needs an influx of tourism. How do you think this city could go about attracting visitors?

예시 1
고유한 특징인 장관의 눈을 활용함

세부사항
연례 눈 축제를 기획하고, 겨울 왕국으로 도시를 홍보함

Well, one way would be to capitalize on its most, uh, distinctive feature . . . spectacular snow. The city could organize an impressive annual snow festival that might include snow slides, musical performances on stages made of snow . . . maybe even an international snow sculpture competition in which teams from all over the world can participate. And then in order to use the festival to market the area, city leaders might orchestrate a major advertising campaign with posters, TV ads, and billboards promoting the festival and, uh, hailing the city as a "winter wonderland."

예시 2
긍정적인 결과를 낳음

세부사항
인지도 높이고, 관광객이 증가하여 관광 수입이 증가함

Within a few years, these efforts would have positive results. For one thing, the festival and advertising campaign would raise the area's profile considerably, and the city might even develop the reputation of hosting the best snow festival in the world. At the very least, people would strongly associate the name of the city and the, um, festival itself. And, of course, there'd also be a massive increase in tourism. Many people would attend the festival, and they might visit the city during other times of the year as well. The net result of all of this is that the city is going to see an increase in its tourism revenue each year.

여러분이 지역을 홍보하기 위해 지역 마케팅이 어떻게 사용되는지에 관해 읽었으니, 저는 그것의 한 가지 예를 들고 싶군요. 중간 크기의 한 도시를 상상해 보세요. 이 도시는 몇 가지 고유한 특징을 가지고 있는데, 주목할 만한 것은 눈부신 겨울철입니다. 이제 이 도시에 관광객의 유입이 필사적으로 필요하다고 상상해 보죠. 이 도시가 방문객을 끌기 위해 어떻게 할 수 있다고 생각하나요?

음, 한 가지 방법은 그 도시의 가장, 어, 고유한 특징을 활용하는 것입니다... 장관의 눈이죠. 이 도시는 눈썰매, 눈으로 만들어진 무대 위의 뮤지컬 공연... 아마 심지어 전 세계로부터 온 팀들이 참가할 수 있는 국제 얼음 조각 대회까지 포함하는 인상적인 연례 눈 축제를 기획할 수 있습니다. 그다음, 지역을 마케팅하는 데 그 축제를 활용하기 위해서, 도시의 지도자들은 축제를 홍보하고, 어, 그 도시를 '겨울 왕국'으로 묘사하는 포스터, TV 광고, 전광판을 이용해 대대적인 광고 캠페인을 조직할 수 있겠죠.

몇 년 안에, 이러한 노력은 긍정적인 결과를 낳을 것입니다. 첫 번째로, 축제와 광고 캠페인은 그 장소의 인지도를 현저하게 높일 것이고, 그 도시는 심지어 세계에서 최고의 눈 축제를 개최한다는 명성을 얻게 될 수도 있죠. 적어도 사람들은 그 도시의 이름과, 음, 축제 그 자체를 강하게 연관시킬 것입니다. 그리고 물론 관광객의 엄청난 증가도 있을 거예요. 많은 사람이 축제에 참가할 것이고, 그들은 연중 다른 때에도 그 도시에 방문할 수 있어요. 이 모든 것의 최종 결과는 그 도시가 매해 관광 수입의 증가를 보게 되는 것입니다.

VOCABULARY LIST

revenue[révənjùː] (정부·기관의) 수입　**give rise to** ~을 생겨나게 하다　**geographical**[dʒì:əgrǽfikəl] 지리적인　**envision**[invíʒən] 상상하다
dazzling[dǽzliŋ] 눈부신　**influx**[ínflʌks] 유입　**capitalize on** ~을 활용하다　**orchestrate**[ɔ́ːrkəstrèit] 조직하다　**hail**[heil] 묘사하다
profile[próufail] 인지도　**reputation**[rèpjutéiʃən] 명성　**tourism**[túərizm] 관광객, 관광 사업　**net result** 최종 결과

Q4 동물의 협력 행동

INTEGRATED TASK

듣기 노트

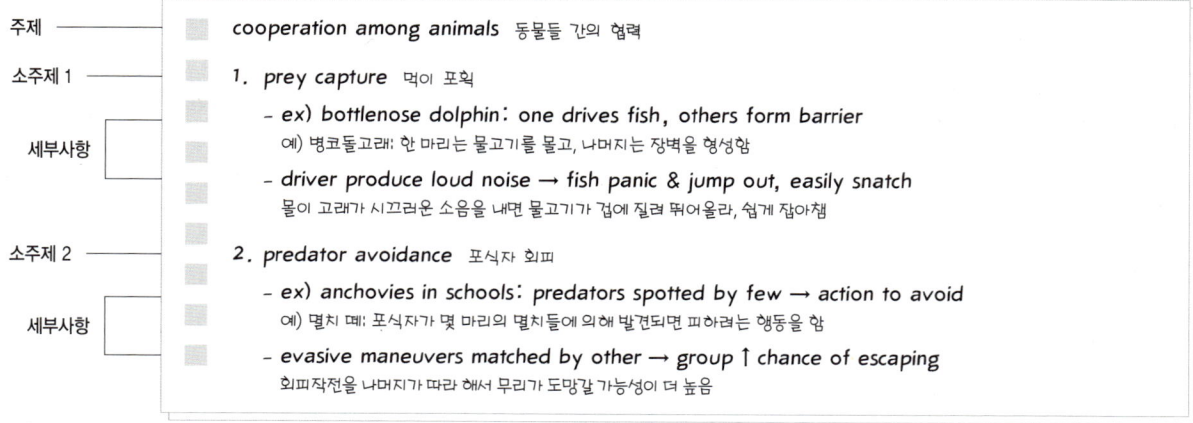

주제: cooperation among animals 동물들 간의 협력

소주제 1:
1. prey capture 먹이 포획

세부사항:
- ex) bottlenose dolphin: one drives fish, others form barrier
  예) 병코돌고래: 한 마리는 물고기를 몰고, 나머지는 장벽을 형성함
- driver produce loud noise → fish panic & jump out, easily snatch
  몰이 고래가 시끄러운 소음을 내면 물고기가 겁에 질려 뛰어올라, 쉽게 잡아챔

소주제 2:
2. predator avoidance 포식자 회피

세부사항:
- ex) anchovies in schools: predators spotted by few → action to avoid
  예) 멸치 떼: 포식자가 몇 마리의 멸치들에 의해 발견되면 피하려는 행동을 함
- evasive maneuvers matched by other → group ↑ chance of escaping
  회피작전을 나머지가 따라 해서 무리가 도망갈 가능성이 더 높음

모범 답안 🎧 TEST03_R4

(주제) The professor explains cooperative behavior among animals **by giving two examples**.

(소주제 1) **First, she describes** prey capture. **(세부사항)** For example, one bottlenose dolphin drives fish to others, and these dolphins form a barrier. The driver dolphin makes a loud noise, causing the fish to panic and jump out of the water. The dolphins can then easily snatch the fish out of the air.

(소주제 2) **Second, she describes** predator avoidance. **(세부사항)** For example, anchovies travel in large groups called schools. Predators that approach a school are spotted by a few anchovies that take action to avoid them. These evasive maneuvers are matched by the other fish, so the entire group has a greater chance of escaping.

(마무리) **These examples demonstrate** two forms of cooperative behavior among animals.

주제 교수는 두 가지 예를 들어 동물들 간의 협력 행동을 설명한다.
소주제 1 첫째로, 그녀는 먹이 포획을 설명한다. 세부사항 예를 들어, 한 마리의 병코돌고래는 다른 돌고래들에게 물고기를 몰고, 이 돌고래들은 장벽을 형성한다. 그 몰이 고래는 시끄러운 소음을 내서 물고기가 겁에 질려 물 밖으로 뛰어오르게 한다. 그러면 돌고래들은 공중에서 물고기를 쉽게 잡아챌 수 있다.
소주제 2 둘째로, 그녀는 포식자 회피를 설명한다. 세부사항 예를 들어, 멸치는 떼라고 불리는 큰 무리로 이동한다. 떼에 접근하는 포식자들은 몇 마리의 멸치들에 의해 발견되고, 그 멸치들은 그들을 피하려는 행동을 취한다. 나머지 물고기들이 이 회피작전을 따라 하므로, 전체 무리가 도망갈 가능성이 더 높다.
마무리 이러한 예는 두 가지 형태의 동물들 간의 협력 행동을 보여준다.

강의 스크립트

강의 스크립트 🎧 TEST03_Q4_Lec

주제
동물들 간의 협력 행동

OK. I'd like to continue our discussion of sociality in the animal kingdom. As I mentioned last class, certain types of organisms work together in groups to achieve specific goals. Today I'd like to discuss prey capture and predator avoidance, which are two activities that often entail cooperation among social animals.

소주제 1
먹이 포획

세부사항
예) 병코돌고래: 몰이 고래가 물고기를 몰고 나머지는 장벽을 형성해 물고기를 쉽게 잡아챔

One of the most complex forms of cooperative behavior involves prey capture . . . uh, animals work together to hunt. It necessitates a division of labor, with individual animals taking on specialized roles to ensure the entire group is fed. Um, the hunting method used by the bottlenose dolphin is a good example of this. These marine mammals form into groups of, um, three to six when hunting. One dolphin drives fish towards the others, which are grouped closely together to form a barrier that prevents the fish from escaping. The driver dolphin will also produce loud noises with its, um, tail flukes, which cause the trapped fish to panic and jump out of the water. All of the dolphins can then easily snatch fish out of the air.

소주제 2
포식자 회피

세부사항
예) 멸치 떼: 몇 마리의 회피작전을 나머지가 따라 해서 무리가 도망갈 가능성이 더 높음

Now, the other side of the coin is when creatures join together for protection . . . uh, predator avoidance, in other words. Organisms that travel in large groups are less likely to be the victims of predation because it's impossible to catch them unaware. There are too many individual members keeping watch, and the reaction of one to a predator alerts the others. Let me use another marine organism to illustrate this . . . Uh, anchovies migrate in massive groups called schools. When predators approach, they are spotted by a few anchovies in the school . . . and these fish take action to avoid the predators. As each individual anchovy instinctively imitates the movements of others in its immediate vicinity, these evasive maneuvers are quickly matched by the other fish in the school. As a result, all of the anchovies in the group have a greater chance of escaping regardless of whether they actually saw the predators themselves.

자. 저는 동물왕국의 사회성에 관한 우리의 논의를 계속해 나가고 싶습니다. 제가 지난 수업에서 언급했듯이, 어떤 종류의 생물들은 특정 목표를 이루기 위해 무리로 협력합니다. 오늘 저는 종종 사회적 동물들 간의 협력을 수반하는 두 가지 활동인 먹이 포획과 포식자 회피를 논하고 싶습니다.

협력 행동의 가장 복잡한 형태 중 하나는 먹이 포획과 관련됩니다... 어, 동물들이 사냥하기 위해 협력하는 것이죠. 그것은 분업을 필요로 하는데, 전체 무리가 식량을 공급받는 것을 보장하기 위해서 각각의 동물이 특화된 역할을 맡습니다. 음, 병코돌고래에 의해 사용되는 사냥 방법은 이것의 좋은 예입니다. 이 해양 포유류는 사냥할 때, 음, 세 마리에서 여섯 마리의 무리를 형성하죠. 돌고래 한 마리가 나머지를 향해 물고기를 모는데, 이 나머지 돌고래들은 물고기가 빠져나가는 것을 막는 장벽을 형성하려고 함께 빈틈없이 무리를 짓습니다. 그 몰이 고래는 또한 그것의, 음, 갈라진 꼬리로 시끄러운 소음을 내는데, 이는 갇힌 물고기가 겁에 질려 물 밖으로 뛰어오르게 합니다. 그러면 모든 돌고래가 공중에서 물고기를 쉽게 잡아챌 수 있죠.

이제, 다른 측면은 생물들이 방호를 위해 함께하는 경우입니다... 어, 다른 말로, 포식자 회피조. 큰 무리를 지어 이동하는 생물들은 포식의 희생양이 될 가능성이 적은데, 이는 그들이 모르게 쫓아가서 잡는 것이 불가능하기 때문이에요. 감시하고 있는 개개의 구성원들이 아주 많이 있고, 포식자에 대한 한 마리의 반응은 나머지에 위험을 알리죠. 이것을 설명하기 위해 또 다른 해양생물을 들어 보죠... 어, 멸치는 '떼'라고 불리는 거대한 무리로 이동합니다. 포식자가 접근할 때, 그들은 떼 안에 있는 몇 마리의 멸치들에 의해 발견됩니다... 그리고 이 물고기들은 포식자를 피하려는 행동을 취하죠. 각각의 멸치가 바로 가까이에 있는 다른 멸치들의 움직임을 본능적으로 모방하면, 떼 안에 있는 나머지 물고기들이 빠르게 이러한 회피작전을 따라 합니다. 그 결과, 무리의 모든 멸치들은 그들 자신이 실제로 포식자를 보았는지의 여부에 관계 없이 도망갈 가능성이 더 높습니다.

VOCABULARY LIST

sociality[sòuʃiǽləti] 사회성   **avoidance**[əvɔ́idns] 회피   **entail**[intéil] 수반하다   **cooperation**[kouàpəréiʃən] 협력
necessitate[nəsésətèit] 필요로 하다   **division of labor** 분업   **take on** 맡다   **specialized**[spéʃəlàizd] 특화된   **bottlenose dolphin** 병코돌고래
drive[draiv] 몰다   **barrier**[bǽriər] 장벽   **tale fluke** 고래의 갈라진 꼬리   **panic**[pǽnik] 겁에 질리다   **snatch**[snætʃ] 잡아채다
the other side of the coin 다른 측면   **unaware**[ʌ̀nəwɛ́ər] 모르는, 알아채지 못하는   **keep watch** 감시하다   **anchovy**[ǽntʃouvi] 멸치
migrate[máigreit] 이동하다   **school**[sku:l] (물고기, 고래 등의) 떼   **in one's immediate vicinity** ~의 바로 가까이에   **evasive**[ivéisiv] 회피하는
maneuver[mənú:vər] 작전, 교묘한 조치

SELF-EVALUATION LIST TEST 03

앞서 학습한 내용을 바탕으로 자신의 답안에 대해 다음 사항을 점검하고 앞으로 개선해야 할 점을 확인해 보세요.

Q1

1. 문제에서 요구하는 정보를 모두 말하였다. (나의 선택, 이유 및 구체적 근거) ☐ Yes ☐ No
2. 이유 및 구체적 근거를 들어 나의 선택을 논리적으로 뒷받침하였다. ☐ Yes ☐ No
3. 다양한 어휘 및 표현, 문장 구조를 사용하여 말하였다. ☐ Yes ☐ No
4. 올바른 발음, 강세 및 억양으로 말하였다. ☐ Yes ☐ No

Q2

1. 문제에서 요구하는 정보를 모두 말하였다. (읽기 지문의 주제, 대화 속 화자의 의견 및 이유) ☐ Yes ☐ No
2. 문제에서 요구하는 정보를 읽기 지문 및 대화의 내용에 근거해 정확하게 말하였다. ☐ Yes ☐ No
3. 다양한 어휘 및 표현, 문장 구조를 사용하여 말하였다. ☐ Yes ☐ No
4. 올바른 발음, 강세 및 억양으로 말하였다. ☐ Yes ☐ No

Q3

1. 문제에서 요구하는 정보를 모두 말하였다. (읽기 지문의 주제, 강의의 예시) ☐ Yes ☐ No
2. 문제에서 요구하는 정보를 읽기 지문 및 강의의 내용에 근거해 정확하게 말하였다. ☐ Yes ☐ No
3. 다양한 어휘 및 표현, 문장 구조를 사용하여 말하였다. ☐ Yes ☐ No
4. 올바른 발음, 강세 및 억양으로 말하였다. ☐ Yes ☐ No

Q4

1. 문제에서 요구하는 정보를 모두 말하였다. (강의의 주제, 소주제 및 세부사항) ☐ Yes ☐ No
2. 문제에서 요구하는 정보를 강의의 내용에 근거해 정확하게 말하였다. ☐ Yes ☐ No
3. 다양한 어휘 및 표현, 문장 구조를 사용하여 말하였다. ☐ Yes ☐ No
4. 올바른 발음, 강세 및 억양으로 말하였다. ☐ Yes ☐ No

HACKERS TOEFL ACTUAL TEST SPEAKING

TEST 04

INDEPENDENT TASK
Q1 모범 답안 · 해석

INTEGRATED TASK
Q2 모범 답안 · 지문 · 해석
Q3 모범 답안 · 지문 · 해석
Q4 모범 답안 · 지문 · 해석

SELF-EVALUATION LIST

무료 음원 바로 듣기

Q1 온라인 강의 vs. 교내 강의

INDEPENDENT TASK

QUESTION Some students like to take courses online. Others prefer to take courses on campus. Which do you prefer and why? Include details and examples to support your explanation.

어떤 학생들은 온라인으로 강의를 듣는 것을 좋아합니다. 다른 학생들은 교내에서 강의를 듣는 것을 선호합니다. 당신은 어떤 것을 선호하고, 그 이유는 무엇입니까? 구체적 설명과 예를 들어 답하세요.

아웃라인

교내 강의 선호

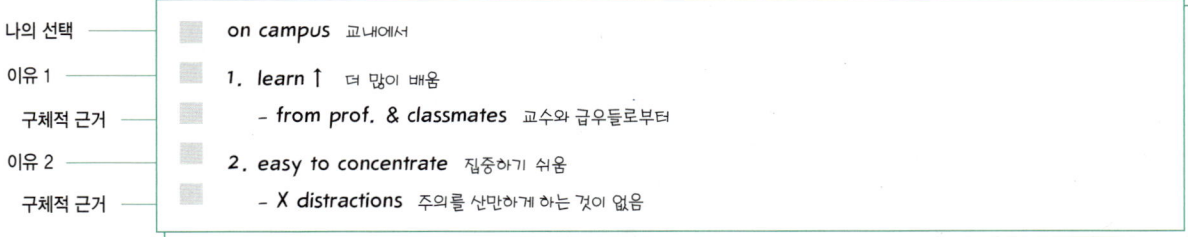

- 나의 선택 — on campus 교내에서
- 이유 1 — 1. learn ↑ 더 많이 배움
- 구체적 근거 — – from prof. & classmates 교수와 급우들로부터
- 이유 2 — 2. easy to concentrate 집중하기 쉬움
- 구체적 근거 — – X distractions 주의를 산만하게 하는 것이 없음

추가 제공 아웃라인 답변 아이디어를 얻는 데 참고해 보세요!

온라인 강의 선호

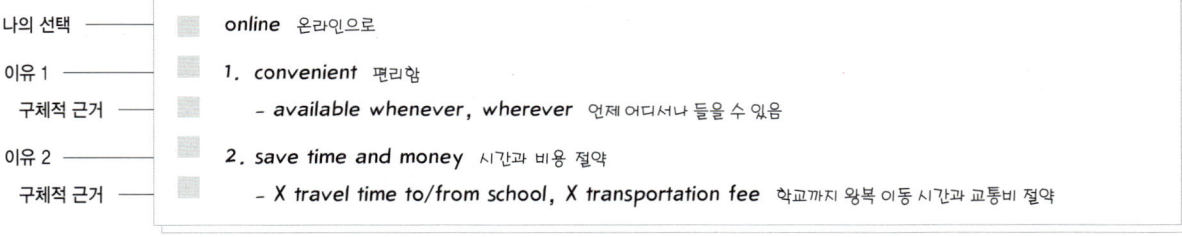

- 나의 선택 — online 온라인으로
- 이유 1 — 1. convenient 편리함
- 구체적 근거 — – available whenever, wherever 언제 어디서나 들을 수 있음
- 이유 2 — 2. save time and money 시간과 비용 절약
- 구체적 근거 — – X travel time to/from school, X transportation fee 학교까지 왕복 이동 시간과 교통비 절약

모범 답안 🎧 TEST04_R1

나의 선택
이유 1
구체적 근거

이유 2
구체적 근거

마무리

(나의 선택) **I prefer** to take courses on campus.

(이유 1) **First,** I can learn more in a classroom setting. (구체적 근거) **For example,** I can learn not only from my professors but also from classmates, through their presentations or group discussions.

(이유 2) **Second,** it's ✱ a breeze to concentrate in the classroom. (구체적 근거) **To be specific,** there is nothing to do but listen to the professor's lecture. On the other hand, if I take an online course at home, I can easily get distracted by other things, such as TV or computer games.

(마무리) **For these reasons,** attending classes on campus is more attractive to me.

나의 선택 나는 교내에서 강의를 듣는 것을 선호한다.
이유 1 첫째로, 나는 강의실 환경에서 더 많이 배울 수 있다. 구체적 근거 예를 들어, 나는 발표나 집단 토론을 통해 교수뿐만 아니라 급우들로부터 배울 수 있다.
이유 2 둘째로, 강의실에서 집중하는 것은 무척 쉬운 일이다. 구체적 근거 구체적으로, 교수의 강의를 듣는 것 말고는 할 일이 없다. 반면에, 만약 내가 집에서 온라인 강의를 듣는다면, 나는 TV나 컴퓨터 게임과 같은 다른 것들로 인해 쉽게 주의가 산만해질 수 있다.
마무리 이러한 이유로, 교내 수업에 출석하는 것이 나에게 더 매력적이다.

어휘 및 표현
get distracted 주의가 산만해지다

🎧 **고득점 필수 표현**　　✱ **a breeze** 무척 쉬운 일, 식은 죽 먹기

- Shopping for holiday gifts was **a breeze** this year. 올해 휴일 선물 쇼핑은 **무척 쉬운 일**이었다.
- I thought the software was going to be hard to learn, but it was **a breeze**.
  나는 그 소프트웨어를 익히는 것이 어려울 것이라고 생각했지만, 그것은 **식은 죽 먹기**였다.

Q2 테니스 수업 무료 제공 — INTEGRATED TASK

읽기 노트 및 듣기 노트

읽기 노트

주제 — free tennis classes 무료 테니스 수업
세부사항
- next week, @ rec. center 다음 주부터 레크리에이션 센터에서 제공
- promote healthy act. on campus 교내에 건강에 좋은 활동을 장려함

듣기 노트

화자의 의견 — W: O 여: 찬성
이유 1 — 1. ↑ stud. take advantage 더 많은 학생이 이용함
세부사항 — - tight budgets → X take classes 빠듯한 예산 때문에 수업 듣지 않음
이유 2 — 2. ↑ meet others interested in tennis 테니스에 관심 있는 다른 사람들을 더 많이 만남
세부사항 — - easy to find someone to play w/ 함께 경기할 사람을 찾기 쉬움

모범 답안 🎧 TEST04_R2

주제 According to the announcement, the university recreation center is going to start offering free tennis classes to students.

화자의 의견 The woman thinks it is a good idea for two reasons.

예시 1 First, she says that more students will take advantage of the free classes. **세부사항** This is because many students are on tight budgets, so they don't take classes even though they want to due to the cost.

예시 2 Second, she mentions that since more students will take the classes, everybody will have more chances to meet other students who like tennis. **세부사항** As a result, it will be easy for them to find a partner to play tennis with.

마무리 For these reasons, she believes it is a great idea.

주제 공지에 따르면, 대학 레크리에이션 센터는 학생들에게 무료 테니스 수업을 제공하기 시작할 것이다.
화자의 의견 여자는 두 가지 이유로 그것이 좋은 의견이라고 생각한다.
이유 1 첫째로, 그녀는 더 많은 학생이 그 무료 수업을 이용할 것이라고 말한다. 세부사항 이는 많은 학생이 예산이 빠듯해서, 수업을 듣고 싶더라도 비용 때문에 듣지 않기 때문이다.
이유 2 둘째로, 그녀는 더 많은 학생이 수업을 들을 것이므로, 테니스를 좋아하는 다른 학생들을 만날 더 많은 기회를 모두가 얻을 것이라고 말한다. 세부사항 그 결과, 그들이 테니스를 함께 할 파트너를 찾는 것이 쉬울 것이다.
마무리 이러한 이유로, 그녀는 그것이 좋은 의견이라고 생각한다.

읽기 지문 및 대화 스크립트

읽기 지문

주제
무료 테니스 수업

세부사항
다음 주부터 레크리에이션 센터에서 제공 / 교내에 건강에 좋은 활동을 장려함

Free Tennis Classes at Rec Center

Starting next week, the tennis classes at the recreation center will be offered free of charge to students rather than at the existing hourly rate. This was made possible by a grant that the center recently received to stimulate further interest in athletics on campus. Therefore, those students who were prevented from taking classes due to budgetary concerns will now be able to participate. It is expected that the change will be beneficial for students while promoting healthy activities on campus.

레크리에이션 센터의 무료 테니스 수업

다음 주부터, 레크리에이션 센터의 테니스 수업이 기존의 시간당 요금 대신에 무료로 학생들에게 제공될 것입니다. 이는 교내에 운동에 대한 더 큰 관심을 불러일으키기 위해 센터가 최근에 받은 보조금에 의해 가능하게 되었습니다. 따라서, 예산상의 우려 때문에 수업을 듣지 못했던 학생들은 이제 참여할 수 있을 것입니다. 이 변화는 교내에 건강에 좋은 활동을 장려하는 동시에 학생들에게 유익할 것으로 예상됩니다.

대화 스크립트 🎧 TEST04_Q2_Conv

화자의 의견
찬성

이유 1
더 많은 학생이 이용하게 됨

세부사항
학생들은 빠듯한 예산 때문에 수업을 듣지 않음

이유 2
테니스에 관심 있는 다른 사람들을 더 많이 만남

세부사항
함께 경기할 사람을 찾기 쉬움

W: I'm really excited about the free tennis classes!
M: How come? Do you play tennis?
W: Yes, sometimes. But what I mean is that the new policy will result in a lot more students taking advantage of tennis classes. Did you know that the current classes are $15 per hour? And frankly it takes quite a few classes for beginners to get the hang of the game, so the cost adds up quickly. You know, many students have tight budgets, so a lot of them don't take the classes due to the cost even though they would like to learn how to play.
M: That's true. I've thought of learning how to play tennis, but I never took a class because of the money involved. But with the free classes, I'll definitely try it.
W: Exactly. Anyway, the other thing is that as more and more students attend the classes, everyone will have more opportunities to meet others who are interested in tennis.
M: I guess so . . .
W: Oh, definitely. I know that when I want to play tennis, it can be extremely hard to find a partner. None of my friends play, but I'm sure it would be easy to find someone to play with now.

여: 무료 테니스 수업이라니 정말 신 난다!
남: 어째서? 너 테니스 하니?
여: 응. 가끔. 하지만 내 말은, 이 새로운 정책이 훨씬 더 많은 학생이 테니스 수업을 이용하는 결과를 낳을 거라는 뜻이야. 너는 현재 수업이 시간당 15달러라는 것을 알고 있었니? 그리고 솔직히 초보자들이 이 스포츠를 하는 방법을 배우려면 상당수의 수업을 들어야 하니까, 비용은 빠르게 늘어지. 그, 많은 학생은 예산이 빠듯해서, 테니스 하는 법을 배우고 싶더라도 비용 때문에 수업을 듣지 않잖아.
남: 그건 사실이야. 나도 테니스 하는 법을 배우는 것에 대해 생각해 봤지만, 드는 돈 때문에 수업을 한 번도 듣지 않았어. 하지만 무료 수업이라면, 난 분명히 시도해볼 거야.
여: 맞아. 어쨌든, 또 다른 것은 점점 더 많은 학생이 수업에 참여하면서, 모두가 테니스에 관심 있는 다른 사람들을 만날 더 많은 기회를 얻게 될 거야.
남: 그럴 것 같네...
여: 오, 분명해. 테니스를 하고 싶을 때, 파트너를 찾는 것이 아주 어려울 수 있다는 것을 내가 알거든. 내 친구 중 누구도 테니스를 하지 않지만, 이제 함께 경기할 누군가를 찾는 것이 쉬울 거라고 확신해.

VOCABULARY LIST

rather than ~ 대신에, ~보다 **grant**[grænt] 보조금 **stimulate**[stímjulèit] (관심, 흥미 등을) 불러일으키다 **athletics**[æθlétiks] 운동, 체육
budgetary[bʌ́dʒitèri] 예산상의 **take advantage of** ~을 이용하다, 기회로 활용하다 **frankly**[frǽŋkli] 솔직히 **quite a few** 상당수의
get the hang of ~을 하는 방법을 배우다 **game**[geim] 스포츠, 운동 경기 **add up** 늘어나다, 합치다 **tight**[tait] 빠듯한

Q3 앵커링 효과

INTEGRATED TASK

읽기 노트 및 듣기 노트

읽기 노트

주제
- anchoring effect 앵커링 효과

세부사항
- ppl. subconsc. rely on 1st info. 사람들은 무의식적으로 맨 처음의 정보에 의존함
- make further judgm. & decis. based on it 그것을 바탕으로 더 많은 판단과 결정을 함

듣기 노트

예시 1
1. ppl. examine winter coat, decide how much to pay 사람들이 겨울 코트를 살펴보고 얼마 낼지 결정함

세부사항
- 1st group: ad for expen. coat for half $ 첫 번째 그룹: 비싼 코트가 반값에 판매되는 광고를 봄
- 2nd group: ad for same coat, regular $ = sale $ for 1st group 두 번째 그룹: 같은 코트인데 정가가 첫 번째 그룹의 할인가와 같은 광고를 봄

예시 2
2. compare average $ by 2 groups 두 그룹이 내겠다는 평균 가격을 비교함

세부사항
- 1st: pay sale $ ← original $: sale $ better deal 첫 번째 그룹: 할인가를 내겠다고 했는데 원래 가격이 할인가를 좋은 거래로 보이게 만들었기 때문
- 2nd: hesit. to pay regular $ ← X exposed to higher original $ 두 번째 그룹: 정가를 내는 것을 주저했는데 원래의 높은 가격에 노출되지 않았기 때문

모범 답안 🎧 TEST04_R3

주제 According to the reading, the anchoring effect occurs when people subconsciously rely on the initial information and make decisions based on it. **The professor uses an example** to explain the anchoring effect.

예시 1 First, she describes an experiment about deciding how much to pay for a coat. **세부사항** The first group saw an ad for an expensive coat that was on sale for half price. The second group saw an ad for the same coat, but the regular price was the same as the sale price for the first group.

예시 2 Second, she explains that the average prices the two groups were willing to pay were compared. **세부사항** The first group was willing to pay the sale price since the original price made the sale price seem like a better deal. But, the second group was hesitant to pay the regular price, since they were not exposed to the high original price.

마무리 This example demonstrates the anchoring effect.

주제 읽기 지문에 따르면, 앵커링 효과는 사람들이 초기의 정보에 무의식적으로 의존하고 그것을 바탕으로 결정을 할 때 나타난다. 교수는 한 가지 예를 들어 앵커링 효과를 설명한다.

예시 1 첫째로, 그녀는 코트를 위해 얼마 낼지 결정하는 실험을 설명한다. 세부사항 첫 번째 그룹은 반값에 판매되는 비싼 코트의 광고를 봤다. 두 번째 그룹은 같은 코트의 광고를 봤지만, 정가는 첫 번째 그룹의 할인가와 같았다.

예시 2 둘째로, 그녀는 두 그룹이 낼 의향이 있는 평균 가격이 비교되었다고 설명한다. 세부사항 첫 번째 그룹은 할인가를 낼 의향이 있었는데, 이는 원래의 가격이 할인가를 더 좋은 거래처럼 보이게 했기 때문이다. 하지만, 두 번째 그룹은 정가를 내는 것을 주저했는데, 원래의 높은 가격에 노출되지 않았기 때문이다.

마무리 이러한 예는 앵커링 효과를 보여준다.

읽기 지문 및 강의 스크립트

읽기 지문

주제
앵커링 효과

세부사항
사람들은 무의식적으로 맨 처음의 정보에 의존함 / 초기 정보를 바탕으로 더 많은 판단과 결정을 함

Anchoring Effect

When overwhelmed with information, people may subconsciously rely on the first piece of information they encounter on a given topic. This initial information is called an "anchor," and it acts as a critical reference point throughout the entire decision-making process. People tend to make further judgments and decisions based on it because doing so simplifies decision-making. This phenomenon, known as the anchoring effect, is a type of cognitive bias that can significantly affect one's ability to make sound decisions. Problems may arise when the anchor is inaccurate or even completely irrelevant to the situation, since subsequent judgments will be biased.

앵커링 효과

정보에 압도되면 사람들은 주어진 주제에 대해 접하는 정보의 맨 처음 부분에 무의식적으로 의존할 수 있다. 이 초기 정보를 '앵커'라고 하며, 그것은 전체 의사결정 과정 내내 중대한 기준점으로 작용한다. 사람들은 그것을 바탕으로 더 많은 판단과 결정을 하는 경향이 있는데, 그렇게 하는 것이 의사결정을 단순화하기 때문이다. 앵커링 효과라고 알려진 이 현상은 건전한 결정을 내리는 한 사람의 능력에 상당히 영향을 미칠 수 있는 인지적 편향의 한 종류이다. 앵커가 부정확하거나 심지어 상황과 완전히 무관할 때 문제가 발생할 수도 있는데, 이후의 판단이 편향될 것이기 때문이다.

강의 스크립트 🎧 TEST04_Q3_Lec

예시 1
두 그룹의 사람들에게 코트를 살펴보고 얼마를 낼지 결정하게 한 실험

세부사항
첫 번째 그룹은 코트가 반값에 판매된다고 봄 / 두 번째 그룹은 같은 코트인데 정가가 첫 번째 그룹의 할인가와 같다고 봄

Recently, one of my students conducted an experiment to test this phenomenon. She got people to examine a winter coat—um, it was of average quality—and decide how much they were willing to pay for it. To start, she divided the participants into two groups. The first group was shown an advertisement for a very expensive coat that was on sale for, uh . . . half price. Meanwhile, the second group saw an ad for the same coat, but the regular price was the same as the sale price for the first group. Then, the participants were shown the real version of the coat they had seen in the ads. They had a few minutes to examine the coat up close. Then, they had to write down how much they would pay for it. Now, this is where it gets interesting.

최근에, 제 학생 중 한 명이 이 현상을 시험하기 위해 실험을 했습니다. 그녀는 사람들에게 겨울 코트를 살펴보게 했는데, 음, 그건 보통의 품질이었고, 그들이 그 코트를 위해 얼마를 낼 의향이 있는지 결정하게 했어요. 우선, 그녀는 참가자들을 두 그룹으로 나눴어요. 첫 번째 그룹은, 어... 반값에 판매되는 매우 비싼 코트의 광고를 봤어요. 한편, 두 번째 그룹은 같은 코트의 광고를 봤지만, 정가는 첫 번째 그룹의 할인가와 같았습니다. 그런 다음, 참가자들은 광고에서 본 코트의 실물 형태를 보게 됐어요. 그들은 코트를 바로 가까이에서 살펴볼 시간이 몇 분 있었어요. 그런 다음, 그들은 코트를 위해 얼마를 낼 것인지 적어야 했습니다. 이제, 여기서 재미있어집니다.

예시 2
두 그룹이 내겠다고 한 평균 가격을 비교함

세부사항
첫 번째 그룹은 할인가를 내겠다고 했음 / 두 번째 그룹은 정가를 내는 것을 주저했음

My student compared the average prices written down by the two groups. Most of the people in the first group said they would pay the advertised sale price for the coat. This suggests that the high original price anchored their perception, making the sale price seem like a better deal and, you know, more attractive. But the people in the second group were, um, hesitant to pay the so-called regular price for the coat. After seeing it in real life, many of them thought it was worth much less. Since they were also not exposed to the higher original price, they did not see the regular price as a bargain and therefore were less willing to pay it.

저 학생은 두 그룹이 적어낸 평균 가격을 비교했습니다. 첫 번째 그룹의 사람들 대부분이 코트를 위해 광고된 할인가를 내겠다고 말했어요. 이것은 원래의 높은 가격이 그들의 인식을 고정시켰음을 시사하는데, 이는 할인가를 더 좋은 거래처럼, 그리고 알다시피 더 매력적으로 보이게 만들었던 것이죠. 하지만 두 번째 그룹의 사람들은, 음, 코트를 위해 이른바 정가를 내는 것을 주저했어요. 그것을 실제로 본 후, 그들 중 많은 사람들이 그 코트가 훨씬 덜 가치 있다고 생각했어요. 그들은 원래의 더 높은 가격에 노출되지도 않았기 때문에 정가를 특가로 보지 않았고, 따라서 그 가격을 낼 의향이 적었던 것이죠.

VOCABULARY LIST

rely on ~에 의존하다 **critical**[krítikəl] 중대한, 비판적인 **reference point** 기준점 **simplify**[símpləfài] 단순화하다 **phenomenon**[finá:mənà:n] 현상
cognitive[ká:gnətiv] 인지적인 **bias**[báiəs] 편향, 편견 **sound**[saund] 건전한 **inaccurate**[inækjurət] 부정확한 **irrelevant**[iréləvənt] 무관한
subsequent[sʌ́bsikwənt] 이후의, 다음의 **divide**[diváid] 나누다 **participant**[pɑ:rtísəpənt] 참가자 **on sale** 판매되는 **regular price** 정가
attractive[ətræktiv] 매력적인 **hesitant**[hézətənt] 주저하는, 망설이는 **so-called** 이른바, 소위 **bargain**[bá:rgən] 특가(품)

Q4 집단 영향력

INTEGRATED TASK

듣기 노트

주제 — group influence 집단 영향력

소주제 1 — 1. info. influence 정보적 영향력

세부사항 —
- ambiguous situation: adopt dominant group view 모호한 상황에서 우세한 집단 견해를 취함
- experi.: X good look, fake parti. selected wrong man → genuine parti. concurred
  실험: 가짜 참여자가 잘못된 남자를 선택하면 제대로 못 본 진짜 참여자는 동조함

소주제 2 — 2. normative influence 규범적 영향력

세부사항 —
- superficial changes to meet expectations 기대에 부응하기 위한 표면적인 변화 만듦
- teen. develop new hobbies/interests friends are into ← fit in
  청소년은 어울리기 위해 친구들이 좋아하는 새로운 취미나 관심사를 발전시킴

모범 답안 🎧 TEST04_R4

주제 (주제) **The professor explains** group influence **by giving two examples.**

소주제 1 / 세부사항 (소주제 1) **First, he describes** informational influence. (세부사항) This is when people in ambiguous situations adopt the dominant group view as their own. He discusses an experiment that involved people who did not get a good look at a man and then were asked to identify him. The fake participants deliberately selected the wrong man, and the genuine participants concurred.

소주제 2 / 세부사항 (소주제 2) **Second, he describes** normative influence. (세부사항) It causes people to make superficial changes to meet group expectations. For instance, teenagers tend to develop new hobbies or interests suddenly. It's because their latest interest is something their friends are into, and they take up the hobby to fit in.

마무리 (마무리) **These examples demonstrate** group influence.

주제 교수는 두 가지 예를 들어 집단 영향력을 설명한다.

소주제 1 첫째로, 그는 정보적 영향력을 설명한다. 세부사항 이는 모호한 상황 속에 있는 사람들이 우세한 집단 견해를 그들 자신의 것으로 취하는 경우이다. 그는 한 남자를 제대로 보지 못한 다음, 그 남자를 찾으라는 요청을 받았던 사람들과 관련된 실험을 논한다. 가짜 참여자들은 의도적으로 잘못된 남자를 선택했고, 진짜 참여자들은 동조했다.

소주제 2 둘째로, 그는 규범적 영향력을 설명한다. 세부사항 그것은 사람들로 하여금 집단의 기대에 부응하기 위한 표면적인 변화를 만들게 한다. 예를 들어, 청소년들은 갑자기 새로운 취미나 관심사를 발전시키는 경향이 있다. 그것은 그들의 최근 관심사는 친구들이 좋아하는 것이고, 그들은 어울리기 위해 그 취미를 추구하기 때문이다.

마무리 이러한 예는 집단 영향력을 보여준다.

어휘 및 표현
deliberately [dilíbərətli] 의도적으로   take up a hobby 취미를 추구하다

강의 스크립트

강의 스크립트 🎧 TEST04_Q4_Lec

주제
집단 영향력

One of the most fascinating topics in psychology is group influence. People have a natural inclination to adjust what they say, do, and even think to conform to group norms. What could explain such behavior? Well, the most important factors are what psychologists call the, uh, informational and normative influences.

소주제 1
정보적 영향력

세부사항
모호한 상황에서 우세한 집단 견해를 취함 / 실험: 남자를 제대로 못 본 진짜 참여자들은 가짜 참여자들에게 동조함

Let's look at informational influence first . . . When people are in ambiguous situations, they tend to turn to other group members for information, assuming that they are more knowledgeable. This usually involves the individual adopting the dominant group view as his or her own. An experiment conducted at the University of Iowa clearly illustrates this impulse. The test subjects were quickly shown a man's photograph . . . um, it was impossible to get a good look. They then tried to identify him in a police lineup. This was done in groups of four that included three people working secretly with the researchers. When the fake participants intentionally selected the wrong man, the genuine participants almost always concurred with their choice.

소주제 2
규범적 영향력

세부사항
기대에 부응하기 위한 표면적인 변화를 만듦 / 청소년은 어울리기 위해 친구들이 좋아하는 취미나 관심사를 발전시킴

Normative influence is a similar concept, but with a few key differences . . . It occurs when an individual makes superficial changes to appearance or, uh, behavior in order to meet group expectations. Um, the person is trying to avoid being rejected by the other members. Teenagers are particularly susceptible to this phenomenon. Any parent will tell you that their teenage kids are prone to developing new hobbies or interests completely out of the blue. For example, a boy who was always bored by sports may suddenly become an ardent basketball fan. He'll start watching games on TV and wearing jerseys . . . things like that. And when asked about it, teenagers will often admit that their latest passion is actually something their friends are into, and they're just going along with them to fit in.

VOCABULARY LIST

fascinating[fǽsənèitiŋ] 흥미로운 inclination[ìnklənéiʃən] 성향 adjust[ədʒʌ́st] 맞추다 conform[kənfɔ́ːrm] 일치하다 norm[nɔːrm] 규범
ambiguous[æmbígjuəs] 모호한 turn to ~에 의지하다 knowledgeable[nɑ́lidʒəbl] 많이 아는 adopt[ədápt] (태도, 어조, 표현 등을) 취하다
dominant[dɑ́mənənt] 우세한 impulse[ímpʌls] 충동 subject[sʌ́bdʒikt] 피실험자 identify[aidéntəfái] 찾아내다 police lineup 용의자 대열
participant[pɑːrtísəpənt] 참여자 genuine[dʒénjuin] 진짜의 concur with ~에 동조하다 superficial[sùːpərfíʃəl] 표면적인
appearance[əpíərəns] 겉모습 susceptible to ~에 영향받기 쉬운 prone to ~하는 경향이 있는 out of the blue 난데없이 ardent[ɑ́ːrdənt] 열렬한
jersey[dʒə́ːrzi] 운동 경기용 셔츠 passion[pǽʃən] 열정적으로 하는 활동, 열정 be into ~을 좋아하다 go along with ~를 따르다 fit in 어울리다

SELF-EVALUATION LIST TEST 04

앞서 학습한 내용을 바탕으로 자신의 답안에 대해 다음 사항을 점검하고 앞으로 개선해야 할 점을 확인해 보세요.

Q1

1. 문제에서 요구하는 정보를 모두 말하였다. (나의 선택, 이유 및 구체적 근거) ☐ Yes ☐ No
2. 이유 및 구체적 근거를 들어 나의 선택을 논리적으로 뒷받침하였다. ☐ Yes ☐ No
3. 다양한 어휘 및 표현, 문장 구조를 사용하여 말하였다. ☐ Yes ☐ No
4. 올바른 발음, 강세 및 억양으로 말하였다. ☐ Yes ☐ No

Q2

1. 문제에서 요구하는 정보를 모두 말하였다. (읽기 지문의 주제, 대화 속 화자의 의견 및 이유) ☐ Yes ☐ No
2. 문제에서 요구하는 정보를 읽기 지문 및 대화의 내용에 근거해 정확하게 말하였다. ☐ Yes ☐ No
3. 다양한 어휘 및 표현, 문장 구조를 사용하여 말하였다. ☐ Yes ☐ No
4. 올바른 발음, 강세 및 억양으로 말하였다. ☐ Yes ☐ No

Q3

1. 문제에서 요구하는 정보를 모두 말하였다. (읽기 지문의 주제, 강의의 예시) ☐ Yes ☐ No
2. 문제에서 요구하는 정보를 읽기 지문 및 강의의 내용에 근거해 정확하게 말하였다. ☐ Yes ☐ No
3. 다양한 어휘 및 표현, 문장 구조를 사용하여 말하였다. ☐ Yes ☐ No
4. 올바른 발음, 강세 및 억양으로 말하였다. ☐ Yes ☐ No

Q4

1. 문제에서 요구하는 정보를 모두 말하였다. (강의의 주제, 소주제 및 세부사항) ☐ Yes ☐ No
2. 문제에서 요구하는 정보를 강의의 내용에 근거해 정확하게 말하였다. ☐ Yes ☐ No
3. 다양한 어휘 및 표현, 문장 구조를 사용하여 말하였다. ☐ Yes ☐ No
4. 올바른 발음, 강세 및 억양으로 말하였다. ☐ Yes ☐ No

HACKERS TOEFL ACTUAL TEST SPEAKING
TEST 05

INDEPENDENT TASK
Q1 모범 답안 · 해석

INTEGRATED TASK
Q2 모범 답안 · 지문 · 해석
Q3 모범 답안 · 지문 · 해석
Q4 모범 답안 · 지문 · 해석

SELF-EVALUATION LIST

무료 음원 바로 듣기

Q1 나이가 들면서 성격이 변하는가?

INDEPENDENT TASK

QUESTION Do you agree or disagree with the following statement? **As people get older, their personalities change.** Use details and examples to explain your answer.

당신은 다음의 진술에 동의합니까, 아니면 동의하지 않습니까? 사람들은 나이가 들면서 성격이 변한다. 구체적 설명과 예를 들어 답하세요.

아웃라인

동의함

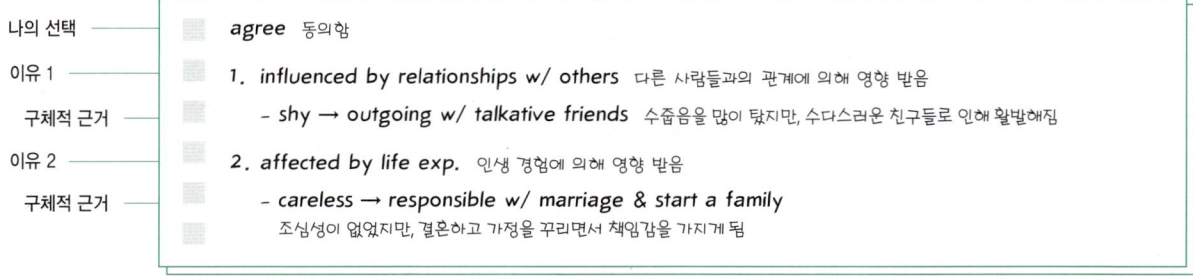

- 나의 선택 — agree 동의함
- 이유 1 — 1. influenced by relationships w/ others 다른 사람들과의 관계에 의해 영향 받음
- 구체적 근거 — - shy → outgoing w/ talkative friends 수줍음을 많이 탔지만, 수다스러운 친구들로 인해 활발해짐
- 이유 2 — 2. affected by life exp. 인생 경험에 의해 영향 받음
- 구체적 근거 — - careless → responsible w/ marriage & start a family 조심성이 없었지만, 결혼하고 가정을 꾸리면서 책임감을 가지게 됨

추가 제공 아웃라인 답변아이디어를 얻는 데 참고해 보세요!

동의하지 않음

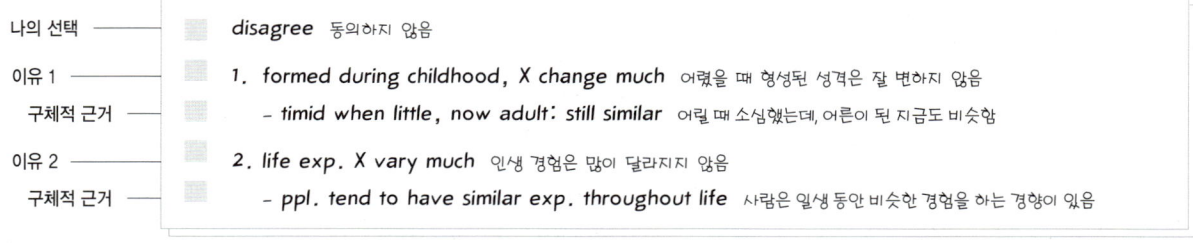

- 나의 선택 — disagree 동의하지 않음
- 이유 1 — 1. formed during childhood, X change much 어렸을 때 형성된 성격은 잘 변하지 않음
- 구체적 근거 — - timid when little, now adult: still similar 어릴 때 소심했는데, 어른이 된 지금도 비슷함
- 이유 2 — 2. life exp. X vary much 인생 경험은 많이 달라지지 않음
- 구체적 근거 — - ppl. tend to have similar exp. throughout life 사람은 일생 동안 비슷한 경험을 하는 경향이 있음

모범 답안 🎧 TEST05_R1

나의 선택 I agree with the statement that as people get older, their personalities change.

이유 1 First, our personalities are influenced by the relationships we build with other people as we age. **구체적 근거** For example, when I was young, I was very shy. But as I **made friends with** talkative people later in life, I became more outgoing.

이유 2 Second, our personalities are affected by different experiences throughout our lives. **구체적 근거** To be specific, some people are careless when they are young adults. But after they get married and start a family, they become more responsible because they have to consider the safety and wellbeing of their spouse and children.

마무리 For these reasons, I agree that personality changes as a person gets older.

나의 선택 나는 사람들은 나이가 들면서 성격이 변한다는 진술에 동의한다.

이유 1 첫째로, 우리의 성격은 나이가 들면서 다른 사람들과 맺는 관계에 의해 영향을 받는다. **구체적 근거** 예를 들어, 나는 어렸을 때 수줍음을 매우 많이 탔다. 하지만 나중에 수다스러운 사람들과 친구가 되면서, 나는 더 활발해졌다.

이유 2 둘째로, 우리의 성격은 우리 인생 전반에 걸친 다양한 경험에 의해 영향을 받는다. **구체적 근거** 구체적으로, 어떤 사람들은 청소년일 때는 조심성이 없다. 하지만 그들이 결혼하고 가정을 꾸린 후에는, 배우자와 자녀의 안전과 행복을 생각해야 하므로 그들은 더 책임감을 가지게 된다.

마무리 이러한 이유로, 나는 사람은 나이가 들면서 성격이 변한다는 것에 동의한다.

어휘 및 표현
talkative[tɔ́:kətiv] 수다스러운   outgoing[áutgòuiŋ] 활발한   wellbeing[wélbì:iŋ] 행복   spouse[spaus] 배우자

🎧 **고득점 필수 표현**   ✤ **make friends with** ~와 친구가 되다

- When my family moved to a new area, I **made friends with** other children in the neighborhood.
  우리 가족이 새로운 지역으로 이사했을 때, 나는 이웃의 다른 아이들**과 친구가 되었다**.
- It's easier to **make friends with** people who share your interests. 관심사를 공유하는 사람들**과 친구가 되기**가 더 쉽다.

Q2 대학 라디오 방송 시간 연장

INTEGRATED TASK

읽기 노트 및 듣기 노트

읽기 노트

주제
- broadcast schedule of radio ↑ 라디오 방송 시간이 연장되어야 함

세부사항
- miss important info. 중요한 정보를 놓침
- offer ↑ range of content: music/talk shows 음악이나 토크쇼와 같은 더 다양한 범위의 콘텐츠 제공

듣기 노트

화자의 의견
- W: X 여: 반대

이유 1
1. X major source of info. 주요 정보원이 아님

세부사항
- significant info. posted on website 중요한 정보는 웹사이트에 게시됨

이유 2
2. X rely on radio for entertain. 기분 전환을 위해 라디오에 의존하지 않음

세부사항
- online: music/TV shows for free 온라인에서는 음악이나 TV 쇼가 무료임

모범 답안 🎧 TEST05_R2

주제 According to the letter, the university radio station's broadcast hours should be extended.

화자의 의견 The woman does not think it is a good idea for two reasons.

이유 1 First, she says that the radio station is not a major source of information for most students. **세부사항** This is because all significant information is clearly posted on the university's website, and students can stay informed by checking it.

이유 2 Second, she mentions that students do not rely on the radio station for entertainment. **세부사항** Most students just go online to access free music or TV shows when they are between classes.

마무리 For these reasons, she believes it is not a great idea.

주제 편지에 따르면, 대학 라디오 방송국의 방송 시간은 연장되어야 한다.
화자의 의견 여자는 두 가지 이유로 그것이 좋은 의견이 아니라고 생각한다.
이유 1 첫째로, 그녀는 라디오 방송국은 대부분의 학생들에게 주요 정보원이 아니라고 말한다. 세부사항 이는 모든 중요한 정보는 대학의 웹사이트에 분명하게 게시되며, 학생들은 그것을 확인함으로써 정보를 얻을 수 있기 때문이다.
이유 2 둘째로, 그녀는 학생들이 기분 전환을 위해 라디오 방송국에 의존하지 않는다고 말한다. 세부사항 대부분의 학생들은 공강 시간에 무료 음악이나 TV 쇼를 이용하기 위해 그냥 온라인에 접속한다.
마무리 이러한 이유로, 그녀는 그것이 좋은 의견이 아니라고 생각한다.

어휘 및 표현
stay informed 정보를 얻다   access[ǽkses] 이용하다

읽기 지문 및 대화 스크립트

읽기 지문

주제
대학 라디오 방송 시간이 연장되어야 함

세부사항
중요한 정보를 놓칠 수 있음 / 더 다양한 범위의 콘텐츠 제공이 가능함

Dear Editor,

I would like to request that the broadcast schedule of the university's radio station be extended. Currently, the station airs programs from 12:00 p.m. to 1:00 p.m. only. This is problematic because students who are occupied at this time may miss out on important information. Moreover, longer broadcast hours would facilitate the offering of a greater range of content. The station airs only university announcements and educational programs, but many students would find it enjoyable to listen to music or talk shows. I hope you will consider my suggestion carefully.

Janice Morrison

편집장님께,

저는 대학 라디오 방송국의 방송 시간이 연장될 것을 요청하고 싶습니다. 현재 방송국은 오후 12시부터 1시까지만 프로그램을 방송합니다. 이는 그 시간에 바쁜 학생들이 중요한 정보를 놓칠 수도 있기 때문에 문제가 됩니다. 게다가, 더 긴 방송 시간은 더 다양한 범위의 콘텐츠 제공을 가능하게 할 것입니다. 방송국은 대학 공지와 교육 프로그램만을 방송하지만, 많은 학생이 음악이나 토크쇼를 듣는 것을 즐길 것입니다. 대학이 저의 제안을 신중하게 고려해 주기를 바랍니다.

Janice Morrison 드림

대화 스크립트 🎧 TEST05_Q2_Conv

화자의 의견
반대

이유 1
라디오는 주요 정보원이 아님

세부사항
중요한 정보는 대학 웹사이트에 게시됨

이유 2
기분 전환을 위해 라디오에 의존하지 않음

세부사항
온라인에서 음악이나 TV 쇼를 무료로 재생함

W: I really don't think this change is necessary.
M: Why not?
W: Well, the radio isn't a major source of information for students.
M: But there are always announcements about things that affect us . . .
W: That's true, but anything significant is posted on the university's website as well. And most students get their information from there.
M: Now that you mention it, I check the website frequently because announcements are usually posted on the main page . . . They're almost impossible to miss.
W: Exactly. Last week I saw a notice on the website about the library's new policy regarding overdue books . . . I just clicked the link and got all the details. It was really easy.
M: What about additional content, though? Right now the broadcasts are, well, a little boring.
W: Let's just say that I don't think many students rely on the university radio station for entertainment.
M: What do you mean?
W: Well, think about it . . . What do you do when you're looking for entertainment between classes?
M: I just go online. There are lots of sites that stream music or TV shows for free.
W: Right. And that's what most students do . . . and I don't think this would change even if the university radio station extended broadcasting hours and started offering a variety of programs.

여: 나는 정말 이 변화가 필요하다고 생각하지 않아.
남: 왜?
여: 음, 라디오는 학생들에게 주요 정보원이 아니야.
남: 하지만 우리에게 영향을 주는 일들에 대한 공지가 항상 있잖아...
여: 그건 사실이지만, 중요한 것은 무엇이든 대학 웹사이트에도 게시되잖아. 그리고 대부분의 학생은 거기에서 정보를 얻지.
남: 네 말을 듣고 보니, 공지들이 주로 메인 화면에 게시되니까 나도 웹사이트를 자주 확인하긴 해... 그 공지들을 놓치는 것은 거의 불가능하지.
여: 맞아. 지난주에 나는 연체된 책들과 관련된 도서관의 새로운 정책 공고문을 웹사이트에서 봤어... 나는 그냥 링크를 클릭했고 모든 세부 정보를 얻었지. 정말 간단했어.
남: 하지만 부가적인 콘텐츠에 관한 것은 어때? 지금은 방송이, 음, 좀 지루하잖아.
여: 난 많은 학생이 기분 전환을 위해 대학 라디오 방송국에 의존한다고 생각하지 않는다는 정도로만 말해두자.
남: 그게 무슨 뜻이야?
여: 음, 생각해봐... 공강 시간에 기분 전환을 원한다면 넌 뭘 하니?
남: 그냥 온라인에 접속하지. 음악이나 TV 쇼가 무료로 재생되는 사이트가 많거든.
여: 맞아. 그리고 그게 바로 대부분의 학생이 하는 일이지... 그리고 나는 대학 라디오 방송국이 방송 시간을 연장하고 다양한 프로그램을 제공하기 시작한다고 해도, 이게 바뀔 거라고 생각하지 않아.

VOCABULARY LIST

broadcast[brɔ́ːdkæst] 방송; 방송하다 **air**[ɛər] 방송하다 **problematic**[pràbləmǽtik] 문제가 되는 **occupied**[ákjəpàid] 바쁜, 몰두한
miss out on ~을 놓치다 **facilitate**[fəsílətèit] ~을 가능하게 하다 **enjoyable**[indʒɔ́iəbl] 즐기는 **overdue**[òuvərdjúː] 연체의
entertainment[èntərtéinmənt] 기분 전환 **between classes** 공강 시간에 **go online** 온라인에 접속하다 **stream**[striːm] 재생되다

Q3 경계색

INTEGRATED TASK

읽기 노트 및 듣기 노트

읽기 노트

주제
- warning coloration 경계색

세부사항
- use of color by prey to alert predators 포식자에게 경고하기 위해 피식자가 색을 사용함
- predator recognize as unpalatable/dangerous 포식자가 불쾌하거나 위험하다고 인식함

듣기 노트

예시 1
1. monarch butterfly 제주왕나비

세부사항
- conspicuous markings on wings 날개에 뚜렷한 무늬 있음
- consume: sick & vomit → remember color & X eat 섭취하면 메스꺼워져서 구토하므로, 색을 기억해 먹지 않음

예시 2
2. blue-ringed octopus 푸른고리문어

세부사항
- threatened → blue rings appear 위협을 느끼면 푸른 고리가 나타남
- one bite: fatal to larger org. → recognize rings, X approach 한 번 물리는 것은 더 큰 생물에게도 치명적이므로, 고리를 인식해 접근하지 않음

모범 답안 🎧 TEST05_R3

주제 According to the reading, warning coloration is the use of color by prey animals to warn predators that they aren't a good food source. **The professor uses two examples to explain** warning coloration.

예시 1 First, he describes the monarch butterfly. **세부사항** It has conspicuous markings on its wings. When a predator consumes a monarch butterfly, it gets sick and vomits. After that, it remembers the butterfly's colors and does not eat one again in the future.

예시 2 Second, he describes the blue-ringed octopus. **세부사항** When the octopus feels threatened, blue rings appear on its body. One bite from the octopus can be fatal even to larger organisms. Therefore, if a predator recognizes the rings, it will not approach the octopus.

마무리 These examples demonstrate warning coloration.

주제 읽기 지문에 따르면, 경계색은 자신이 좋은 먹잇감이 아니라고 포식자에게 경고하기 위해 피식자가 색을 사용하는 것이다. 교수는 두 가지 예를 들어 경계색을 설명한다.

예시 1 첫째로, 그는 제주왕나비를 설명한다. 세부사항 왕나비는 날개에 뚜렷한 무늬가 있다. 포식자가 제주왕나비를 섭취하면, 그것은 메스꺼워져서 구토한다. 그 후, 포식자는 그 나비의 색을 기억하여 이후에 다시는 그것을 먹지 않는다.

예시 2 둘째로, 그는 푸른고리문어를 설명한다. 세부사항 이 문어는 위협을 느끼면 몸에 푸른 고리가 나타난다. 이 문어에게 한 번 물리는 것은 더 큰 생물에게조차 치명적일 수 있다. 따라서, 만약 포식자가 그 고리를 인식하면, 그것은 그 문어에게 접근하지 않을 것이다.

마무리 이러한 예는 경계색을 보여준다.

읽기 지문 및 강의 스크립트

읽기 지문

주제
경계색

세부사항
포식자에게 경고하기 위해 피식자가 색을 사용함 / 불쾌하거나 위험하다고 인식해야 함

Warning Coloration

One strategy that some animals use to survive is warning coloration. This method is the use of color by potential prey animals to alert predators that they are not an appropriate food source. Usually, it comes in the form of bold and highly contrasting colors, such as black or white stripes on a background of bright yellow, red, or orange. For this survival technique to work, the predator species must recognize the animal displaying warning coloration as unpalatable or dangerous. This typically requires the predator to learn from experience that the prey animal is harmful and should not be eaten.

경계색

일부 동물들이 생존하기 위해 사용하는 한 가지 전략은 경계색이다. 이 방법은 자신이 적절한 먹잇감이 아니라고 포식자에게 경고하기 위해서 잠재적 피식자가 색을 사용하는 것이다. 일반적으로, 경계색은 밝은 노란색, 빨간색, 또는 주황색의 배경에 검은색이나 흰색 줄무늬와 같이, 선명하고 매우 대조적인 색의 형태를 띤다. 이 생존 기술이 효과가 있으려면, 포식자가 경계색을 드러내는 동물을 불쾌하거나 위험하다고 인식해야 한다. 이는 일반적으로 피식자가 해로워서 그것을 섭취하면 안 된다는 것을 포식자가 경험으로부터 배우는 것을 필요로 한다.

강의 스크립트 🎧 TEST05_Q3_Lec

예시 1
제주왕나비

세부사항
날개에 뚜렷한 무늬 있음 / 섭취하면 메스꺼워져서 구토하므로, 색을 기억해 먹지 않음

I'm going to give a couple of specific examples of how animals use warning coloration to alert predators. The first organism I want to talk about is the monarch butterfly. I'm sure you've all seen the conspicuous markings on an adult monarch's wings. There are, um, highly contrasting patterns of black and bright orange. Now, uh, monarch caterpillars feed on milkweed, which contains a poisonous substance that remains in the body even after the caterpillar becomes a butterfly. What happens is that when a predaceous bird consumes part of a monarch, it will become sick and vomit. Thereafter it will remember the coloration and avoid eating another monarch in the future. So even though some monarchs are lost to predation, many more survive because individual predators learn to recognize them as unpalatable.

동물들이 포식자에게 경고하기 위해 어떻게 경계색을 사용하는지에 대해 두 가지 구체적인 예를 들겠습니다. 제가 이야기하고 싶은 첫 번째 생물은 제주왕나비입니다. 저는 여러분 모두가 성충 왕나비의 날개에 있는 뚜렷한 무늬를 본 적이 있을 것이라고 확신합니다. 검은색과 밝은 주황색의, 음, 매우 대조적인 무늬가 있죠. 자, 어, 왕나비의 애벌레는 금관화를 먹고 사는데, 이는 심지어 애벌레가 나비가 된 이후에도 몸에 남는 유독한 물질을 함유합니다. 그래서 벌어지는 상황은 포식성의 새가 왕나비의 일부를 섭취하면, 그 새는 메스꺼워져서 구토할 것입니다. 그 이후 새는 그 색을 기억하여 이후에 또 다른 왕나비를 섭취하는 것을 피할 거예요. 그래서 비록 몇몇 왕나비는 포식으로 죽더라도, 개개의 포식자들은 왕나비들을 불쾌하게 인식하도록 배웠기 때문에 더 많은 왕나비가 살아남습니다.

예시 2
푸른고리문어

세부사항
위협을 느끼면 몸에 푸른 고리가 나타남 / 한 번 물리는 것은 더 큰 생물에게도 치명적이므로, 고리를 인식해 접근하지 않음

Next up is the blue-ringed octopus, one of the deadliest animals in the sea. When one of these octopuses feels threatened by the presence of a predator, bright blue rings appear on its body to serve as warnings. Its defense is a highly potent neurotoxin that is produced by bacteria in the saliva. One bite from this octopus can be fatal even to much larger organisms. In fact, only one milligram of the poison can paralyze and kill a human within minutes! Thus, any predator that recognize the colorful rings as warnings will avoid approaching the octopus and escape with its life.

다음은 바다에 사는 가장 치명적인 동물 중 하나인 푸른고리문어입니다. 이 문어들 중 한 마리가 포식자의 존재로 인해 위협을 느끼면, 경고의 역할을 하도록 몸에 밝은 푸른색의 고리들이 나타나요. 문어의 방어 체계는 침 속 박테리아에 의해 생성되는 매우 강력한 신경독입니다. 이 문어에게 한 번 물리는 것은 훨씬 더 큰 생물에게조차 치명적일 수 있죠. 사실, 단 1mg의 독이 몇 분 안에 사람을 마비시키고 죽일 수도 있어요! 그러므로, 화려한 고리를 경고로 인식하는 모든 포식자는 문어에게 접근하는 것을 피하여 목숨을 건질 것입니다.

VOCABULARY LIST

prey[prei] 피식자, (사냥 동물의) 먹이　alert[ələ́ːrt] (위험 등을) 경고하다　contrasting[kəntrǽstiŋ] 대조적인　unpalatable[ʌ̀npǽlətəbl] 불쾌한
conspicuous[kənspíkjuəs] 뚜렷한, 눈에 잘 띄는　marking[máːrkiŋ] 무늬　caterpillar[kǽtərpìlər] 애벌레　milkweed[mílkwìːd] 금관화
poisonous[pɔ́izənəs] 유독한　predaceous[pridéiʃəs] 포식성의　deadly[dédli] 치명적인　potent[póutnt] 강력한　neurotoxin[njúəroutàksin] 신경독
fatal[féitl] 치명적인, 죽음을 초래하는　paralyze[pǽrəlàiz] 마비시키다　escape with one's life 목숨을 건지다

Q4 토양에 이로운 잡초

INTEGRATED TASK

듣기 노트

주제
소주제 1
세부사항
소주제 2
세부사항

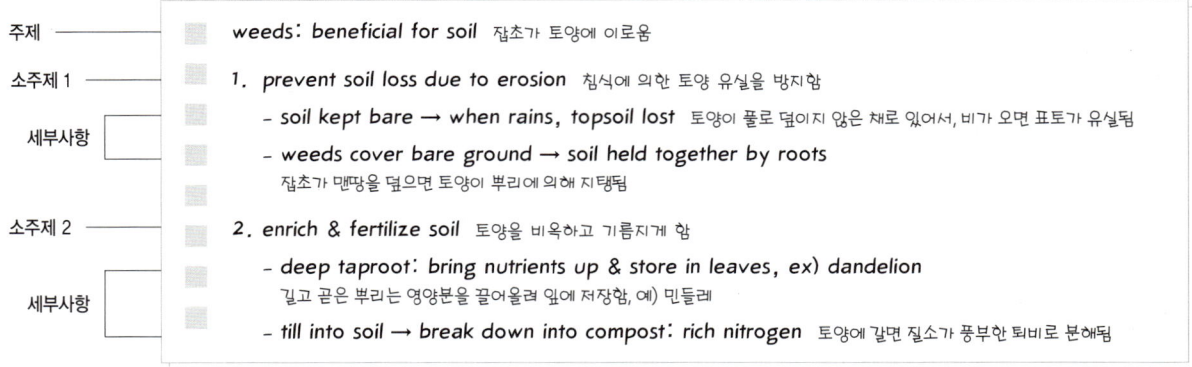

모범 답안 🎧 TEST05_R4

주제

(주제) **The professor explains** how weeds benefit the soil **by giving two examples**.

소주제 1
세부사항

(소주제 1) **First, she describes** how weeds prevent soil loss due to erosion. (세부사항) The soil between rows of crops is usually kept bare, so when it rains, the topsoil is lost. However, if weeds are allowed to cover the bare ground, the soil will be held together by their roots.

소주제 2
세부사항

(소주제 2) **Second, she describes** how weeds can enrich and fertilize the soil. (세부사항) Many weeds, like dandelions, have deep taproots that bring nutrients up to the surface and store them in their leaves. If you till these weeds into the soil, they break down into compost that is rich in nitrogen.

마무리

(마무리) **These examples demonstrate** two ways that weeds benefit the soil.

주제 교수는 두 가지 예를 들어 잡초가 어떻게 토양에 이로운지를 설명한다.
소주제 1 첫째로, 그녀는 잡초가 어떻게 침식에 의한 토양 유실을 방지하는지를 설명한다. **세부사항** 농작물의 줄들 사이의 토양은 보통 풀로 덮이지 않은 채로 있으므로, 비가 오면 표토가 유실된다. 그러나 만약 잡초가 맨땅을 덮도록 허용되면, 토양은 잡초의 뿌리에 의해 지탱될 것이다.
소주제 2 둘째로, 그녀는 잡초가 어떻게 토양을 비옥하고 기름지게 할 수 있는지를 설명한다. **세부사항** 민들레와 같은 많은 잡초는 영양분을 지면으로 끌어 올려 그것을 잎에 저장하는 길고 곧은 뿌리를 가지고 있다. 만약 이러한 잡초를 토양에 갈면, 잡초는 질소가 풍부한 퇴비로 분해된다.
마무리 이러한 예는 잡초가 토양에 이로운 두 가지 측면을 보여준다.

어휘 및 표현
rich in ~이 풍부한

강의 스크립트

강의 스크립트 🎧 TEST05_Q4_Lec

주제
잡초가 토양에 이로움

OK, weeds and soil . . . In the world of agriculture, weeds have developed a highly negative reputation over the years. You've probably heard of farmers complaining about weeds and how much time they have to spend pulling them up or treating them with herbicides. But did you know that weeds can actually be beneficial for the soil? Today I'm going to talk about two ways in which they help.

소주제 1
침식에 의한 토양 유실을 방지함

세부사항
비가 오면, 풀로 덮이지 않은 토양의 표토가 유실됨 / 잡초가 맨땅을 덮으면 토양이 그 뿌리에 의해 지탱됨

First of all, weeds can be very useful in preventing soil loss due to erosion. In conventional agricultural practices, all vegetation is removed and then crops are planted in rows. Between these rows, though, the soil is kept bare. The problem is that when it rains, this dirt is washed away and in the process a lot of valuable topsoil is lost. By allowing weeds to grow and cover the bare ground, however, the soil is held together by the roots and soil erosion is avoided. And more and more people understand this, so nowadays you often see the intentional planting of so-called weeds, such as clover and other fast-growing ground covers, for the purpose of holding the soil together.

소주제 2
토양을 비옥하고 기름지게 함

세부사항
민들레의 곧은 뿌리가 영양분을 끌어올려 잎에 저장함 / 토양에 갈면 질소가 풍부한 퇴비로 분해됨

In addition, it is possible to use weeds to enrich and fertilize the soil. One of the features of a lot of weeds is that they have a very deep taproot that brings nutrients up to the surface to be stored in their leaves. Take the dandelion, for example, a familiar weed that most people try to eradicate. The taproot of a dandelion can go down a meter or more. That is quite impressive for such a small plant. And this allows it to bring up nutrients deep in the soil that would otherwise never be within the reach of most common crops, which are generally shallow rooted in comparison. If you till dandelions into the soil during preparation, they break down into compost, providing a rich source of nitrogen that is very important for crop growth.

자, 잡초와 토양... 농업의 세계에서, 잡초는 수년에 걸쳐 매우 부정적인 평판을 얻어 왔습니다. 여러분은 아마 농부들이 잡초에 대해서, 그리고 잡초를 뽑거나 제초제로 처리하는 데 그들이 얼마나 많은 시간을 들여야만 하는지에 대해서 불평하는 것을 들어본 적이 있을 것입니다. 하지만 여러분은 잡초가 사실은 토양에 이로울 수 있다는 것을 알고 있었나요? 오늘 저는 잡초가 도움이 되는 두 가지 측면에 관해 이야기하겠습니다.

우선, 잡초는 침식에 의한 토양 유실을 방지하는 데 매우 유용할 수 있습니다. 재래농업의 관행에서는, 모든 초목이 제거되고 난 다음에 농작물이 줄지어 심어집니다. 그런데 이 줄들 사이에는, 토양이 풀로 덮이지 않은 채로 있죠. 문제는 비가 오면 이 흙이 씻겨 내려가고, 그 과정에서 많은 값진 표토가 유실된다는 것입니다. 하지만 잡초가 자라서 맨땅을 덮도록 허용함으로써, 토양이 그 뿌리에 의해 지탱되어, 토양 침식이 방지됩니다. 그리고 점점 더 많은 사람이 이것을 이해하게 되어서, 요즘 여러분은 토양을 지탱할 목적으로 소위 잡초를, 이를테면 클로버와 다른 빨리 자라는 지표식물들을 의도적으로 심는 것을 자주 보는 것입니다.

게다가, 토양을 비옥하고 기름지게 하기 위해 잡초를 사용하는 것이 가능합니다. 많은 잡초의 특징 중 하나는 그들이 매우 길고 곧은 뿌리를 가지고 있다는 것인데, 그 곧은 뿌리는 그들의 잎에 저장될 영양분을 지면으로 끌어 올립니다. 대부분의 사람이 뿌리 뽑고자 하는 친숙한 잡초인 민들레를 예로 들어보죠. 민들레의 곧은 뿌리는 1m 이상 내려갈 수 있어요. 그렇게 작은 식물치고는 매우 인상적이죠. 그리고 이는 대조적으로 대체로 얕게 뿌리를 내리는 일반적인 농작물 대부분은 절대로 도달하지 못할, 토양 깊은 곳에 있는 영양분을 끌어 올리는 것을 가능하게 합니다. 준비 기간에 민들레를 토양에 갈면, 민들레는 농작물 성장에 매우 중요한 풍부한 질소의 원천을 제공하는 퇴비로 분해됩니다.

VOCABULARY LIST

weed[wi:d] 잡초　**agriculture**[ǽgrikʌ̀ltʃər] 농업　**reputation**[rèpjutéiʃən] 평판　**pull up** 뽑다　**treat with** ~으로 처리하다
herbicide[hə́:rbəsàid] 제초제　**erosion**[iróuʒən] 침식　**conventional**[kənvénʃənl] 재래의, 전통적인　**practice**[prǽktis] 관행
vegetation[vèdʒətéiʃən] 초목　**crop**[krɑp] 농작물　**in rows** 줄지어　**bare**[bɛər] 풀로 덮이지 않은, 맨　**dirt**[də:rt] 흙, 토양　**wash away** 씻겨 내리다
topsoil[tɑ́psɔ̀il] 표토　**hold together** 지탱하다　**ground cover** 지표식물　**enrich**[inríʃ] 비옥하게 하다　**fertilize**[fə́:rtəlàiz] 기름지게 하다
taproot[tǽprù:t] 곧은 뿌리　**dandelion**[dǽndəlàiən] 민들레　**eradicate**[irǽdəkèit] 뿌리 뽑다, 근절시키다　**shallow**[ʃǽlou] 얕은
in comparison 대조적으로, 비교해볼 때　**till**[til] (땅을) 갈다　**break down into** ~로 분해되다　**compost**[kɑ́mpoust] 퇴비　**nitrogen**[náitrədʒən] 질소

SELF-EVALUATION LIST TEST 05

앞서 학습한 내용을 바탕으로 자신의 답안에 대해 다음 사항을 점검하고 앞으로 개선해야 할 점을 확인해 보세요.

Q1

1. 문제에서 요구하는 정보를 모두 말하였다. (나의 선택, 이유 및 구체적 근거) ☐ Yes ☐ No
2. 이유 및 구체적 근거를 들어 나의 선택을 논리적으로 뒷받침하였다. ☐ Yes ☐ No
3. 다양한 어휘 및 표현, 문장 구조를 사용하여 말하였다. ☐ Yes ☐ No
4. 올바른 발음, 강세 및 억양으로 말하였다. ☐ Yes ☐ No

Q2

1. 문제에서 요구하는 정보를 모두 말하였다. (읽기 지문의 주제, 대화 속 화자의 의견 및 이유) ☐ Yes ☐ No
2. 문제에서 요구하는 정보를 읽기 지문 및 대화의 내용에 근거해 정확하게 말하였다. ☐ Yes ☐ No
3. 다양한 어휘 및 표현, 문장 구조를 사용하여 말하였다. ☐ Yes ☐ No
4. 올바른 발음, 강세 및 억양으로 말하였다. ☐ Yes ☐ No

Q3

1. 문제에서 요구하는 정보를 모두 말하였다. (읽기 지문의 주제, 강의의 예시) ☐ Yes ☐ No
2. 문제에서 요구하는 정보를 읽기 지문 및 강의의 내용에 근거해 정확하게 말하였다. ☐ Yes ☐ No
3. 다양한 어휘 및 표현, 문장 구조를 사용하여 말하였다. ☐ Yes ☐ No
4. 올바른 발음, 강세 및 억양으로 말하였다. ☐ Yes ☐ No

Q4

1. 문제에서 요구하는 정보를 모두 말하였다. (강의의 주제, 소주제 및 세부사항) ☐ Yes ☐ No
2. 문제에서 요구하는 정보를 강의의 내용에 근거해 정확하게 말하였다. ☐ Yes ☐ No
3. 다양한 어휘 및 표현, 문장 구조를 사용하여 말하였다. ☐ Yes ☐ No
4. 올바른 발음, 강세 및 억양으로 말하였다. ☐ Yes ☐ No

HACKERS TOEFL ACTUAL TEST SPEAKING
TEST 06

INDEPENDENT TASK
Q1 모범 답안 · 해석

INTEGRATED TASK
Q2 모범 답안 · 지문 · 해석
Q3 모범 답안 · 지문 · 해석
Q4 모범 답안 · 지문 · 해석

SELF-EVALUATION LIST

무료 음원 바로 듣기

Q1 어린이 놀이터 vs. 공유 정원

INDEPENDENT TASK

QUESTION Suppose that someone has donated a large area of land to your community. Some people think the land should be used for a children's playground, while others believe it would be better to create a shared garden for residents to grow vegetables and fruit. Which do you think is better? Explain why.

누군가가 당신의 지역 사회에 넓은 면적의 땅을 기부했다고 가정해 보세요. 어떤 사람들은 그 땅이 어린이 놀이터를 위해 사용되어야 한다고 생각하는 반면에, 다른 사람들은 주민들이 채소와 과일을 재배할 수 있는 공유 정원을 만드는 것이 더 낫다고 생각합니다. 당신은 어떤 것이 낫다고 생각합니까? 이유를 설명하세요.

아웃라인

공유 정원 선호

나의 선택	shared garden 공유 정원
이유 1	1. build a sense of community ← working together 함께 일하면서 공동체 의식을 형성함
구체적 근거	- share a sense of accompli., form bonds 성취감을 공유하고 유대감을 형성함
이유 2	2. children: learn about nature 어린이들이 자연에 대해 배움
구체적 근거	- see how plants grow, understand environ. 식물이 어떻게 자라는지 보고 환경을 이해함

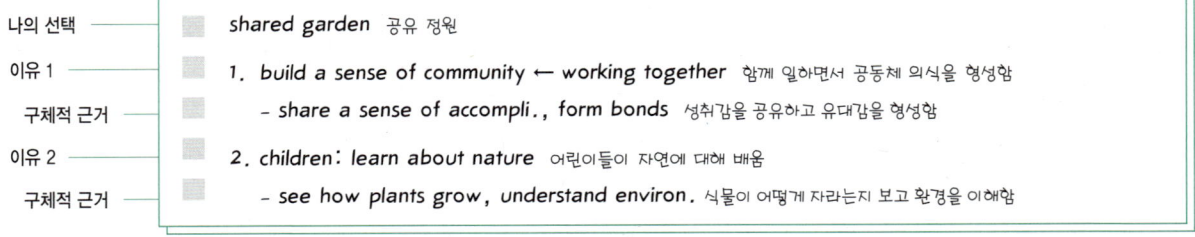

추가 제공 아웃라인 답변 아이디어를 얻는 데 참고해 보세요!

어린이 놀이터 선호

나의 선택	children's playground 어린이 놀이터
이유 1	1. children: relax & have fun 어린이들이 쉬고 즐겁게 보냄
구체적 근거	- release energy → ↓ stressed 에너지를 발산해서 스트레스를 덜 느낌
이유 2	2. families w/ children: strengthen bond 어린이가 있는 가족들이 유대를 강화함
구체적 근거	- share activities & enjoyment → spend quality time 활동과 즐거움을 공유하며 양질의 시간을 보냄

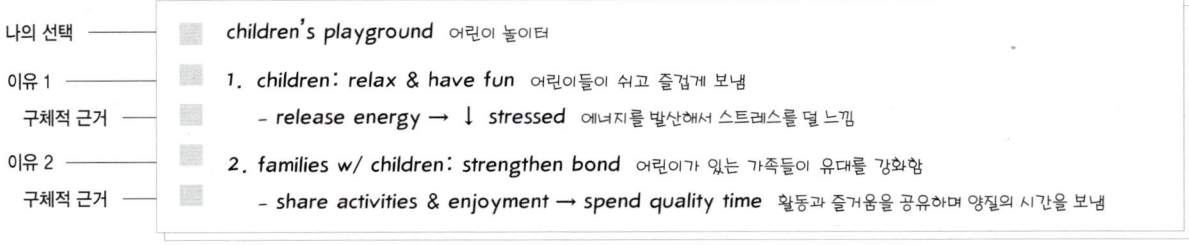

모범 답안 🎧 TEST06_R1

나의 선택 I think it is better to create a shared garden on the land.

이유 1 First, residents can build a sense of community by working together in the shared garden. **구체적 근거** For example, when they collaborate to grow crops, they share ✿ **a sense of accomplishment** and form closer bonds with one another. This will contribute to making my community safer and happier.

이유 2 Second, it gives children an opportunity to learn about nature. **구체적 근거** To be specific, children can see how plants grow and understand the environment by taking part in gardening. This will teach them responsibility towards nature.

마무리 For these reasons, I think it is better to use the land to create a shared garden.

나의 선택 나는 그 땅에 공유 정원을 만드는 것이 낫다고 생각한다.

이유 1 첫째로, 주민들은 공유 정원에서 함께 일하면서 공동체 의식을 형성할 수 있다. 구체적 근거 예를 들어, 그들이 농작물을 재배하기 위해 협력할 때 성취감을 공유하고 서로 더 긴밀한 유대감을 형성한다. 이는 나의 지역 사회를 더 안전하고 더 행복하게 만드는 데 기여할 것이다.

이유 2 둘째로, 그것은 어린이들에게 자연에 대해 배우는 기회를 준다. 구체적 근거 구체적으로, 어린이들은 정원 가꾸기에 참여함으로써 식물이 어떻게 자라는지 보고 환경을 이해할 수 있다. 이는 그들에게 자연에 대한 책임을 가르칠 수 있다.

마무리 이러한 이유로, 나는 그 땅을 사용해서 공유 정원을 만드는 것이 더 낫다고 생각한다.

어휘 및 표현
a sense of community 공동체 의식   crop[krɑːp] 농작물   take part in ~에 참여하다   responsibility[rispɑ̀ːnsəbíləti] 책임

🎧 **고득점 필수 표현**   ✿ **a sense of accomplishment** 성취감

- Winning first place in a student video contest gave me **a sense of accomplishment**.
  학생 영상 공모전에서 1위를 차지한 것은 나에게 **성취감**을 주었다.
- My grandfather felt **a sense of accomplishment** after finishing a challenging hiking trail.
  할아버지는 힘든 등산로를 완주하신 후 **성취감**을 느끼셨다.

Q2 학생 프로젝트 공모전

INTEGRATED TASK

읽기 노트 및 듣기 노트

읽기 노트

주제 — stud. engineering project contest 학생 공학 프로젝트 공모전
세부사항 —
- teams of 2 or ↑ & under faculty advisor 2명 이상 팀 이루고 학부 교수의 지도 있어야 함
- top 3 winners: cash prizes 상위 3명의 수상자는 상금을 받음

듣기 노트

화자의 의견 — M: O&X 남: 복합적
이유 1 — 1. use knowl. → solve real-world problem 지식을 이용해 현실의 문제를 해결해 봄
세부사항 —   - help find a job 일자리를 찾는 데 도움이 됨
이유 2 — 2. cash prize: X good enough 상금이 충분히 적절하지 않음
세부사항 —   - small for the effort, split among members 노력에 비해 적고 구성원들끼리 나눠야 함

모범 답안 🎧 TEST06_R2

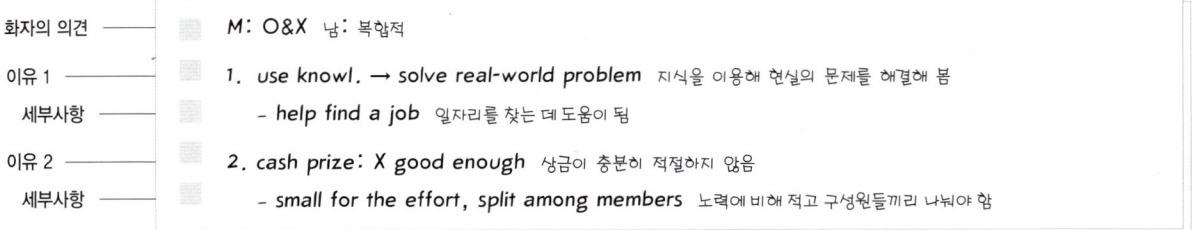

주제) **According to the reading,** the engineering department's students are invited to participate in a student project contest.

화자의 의견) **The man thinks it is a good idea but has one concern.**

이유 1) **On the one hand, he says that** joining the contest will give him a chance to use his knowledge to solve a real-world problem. 세부사항) Moreover, he thinks that this will help him find a job after graduation.

이유 2) **On the other hand, he mentions that** the cash prize is not good enough. 세부사항) To be specific, the prize money seems small considering the amount of effort to put in, and it has to be split among all group members.

마무리) **For these reasons, he is not sure if it is a great idea.**

주제 읽기 지문에 따르면, 공학부 학생들은 학생 프로젝트 공모전에 참가하도록 요청받았다.

화자의 의견 남자는 그것이 좋은 의견이라고 생각하지만 한 가지 우려가 있다.

이유 1 한편으로는, 그는 대회에 참가하는 것은 그의 지식을 이용해 현실의 문제를 해결해 보는 기회를 줄 것이라고 말한다. 세부사항 게다가, 그는 이것이 졸업 후에 그가 일자리를 찾는 데 도움이 될 것이라고 생각한다.

이유 2 반면에, 그는 상금이 충분히 적절하지 않다고 말한다. 세부사항 구체적으로, 투입할 노력의 양을 고려하면 상금은 적은 것 같고, 모든 그룹 구성원들끼리 나눠야 한다.

마무리 이러한 이유로, 그는 그것이 좋은 의견인지 확신하지 못한다.

읽기 지문 및 대화 스크립트

읽기 지문

주제
학생 공학 프로젝트 공모전

세부사항
2명 이상 팀을 이루고 학부 교수의 지도 있어야 함 / 상위 3명의 수상자는 상금을 받음

Student Engineering Project Contest

All currently enrolled undergraduate students of engineering are invited to participate in the Engineering Department's annual Student Project Contest. This year's theme is "Cooling the Planet." Working in teams of two or more under the supervision of a faculty advisor, participating students must provide innovative and engineering-focused solutions to the problem of global warming. Entries must be submitted in digital format no later than April 9. Results will be announced on May 30, and the top three winners will receive cash prizes of $1,000, $750, and $500, respectively. Please visit the department website to view the complete requirements.

학생 공학 프로젝트 공모전

현재 등록된 모든 공학 학부생들은 공학부의 연례 학생 프로젝트 공모전에 참가하도록 요청받았습니다. 올해의 주제는 '지구 식히기'입니다. 학부 교수의 지도 아래 2명 이상인 팀을 이루어 작업하면서, 참가 학생들은 지구 온난화 문제에 대해 혁신적이고 공학에 집중된 해결책을 제공해야 합니다. 참가 등록은 늦어도 4월 9일까지 디지털 형식으로 제출되어야 합니다. 결과는 5월 30일에 발표될 것이며 상위 3명의 수상자는 각각 1,000달러, 750달러, 500달러의 상금을 받을 것입니다. 전체 요구 사항을 보려면 학부 웹사이트를 방문하세요.

대화 스크립트 🎧 TEST06_Q2_Conv

화자의 의견
복합적

이유 1
지식을 이용해 현실의 문제를 해결해 볼 수 있음

세부사항
일자리를 찾는 데 도움이 됨

이유 2
상금이 충분히 적절하지 않음

세부사항
프로젝트에 들일 노력에 비해 적고 구성원들끼리 나눠야 함

W: Hey, are you planning to join the engineering department's student project contest?
M: I've been waiting all year for this event, but now that I've seen the announcement, I'm feeling a bit hesitant.
W: Oh, what makes you say that?
M: Well, it would be good to join the contest. It gives me a chance to use my knowledge to solve a real-world problem and, uh, it could even help me find a job after graduation.
W: Right. Whether you win or lose, employers will be impressed to learn that you participated in it.
M: Exactly. And in fact, um, I've already got several ideas in my head that fit the theme of this year's contest.
W: It sounds like you're really excited about the contest. I think you're all set to participate.
M: To be honest, um, I'm disappointed with the prize. I don't think a cash prize is good enough.
W: Really? A thousand dollars seems like a decent amount to me.
M: On its own, yes, but, um, I'm thinking about the amount of time I would have to spend on the project. After all is said and done, it seems like a small amount for the effort I would have to put in. Plus, the prize money has to be split among all the members of the group.
W: When you put it that way, the amount does seem too small.

여: 이봐, 공학부 학생 프로젝트 공모전에 참가할 계획이야?
남: 이번 행사를 1년 내내 기다렸는데, 공지를 보고 나니 약간 망설여지는 느낌이야.
여: 오, 왜 그렇게 생각해?
남: 글쎄, 공모전에 참가하는 건 좋을 거야. 그건 내 지식을 이용해 현실의 문제를 해결해 보는 기회를 주고, 어, 심지어 졸업 후에 일자리를 찾는 데 도움이 될 수 있어.
여: 맞아. 네가 이기든 지든, 고용주들은 네가 거기에 참가했다는 것을 알게 되어 감명받을 거야.
남: 정확해. 그리고 사실, 음, 난 이미 올해 공모전의 주제에 맞는 아이디어 몇 가지를 머릿속에 생각해 봤어.
여: 공모전에 대해 정말 신나 보여. 넌 참가할 준비가 다 된 것 같아.
남: 솔직히 말해서, 음, 난 상에 실망했어. 상금이 충분히 적절하다고 생각하지 않아.
여: 정말? 천 달러면 나한테는 상당한 금액인 것 같은데.
남: 그 자체로는 그렇지, 하지만, 음, 난 이 프로젝트에 얼마나 많은 시간을 써야 할지 생각 중이야. 이러니 저러니 해도 결국, 내가 들여야 할 노력에 대해 적은 금액처럼 보여. 게다가, 상금은 그룹의 모든 구성원들끼리 나눠야 해.
여: 네가 그렇게 말하니 그 금액이 정말 너무 적어 보이네.

VOCABULARY LIST

contest[ká:ntest] 공모전　**supervision**[sù:pərvíʒən] 지도 교수에 의한 개인 지도　**faculty**[fǽkəlti] 학부, 교직원　**innovative**[ínəvèitiv] 혁신적인
entry[éntri] 참가 등록　**respectively**[rispéktivli] 각각　**real-world** 현실의　**impress**[imprés] 감명을 주다　**decent**[dí:snt] (수입 등이) 상당한, 점잖은
after all is said and done 이러니저러니 해도 결국

Q3 제품 포지셔닝 — INTEGRATED TASK

읽기 노트 및 듣기 노트

읽기 노트

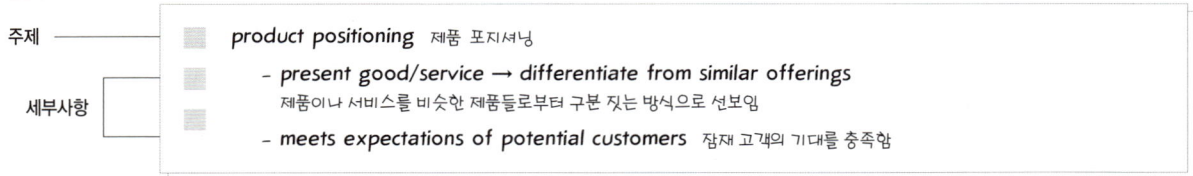

듣기 노트

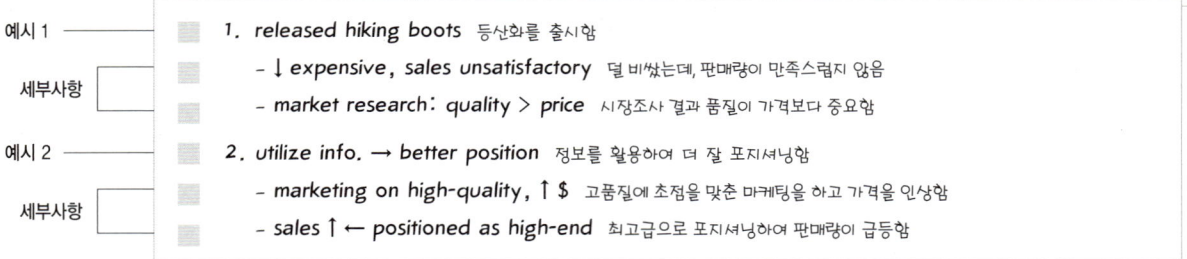

모범 답안 🎧 TEST06_R3

주제 **According to the reading,** product positioning is a sales strategy that involves presenting a good or service in a way that differentiates it from those of other companies. **The professor uses his friend's experience to explain** product positioning.

예시 1 **First, he explains** that his friend's company released a new line of hiking boots. **세부사항** They were inexpensive, but the sales were unsatisfactory. Market research revealed that customers cared more about quality than price.

예시 2 **Second, he explains** that his friend utilized this information in order to better position her product. **세부사항** She developed a marketing campaign that focused on the high-quality materials and raised the boots' price. Sales increased significantly because the boots had been positioned as a high-end product.

마무리 **This example demonstrates** product positioning.

주제 읽기 지문에 따르면, 제품 포지셔닝은 제품이나 서비스를 다른 회사의 것들로부터 구분 짓는 방식으로 선보이는 것을 수반하는 판매전략이다. 교수는 친구의 경험을 들어 제품 포지셔닝을 설명한다.

예시 1 첫째로, 그는 친구의 회사가 새로운 등산화 제품을 출시했다고 설명한다. 세부사항 그 제품들은 비싸지 않았지만, 판매량이 만족스럽지 않았다. 시장조사는 고객들이 가격보다 품질에 더 관심을 갖는다는 것을 드러냈다.

예시 2 둘째로, 그는 친구가 그녀의 제품을 더 잘 포지셔닝하기 위해 이 정보를 활용했다고 설명한다. 세부사항 그녀는 고품질 재료에 초점을 맞춘 마케팅 캠페인을 개발했고, 등산화의 가격을 인상했다. 등산화가 최고급 제품으로 포지셔닝되었기 때문에, 판매량은 현저하게 증가했다.

마무리 이러한 예는 제품 포지셔닝을 보여준다.

읽기 지문 및 강의 스크립트

읽기 지문

주제
제품 포지셔닝

세부사항
제품이나 서비스를 비슷한 제품들로부터 구분 짓는 방식으로 선보임 / 잠재 고객의 기대를 충족함

Product Positioning

A number of marketing strategies are used by companies to ensure sufficient sales of new products. One of the most effective is product positioning, which involves presenting a good or service in such a way that consumers can easily differentiate it from similar offerings by other companies. The key is that what distinguishes the product must be something that meets the expectations of potential customers. For example, if ownership of a certain good is viewed as an indicator of social status, then a company may want to position its product as a luxury model relative to other brands on the market.

제품 포지셔닝

새로운 제품의 충분한 판매를 보장하기 위해 많은 마케팅 전략이 기업들에 의해 사용된다. 가장 효과적인 것 중 한 가지는 제품 포지셔닝인데, 이는 제품이나 서비스를 소비자가 다른 회사의 비슷한 제품들로부터 쉽게 구분 지을 수 있는 방식으로 선보이는 것을 수반한다. 핵심은 그 제품을 특징짓는 것이 잠재 고객의 기대를 충족하는 무언가여야 한다는 것이다. 예를 들어, 만약 특정 제품을 소유하는 것이 사회적 지위의 지표로 여겨진다면, 회사는 그 제품을 시장의 다른 브랜드들에 비해 고급스러운 모델로 포지셔닝하길 원할 것이다.

강의 스크립트 🎧 TEST06_Q3_Lec

예시 1
등산화를 출시함

세부사항
덜 비싸서 인기 있을 것이라 생각했는데 그렇지 않음 / 시장조사 결과, 품질이 가격보다 중요함

We've been talking about the importance of product positioning. Let's take a look at a specific example of this concept in action. Um, one of my close friends owns a company that produces and sells hiking equipment. Last year it released a new brand of hiking boots . . . Um, my friend thought it would be popular because it was much less expensive than similar products sold by her competitors. The thing is . . . well, let's just say that the initial test-market sales were unsatisfactory. So she decided to do some additional market research. It turned out that quality was much more important to consumers than price. People wanted boots that would survive the rigors of hikes over rough terrain, and they were more than willing to pay for them.

우리는 제품 포지셔닝의 중요성에 대해 이야기하고 있습니다. 이 개념이 작용하는 구체적인 예를 살펴봅시다. 음, 제 친한 친구 중 한 명은 등산 장비를 생산해 판매하는 회사를 소유하고 있습니다. 작년에 그 회사는 새로운 브랜드의 등산화를 출시했습니다... 음, 제 친구는 이 제품이 경쟁업체들에 의해 판매되는 비슷한 제품들보다 훨씬 덜 비싸기 때문에 인기가 있을 것이라고 생각했죠. 문제는... 음, 그냥 초기 시험 판매량이 만족스럽지 않았다고 말해두죠. 그래서 그녀는 추가적인 시장조사를 좀 하기로 결심했어요. 소비자들에게는 품질이 가격보다 훨씬 더 중요하다는 것이 드러났죠. 사람들은 거친 지형을 넘나드는 등산의 어려움을 견뎌낼 등산화를 원했고, 그런 등산화에 돈을 쓸 충분한 용의가 있었던 것입니다.

예시 2
정보를 활용하여 더 잘 포지셔닝함

세부사항
고품질에 초점을 맞춘 마케팅을 하고 가격을 인상함 / 최고급 제품으로 포지셔닝하여 판매량이 급등함

So how did my friend respond to what she learned? Well, she utilized this information in order to better position her product. The first thing she did was develop a marketing campaign that focused on the high-quality materials of her new brand. Rather than sending the message that the product was cheap, the campaign focused on its superiority over other products in terms of sturdiness. Another step she took . . . and this may surprise you . . . was to raise the price to be a little bit more expensive than other high-quality brands on the market. The end result? Sales skyrocketed . . . She had successfully positioned her brand as a high-end product, which matched with what her customer base was looking for in a pair of hiking boots.

그래서 제 친구는 그녀가 알게 된 것에 어떻게 대응했을까요? 음, 그녀는 그녀의 제품을 더 잘 포지셔닝하는 데 이 정보를 활용했습니다. 그녀가 첫 번째로 한 일은 새 브랜드의 고품질 재료에 초점을 맞춘 마케팅 캠페인을 개발하는 것이었습니다. 캠페인은 이 제품이 저렴하다는 메시지를 보내기 보다는, 내구성 측면에서 다른 제품들을 능가하는 그 제품의 우월성에 초점을 맞췄습니다. 그녀가 취한 또 다른 조치는... 이것은 여러분을 놀라게 할 텐데요... 시장의 다른 고품질 브랜드들보다 약간 더 비싸게 가격을 인상하는 것이었습니다. 최종 결과요? 판매량이 급증했습니다... 제 친구는 그녀의 브랜드를 최고급 제품으로 성공적으로 포지셔닝했고, 이것은 그녀의 고객층이 등산화 한 켤레에 기대했던 것과 맞아 떨어진 것입니다.

VOCABULARY LIST

differentiate[dìfərénʃièit] 구분 짓다　**distinguish**[distíŋgwiʃ] 특징짓다　**indicator**[índikèitər] 지표　**unsatisfactory**[ʌ̀nsætisfǽktəri] 만족스럽지 않은
rigor[rígər] 어려움, 고됨　**terrain**[təréin] 지형, 지역　**more than willing to** ~할 충분한 용의가 있는　**superiority**[səpìərió:rəti] 우월성
sturdiness[stə́:rdinəs] 내구성　**skyrocket**[skáirὰkit] 급등하다　**high-end**[hàiénd] 최고급인

Q4 이산화탄소를 줄이는 방법

INTEGRATED TASK

듣기 노트

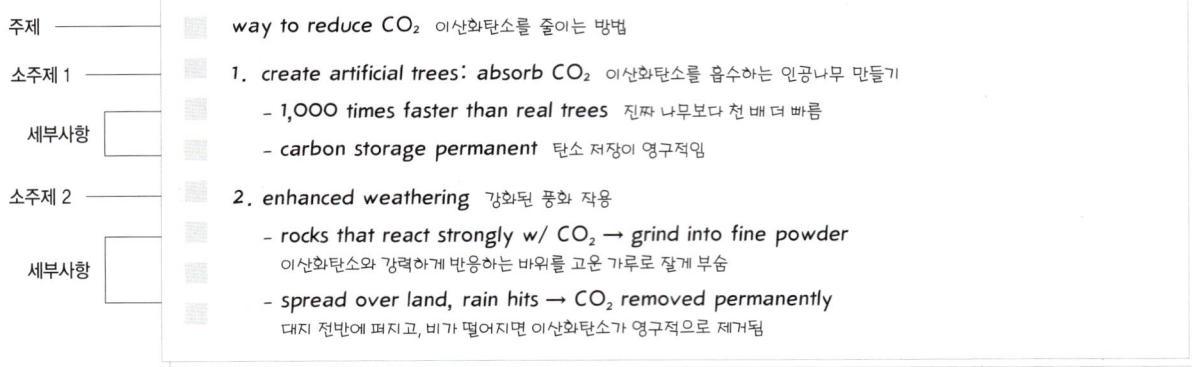

way to reduce CO_2 이산화탄소를 줄이는 방법
1. create artificial trees: absorb CO_2 이산화탄소를 흡수하는 인공나무 만들기
   - 1,000 times faster than real trees 진짜 나무보다 천 배 더 빠름
   - carbon storage permanent 탄소 저장이 영구적임
2. enhanced weathering 강화된 풍화 작용
   - rocks that react strongly w/ CO_2 → grind into fine powder
     이산화탄소와 강력하게 반응하는 바위를 고운 가루로 잘게 부숨
   - spread over land, rain hits → CO_2 removed permanently
     대지 전반에 퍼지고, 비가 떨어지면 이산화탄소가 영구적으로 제거됨

모범 답안 🎧 TEST06_R4

(주제) **The professor explains** ways to reduce atmospheric CO_2 **by giving two examples**.

(소주제1) **First, she describes** creating artificial trees that absorb CO_2. (세부사항) The artificial trees remove CO_2 from the air a thousand times faster than real trees. In addition, unlike real trees, the carbon storage with artificial trees is permanent.

(소주제2) **Second, she describes** enhanced weathering. (세부사항) Scientists take rocks that react strongly with CO_2 and grind them into a fine powder. The powder is then spread out over the land, and when rain hits it, a lot of CO_2 is permanently removed from the atmosphere.

(마무리) **These examples demonstrate** how to reduce CO_2 in the atmosphere.

주제 교수는 두 가지 예를 들어 대기의 이산화탄소를 줄이는 방법을 설명한다.
소주제1 첫째로, 그녀는 이산화탄소를 흡수하는 인공나무를 만드는 것을 설명한다. 세부사항 그 인공나무는 진짜 나무보다 천 배 더 빨리 공기로부터 이산화탄소를 제거한다. 게다가, 진짜 나무와는 달리, 인공나무를 이용한 탄소 저장은 영구적이다.
소주제2 둘째로, 그녀는 강화된 풍화 작용을 설명한다. 세부사항 과학자들은 이산화탄소와 강력하게 반응하는 바위를 골라서 고운 가루로 잘게 부순다. 그다음 이 가루는 대지 전반에 퍼지고, 비가 거기에 떨어지면 많은 이산화탄소가 대기로부터 영구적으로 제거된다.
마무리 이러한 예는 대기의 이산화탄소를 줄이는 방법을 보여준다.

강의 스크립트

강의 스크립트 🎧 TEST06_Q4_Lec

주제
이산화탄소를 줄이는 방법

So, the level of CO_2 in the atmosphere has been rising steadily for decades. And because of the alarming effect this is having on the Earth's climate, it's imperative that we find a way to reduce the amount of atmospheric CO_2. Fortunately, there are a couple of promising methods that can be used to accomplish this goal.

소주제 1
이산화탄소를 흡수하는 인공 나무 만들기

세부사항
진짜 나무보다 천 배 더 빨리 흡수함 / 탄소 저장이 영구적임

One possibility is to create artificial trees that absorb CO_2. Here's how it works. A special type of plastic is made with a chemical compound that, uh, reacts with CO_2. And the result is that the plastic is basically able to pull CO_2 out of the air. Now, you might ask, why not just plant natural trees instead? Well, one advantage of using the plastic to build artificial trees is that they absorb CO_2, um, a thousand times faster than real ones. Another plus is that the carbon storage is permanent. As you might know, when real trees die and rot, carbon is released back into the atmosphere. But, obviously, this isn't an issue with plastic trees.

소주제 2
강화된 풍화 작용

세부사항
이산화탄소와 강력하게 반응하는 바위를 고운 가루로 잘게 부숨 / 거기에 비가 떨어지면 이산화탄소가 영구적으로 제거됨

Another method is called enhanced weathering. To give you some background, uh, when rain strikes rocks on the ground, a chemical reaction occurs whereby the rocks absorb CO_2 from the air. This process is called weathering, and when it occurs naturally, it takes a very long time to absorb large amounts of CO_2. Fortunately, scientists have devised a way to enhance the process so that CO_2 levels can be lowered much more quickly. First, they dig up rocks, such as olivine, that react very strongly with CO_2. They then grind these rocks into a fine powder in order to maximize surface area . . . this speeds up the reaction. The powder is spread out over the land, and when rain hits it, a large amount of CO_2 is removed from the atmosphere. Best of all, the CO_2 can be stored in the dust permanently.

자 대기 중 이산화탄소의 수준이 수십 년간 꾸준히 증가해왔습니다. 그리고 이것이 지구의 기후에 미치고 있는 경종을 울리는 영향 때문에, 우리가 대기의 이산화탄소 양을 줄일 방법을 찾는 것이 필수적입니다. 다행스럽게도, 이 목표를 달성하기 위해 사용될 수 있는 몇 가지 유망한 방법들이 있습니다.

하나의 가능성은 이산화탄소를 흡수하는 인공나무를 만드는 것입니다. 이것이 어떻게 가능한지 보세요. 특별한 종류의 플라스틱이, 어, 이산화탄소와 반응하는 화합물로 만들어집니다. 그리고 그 결과는 그 플라스틱이 근본적으로 공기로부터 이산화탄소를 추출할 수 있게 되는 것입니다. 이제, 여러분은 왜 그냥 자연 그대로의 나무를 대신 심지 않냐고 물을지도 모르겠네요. 음, 이 플라스틱을 사용해 인공나무를 만드는 것의 장점 한 가지는, 그것들이 진짜 나무보다 이산화탄소를, 음, 천 배 더 빨리 흡수한다는 것입니다. 다른 이점은 탄소 저장이 영구적이라는 것이죠. 여러분이 알고 있듯이, 진짜 나무가 죽어 부패할 때, 탄소는 대기 중으로 다시 방출됩니다. 하지만 플라스틱 나무를 이용하면 이것은 분명히 문제가 아니죠.

또 다른 방법은 강화된 풍화 작용이라 불립니다. 배경을 조금 소개하자면, 어, 비가 땅에 있는 바위에 떨어지면, 그것에 의해 바위가 공기로부터 이산화탄소를 흡수하는 화학 반응이 일어납니다. 이 과정은 풍화 작용이라고 불리는데, 그것이 자연적으로 발생하면 많은 양의 이산화탄소를 흡수하는 데 아주 긴 시간이 걸립니다. 다행히, 과학자들은 이산화탄소의 수준이 훨씬 더 빨리 낮아질 수 있도록 이 과정을 강화하는 방법을 고안해냈습니다. 우선, 그들은 감람석과 같이 이산화탄소와 매우 강력하게 반응하는 바위들을 캐냅니다. 그다음, 그들은 표면적을 극대화하기 위해 이 바위들을 고운 가루가 되도록 잘게 부숩니다... 이는 반응의 속도를 높이죠. 그 가루는 대지 전반에 퍼지고, 비가 거기에 떨어지면 많은 양의 이산화탄소가 대기로부터 제거됩니다. 무엇보다도, 이산화탄소가 그 가루에 영구적으로 저장될 수 있습니다.

VOCABULARY LIST

alarming[əláːrmiŋ] 경종을 울리는, 놀라운　**imperative**[impérətiv] 필수적인　**atmospheric**[ætməsférik] 대기의　**promising**[prámisiŋ] 유망한
artificial[àːrtəfíʃəl] 인공의　**absorb**[æbsɔ́ːrb] 흡수하다　**chemical compound** 화합물　**pull out** 추출하다　**carbon**[káːrbən] 탄소
storage[stɔ́ːridʒ] 저장, 저장소　**permanent**[pɔ́ːrmənənt] 영구적인　**rot**[rɑt] 부패하다　**release**[rilíːs] 방출하다　**weathering**[wéðəriŋ] 풍화 작용
strike[straik] 떨어지다　**whereby**[hwɛərbái] (그것에 의하여) ~하는　**dig up** 캐내다　**olivine**[áləvìːn] 감람석　**grind**[graind] (돌 등을) 잘게 부수다, 갈다
fine[fain] (알이) 고운　**maximize**[mæksəmàiz] 극대화하다　**speed up** 속도를 높이다　**dust**[dʌst] 가루

SELF-EVALUATION LIST TEST 06

앞서 학습한 내용을 바탕으로 자신의 답안에 대해 다음 사항을 점검하고 앞으로 개선해야 할 점을 확인해 보세요.

Q1

1. 문제에서 요구하는 정보를 모두 말하였다. (나의 선택, 이유 및 구체적 근거) ☐ Yes ☐ No
2. 이유 및 구체적 근거를 들어 나의 선택을 논리적으로 뒷받침하였다. ☐ Yes ☐ No
3. 다양한 어휘 및 표현, 문장 구조를 사용하여 말하였다. ☐ Yes ☐ No
4. 올바른 발음, 강세 및 억양으로 말하였다. ☐ Yes ☐ No

Q2

1. 문제에서 요구하는 정보를 모두 말하였다. (읽기 지문의 주제, 대화 속 화자의 의견 및 이유) ☐ Yes ☐ No
2. 문제에서 요구하는 정보를 읽기 지문 및 대화의 내용에 근거해 정확하게 말하였다. ☐ Yes ☐ No
3. 다양한 어휘 및 표현, 문장 구조를 사용하여 말하였다. ☐ Yes ☐ No
4. 올바른 발음, 강세 및 억양으로 말하였다. ☐ Yes ☐ No

Q3

1. 문제에서 요구하는 정보를 모두 말하였다. (읽기 지문의 주제, 강의의 예시) ☐ Yes ☐ No
2. 문제에서 요구하는 정보를 읽기 지문 및 강의의 내용에 근거해 정확하게 말하였다. ☐ Yes ☐ No
3. 다양한 어휘 및 표현, 문장 구조를 사용하여 말하였다. ☐ Yes ☐ No
4. 올바른 발음, 강세 및 억양으로 말하였다. ☐ Yes ☐ No

Q4

1. 문제에서 요구하는 정보를 모두 말하였다. (강의의 주제, 소주제 및 세부사항) ☐ Yes ☐ No
2. 문제에서 요구하는 정보를 강의의 내용에 근거해 정확하게 말하였다. ☐ Yes ☐ No
3. 다양한 어휘 및 표현, 문장 구조를 사용하여 말하였다. ☐ Yes ☐ No
4. 올바른 발음, 강세 및 억양으로 말하였다. ☐ Yes ☐ No

HACKERS TOEFL ACTUAL TEST SPEAKING

TEST 07

INDEPENDENT TASK
Q1 모범 답안 · 해석

INTEGRATED TASK
Q2 모범 답안 · 지문 · 해석
Q3 모범 답안 · 지문 · 해석
Q4 모범 답안 · 지문 · 해석

SELF-EVALUATION LIST

무료 음원 바로 듣기

Q1 아침에 공부 vs. 밤에 공부

INDEPENDENT TASK

QUESTION Some students prefer to study in the morning. Others prefer to study at night. Which method of studying do you prefer and why?
어떤 학생들은 아침에 공부하는 것을 선호합니다. 다른 학생들은 밤에 공부하는 것을 선호합니다. 당신은 어떤 공부 방식을 선호하고, 그 이유는 무엇입니까?

아웃라인

아침에 공부 선호

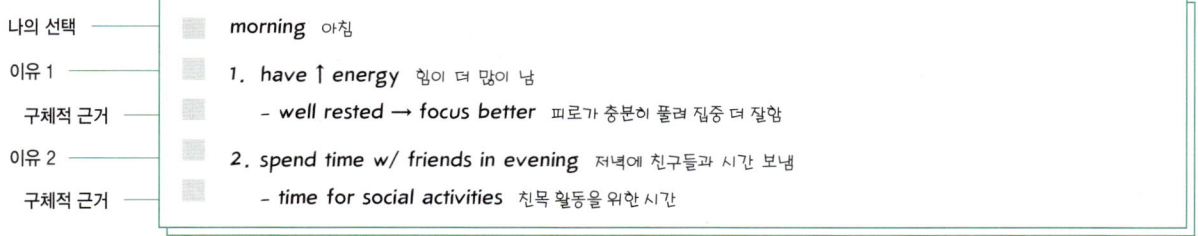

- 나의 선택: morning 아침
- 이유 1: 1. have ↑ energy 힘이 더 많이 남
- 구체적 근거: - well rested → focus better 피로가 충분히 풀려 집중 더 잘함
- 이유 2: 2. spend time w/ friends in evening 저녁에 친구들과 시간 보냄
- 구체적 근거: - time for social activities 친목 활동을 위한 시간

[추가 제공 아웃라인] 답변아이디어를 얻는 데 참고해 보세요!

밤에 공부 선호

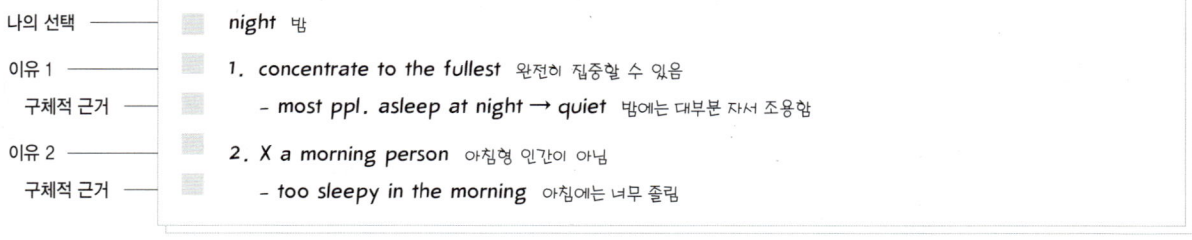

- 나의 선택: night 밤
- 이유 1: 1. concentrate to the fullest 완전히 집중할 수 있음
- 구체적 근거: - most ppl. asleep at night → quiet 밤에는 대부분 자서 조용함
- 이유 2: 2. X a morning person 아침형 인간이 아님
- 구체적 근거: - too sleepy in the morning 아침에는 너무 졸림

모범 답안 🎧 TEST07_R1

나의 선택 I **prefer** to study in the morning.

이유 1 **First,** I have more energy in the morning. **구체적 근거** **To be specific,** I am well rested after getting a good night's sleep and can focus better in the morning. If I study at night, I might be too ✿**worn out** to concentrate.

이유 2 **Second,** by getting my studying done beforehand, I can spend time with friends in the evening. **구체적 근거** **Specifically,** since my friends usually get together in the evening, I will be able to dedicate that time for social activities.

마무리 **For these reasons,** studying in the morning makes more sense to me.

나의 선택 나는 아침에 공부하는 것을 선호한다.

이유 1 첫째로, 나는 아침에 힘이 더 많이 난다. 구체적 근거 구체적으로, 숙면을 취한 후 피로가 충분히 풀려 아침에 집중을 더 잘 할 수 있다. 만약 밤에 공부한다면, 나는 너무 피곤해서 집중할 수 없을지도 모른다.

이유 2 둘째로, 공부를 미리 끝냄으로써, 나는 저녁에 친구들과 시간을 보낼 수 있다. 구체적 근거 구체적으로, 내 친구들은 주로 저녁에 모이므로, 나는 그 시간을 모두 친목 활동에 쓸 수 있을 것이다.

마무리 이러한 이유로, 아침에 공부하는 것이 나에게 더 적합하다.

어휘 및 표현
get a good night's sleep 숙면을 취하다   beforehand[bifɔ́ːrhænd] 미리, 사전에   get together 모이다, 만나다
dedicate[dédikèit] 모두 쓰다, 바치다

🎧 **고득점 필수 표현**   ✿ **worn out** 피곤한

- We went dancing last night, so we feel **worn out** today. 우리는 어젯밤에 춤을 추러 갔었기 때문에, 오늘은 **피곤하다**.
- It's best to take regular breaks while studying so you don't get **worn out**.
  공부하는 동안에는 **피곤해지지** 않도록 규칙적인 휴식을 취하는 것이 가장 좋다.

Q2 허물어야 할 낡은 강당

INTEGRATED TASK

읽기 노트 및 듣기 노트

읽기 노트

주제 — tear down old auditorium 낡은 강당을 허물어야 함
세부사항
- old-fashioned, clashes w/ other build. 구식이며, 다른 건물과 어울리지 않음
- old → requires expensive repairs 낡아서 돈이 많이 드는 수리 작업을 필요로 함

듣기 노트

화자의 의견 — M: X 남: 반대
이유 1 — 1. ↑ historical value 엄청난 역사적 가치 지님
세부사항 — one of 1st structures → reminder of past 첫 건축물 중 하나로, 과거의 기념물임
이유 2 — 2. tearing down X save $ 허무는 것이 돈을 절약해주지 않음
세부사항 — demolishing & building new: expensive, even new need repairs
철거하고 새것 짓는 데 돈이 많이 들고, 새것조차도 수리 작업은 필요함

모범 답안 🎧 TEST07_R2

주제 According to the reading, the university should tear down the old auditorium.

화자의 의견 The man does not think it is a good idea for two reasons.

이유 1 First, he says that the auditorium has a lot of historical value. **세부사항** To be specific, it was one of the first buildings on campus. This means that the auditorium is a reminder of the university's past.

이유 2 Second, he mentions that getting rid of the auditorium will not save any money. **세부사항** This is because demolishing the auditorium and building a new one are going to be very expensive. Also, even new buildings need occasional repairs.

마무리 For these reasons, he believes it is not a great idea.

주제 읽기 지문에 따르면, 대학은 낡은 강당을 허물어야 한다.
화자의 의견 남자는 두 가지 이유로 그것이 좋은 의견이 아니라고 생각한다.
이유 1 첫째로, 그는 그 강당이 엄청난 역사적 가치를 지닌다고 말한다. 세부사항 구체적으로, 그것은 학교의 첫 건축물 중 하나였다. 이는 강당이 대학의 과거의 기념물이라는 뜻이다.
이유 2 둘째로, 그는 강당을 없애는 것이 조금의 돈도 절약해주지 않을 것이라고 말한다. 세부사항 이는 그 강당을 철거하고 새것을 짓는 데는 돈이 매우 많이 들 것이기 때문이다. 또한, 새 건물들조차도 가끔 수리 작업은 필요하다.
마무리 이러한 이유로, 그는 그것이 좋은 의견이 아니라고 생각한다.

읽기 지문 및 대화 스크립트

읽기 지문

주제
낡은 강당을 허물어야 함

세부사항
구식이며 다른 건물들과 어울리지 않음 / 낡아서 돈이 많이 드는 수리 작업을 필요로 함

Dear Editor,

I am writing to urge the university to tear down the old auditorium on campus. Anyone can see that the building's design is very old-fashioned and clashes with the architectural styles of other university buildings. In short, the auditorium is an eyesore, and getting rid of it would do much to make the campus a more beautiful place. Moreover, since the auditorium is very old, it frequently requires expensive repairs. Thus, the university would save a significant amount of money by demolishing it.

Jillian Radford

편집장님께,

저는 대학이 교내에 있는 낡은 강당을 허물도록 촉구하기 위해 이 편지를 씁니다. 누구라도 그 건물의 디자인은 매우 구식이며, 대학의 다른 건물들의 건축 양식과 어울리지 않는다는 것을 알 수 있습니다. 요컨대, 그 강당은 눈엣가시이며, 그것을 없애는 것은 교정을 더욱 아름다운 장소로 만드는 데 큰 역할을 할 것입니다. 더욱이, 그 강당은 매우 낡았기 때문에, 돈이 많이 드는 수리 작업을 자주 필요로 합니다. 따라서 대학은 강당을 철거함으로써 상당한 양의 돈을 절약할 것입니다.

Jillian Radford 드림

대화 스크립트 🎧 TEST07_Q2_Conv

화자의 의견
반대

이유 1
엄청난 역사적 가치를 지님

세부사항
교정에 건립된 첫 건축물 중 하나로, 과거의 기념물임

이유 2
강당을 허무는 것이 돈을 절약해주지 않음

세부사항
철거하고 새 강당을 짓는 데 돈이 많이 들고, 새 건물들조차도 수리 작업은 필요함

W: What do you think about this letter?
M: To be honest, I'm completely opposed to the idea.
W: Really? Why?
M: Because the auditorium's got a lot of historical value. I mean, sure, it looks pretty different from other campus buildings, but that's because it comes from a much earlier era. Did you know that it was actually one of the first structures built on campus . . . more than 100 years ago? In fact, the university's very first graduation ceremony was held there.
W: I had no idea.
M: It's true. Most of the original campus buildings are gone, sadly. The auditorium is one of the very few that remain . . . Think of it like an architectural reminder of our university's past. So we shouldn't tear it down just because of its unique appearance.
W: You make a good point.
M: And it's not like tearing down the auditorium is going to save any money, anyway. Demolishing a huge building like that isn't exactly cheap. Plus, once the structure's gone, we're going to need to replace it. And building a new auditorium is going to be an extremely expensive project.
W: You know, the new sports center that went up last year cost almost two million dollars. I could easily see a new auditorium being even pricier than that.
M: Sure. And of course, once it's finished, you're still going to have to pay for occasional maintenance. After all, even new buildings need repairs now and then.

여: 이 편지에 대해 어떻게 생각해?
남: 솔직히, 나는 그 의견에 완전히 반대해.
여: 정말? 왜?
남: 그 강당은 엄청난 역사적 가치를 지녔으니까. 내 말은, 물론, 그것은 학교의 다른 건물들과는 많이 달라 보이지만, 그건 그 강당이 훨씬 이전 시대에 지어졌기 때문이야. 넌 그것이 실제로 교정에 처음으로 건립된... 100년 이상 된 건축물 중 하나라는 것을 알고 있었니? 사실, 이 대학의 맨 첫 번째 졸업식이 거기에서 열렸어.
여: 난 전혀 몰랐어.
남: 사실이야. 슬프게도, 본래 학교 건물들 대부분은 없어졌지. 그 강당은 남아있는 몇 안 되는 건물 중 하나야... 그것을 우리 대학의 과거의 건축 기념물로 생각해봐. 그러면 단지 독특한 외관 때문에 그것을 허물어서는 안 되지.
여: 일리가 있네.
남: 그리고 어쨌든 그 강당을 허무는 것이 돈을 조금이라도 절약해주는 것은 아니야. 그것처럼 큰 건물을 철거하는 것이 저렴하지만은 않아. 게다가, 그 건축물이 없어지면, 우리는 그것을 대체할 필요가 있겠지. 그리고 새 강당을 짓는 것은 굉장히 돈이 많이 드는 사업이 될 거야.
여: 그, 작년에 들어선 새 체육관에 거의 2백만 달러의 비용이 들었잖아. 새 강당은 심지어 그것보다 더 비쌀 것이 뻔히 그려진다.
남: 맞아. 그리고 물론, 일단 그것이 완성되면, 가끔 보수에도 비용을 들여야 할 거야. 결국 새 건물들조차도 간혹 수리 작업은 필요하잖아.

VOCABULARY LIST

urge[əːrdʒ] 촉구하다   **tear down** 허물다   **old-fashioned**[óuldfǽʃənd] 구식의   **clash with** ~와 어울리지 않다   **eyesore**[áisɔːr] 눈엣가시
demolish[dimáliʃ] 철거하다   **era**[íərə] 시대   **architectural**[à:rkətéktʃərəl] 건축의   **reminder**[rimáindər] 기념물   **go up** (건물 등이) 들어서다
occasional[əkéiʒənəl] 가끔의   **now and then** 간혹, 이따금

Q3 장소법

INTEGRATED TASK

읽기 노트 및 듣기 노트

읽기 노트

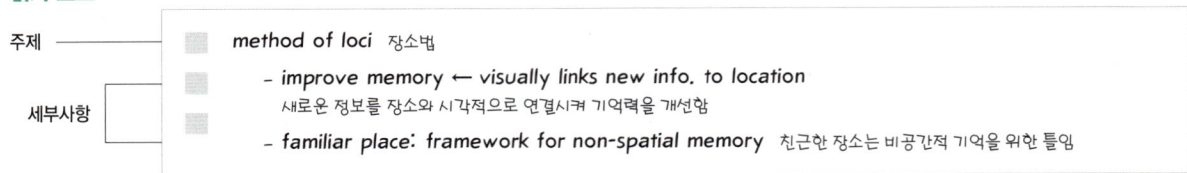

듣기 노트

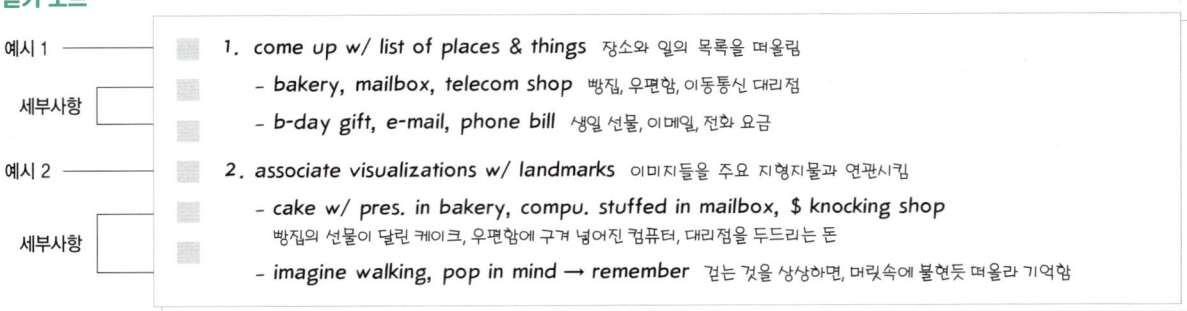

모범 답안 🎧 TEST07_R3

주제 ⓟ주제 **According to the reading,** the method of loci is a way to improve memory by visually linking new information to familiar locations. **The professor uses an example to explain** the method of loci.

예시 1 ⓟ예시 1 **First, she explains** how to come up with a list of familiar places and things to remember. ⓟ세부사항 On the way to work each morning, she passes a bakery, mailbox, and telecom shop. Also, she needs to buy a friend's birthday gift, send her boss an e-mail, and pay her phone bill.

예시 2 ⓟ예시 2 **Second, she explains** how to associate visualizations with the landmarks. ⓟ세부사항 To be specific, she would imagine a cake decorated with a gift in the bakery, her computer stuffed into the mailbox, and money knocking on the telecom shop. When she imagines walking to work, these images will pop in her mind, so she will remember what to do.

마무리 ⓟ마무리 **This example demonstrates** how the method of loci boosts memory.

주제 읽기 지문에 따르면, 장소법은 새로운 정보를 친근한 장소와 시각적으로 연결시켜 기억력을 개선하는 방법이다. 교수는 한 가지 예를 들어 장소법을 설명한다.
예시 1 첫째로, 그녀는 친근한 장소와 기억할 일들의 목록을 떠올리는 것을 설명한다. 세부사항 그녀는 매일 아침 일하러 가는 길에 빵집, 우편함, 그리고 이동통신 대리점을 지난다. 또한, 그녀는 친구의 생일 선물을 사야 하고, 상사에게 이메일을 보내야 하며, 전화 요금을 내야 한다.
예시 2 둘째로, 그녀는 어떻게 이미지들을 주요 지형지물과 연관시키는지를 설명한다. 세부사항 구체적으로, 그녀는 빵집의 선물로 장식된 케이크, 우편함에 구겨 넣어진 그녀의 컴퓨터, 그리고 이동통신 대리점을 두드리는 돈을 상상할 것이다. 그녀가 회사로 걸어가는 것을 상상하면, 이 이미지들이 그녀의 머릿속에 불현듯 떠오를 것이고, 그녀는 할 일을 기억할 것이다.
마무리 이러한 예는 장소법이 어떻게 기억력을 향상시키는지 보여준다.

읽기 지문 및 강의 스크립트

읽기 지문

주제
장소법

세부사항
새로운 정보를 장소와 시각적으로 연결시켜 기억력을 개선하는 방법

Method of Loci

Many people have trouble memorizing information. However, there are ways to improve one's memory. One is the method of loci, a mental system that visually links new information to a location. This form of memorization is effective because it utilizes the spatial memory, which contains information about the physical environment. A familiar place can serve as a framework for the storage of non-spatial memories because it is firmly established in the mind. To recall a piece of data, all a person has to do is visualize the object or landmark it has been associated with.

장소법

많은 사람이 정보를 암기하는 데 어려움을 겪는다. 그러나 기억력을 개선하는 방법들은 존재한다. 한 가지가 장소법인데, 이는 새로운 정보를 한 장소와 시각적으로 연결시키는 관념 체계이다. 이 암기 방식은 물리적 환경에 대한 정보를 담고 있는 공간 기억을 활용하기 때문에 효과적이다. 친근한 장소는 비공간적 기억의 저장을 위한 틀의 역할을 할 수 있는데, 이는 그 장소가 기억 속에 단단히 자리 잡고 있기 때문이다. 하나의 정보를 기억해내기 위해서 개인이 해야 할 일의 전부는 그 정보와 연관된 사물이나 주요 지형지물을 시각화하는 것뿐이다.

강의 스크립트 🎧 TEST07_Q3_Lec

예시 1
장소와 일의 목록을 떠올림

세부사항
빵집, 우편함, 이동통신 대리점 / 생일 선물, 이메일, 전화 요금

Let's look at an example to illustrate the method of loci. The first thing to do is, um, come up with a list of familiar places as well as a list of things I want to remember. Now, I walk from my home to my office every morning, so I know the route really well. I'm going to focus on three distinct places I pass on the way . . . a huge bakery, a bright red mailbox, and a telecom shop. Then for the things to remember . . . I've got lots of things on my to-do list, but let's just take three examples. I need to buy my friend a birthday gift, send my boss an e-mail about an important project, and pay my cell phone bill.

장소법을 설명하기 위해 한 가지 예를 살펴봅시다. 첫 번째 할 일은, 음, 제가 기억하길 원하는 일의 목록과 더불어 친근한 장소의 목록을 떠올리는 것입니다. 자, 저는 매일 아침 집에서 사무실까지 걸어가기 때문에, 그 길을 매우 잘 알죠. 제가 가는 길에 지나는 세 가지 다른 장소에 초점을 맞춰 볼게요. 대형 빵집, 밝은 빨간색 우편함, 그리고 이동통신 대리점입니다. 그리고 기억할 일들로는... 제 할 일 목록에는 많은 일이 있지만, 세 가지만 예로 들어봅시다. 전 친구의 생일 선물을 사야 하고, 상사에게 중요한 프로젝트에 관한 이메일을 보내야 하고, 또 휴대전화 요금을 내야 합니다.

예시 2
이미지들을 주요 지형지물과 연관시킴

세부사항
걷는 것을 상상하면 머릿속에 불현듯 떠올라 할 일을 기억함

All right, the next step is to make a mental picture of each thing I have to do . . . and then associate those visualizations with the landmarks on my commute. For my friend's birthday gift, I'll imagine a birthday cake with a giant wrapped present on top as a decoration. In my mind, I'll place that cake in the bakery window. After that, I have to e-mail my boss. How should I visualize that? Let's see . . . what about my whole computer stuffed into the big red mailbox? Finally, my cell phone bill. I'm going to picture a human-sized stack of money knocking on the door of the telecom shop, saying that it's the payment for my bill. Now, when it's time to remember these tasks, I just have to imagine walking from home to work. As I pass each familiar place, these images will, you know, pop in my mind, so I'll remember what I need to do.

좋아요. 다음 단계는 제가 해야 하는 각각의 일의 관념적 그림을 그리는 것입니다... 그다음, 그 이미지들을 제 통근 길에 있는 주요 지형지물과 연관시키는 것이죠. 제 친구의 생일 선물을 위해서는, 아주 큰 포장된 선물이 꼭대기에 장식으로 달린 생일 케이크를 상상할 거예요. 제 머릿속에서 그 케이크를 빵집 창가에 둘 것이고요. 그다음, 상사에게 이메일을 보내야 하는데요. 그것을 어떻게 시각화해야 할까요? 봅시다... 큰 붉은색 우편함에 통째로 구겨 넣어진 제 컴퓨터는 어떨까요? 마지막으로, 제 휴대전화 요금인데요. 저는 사람 크기의 돈더미가 이동통신 대리점의 문을 두드리며, 요금 내러 왔다고 말하는 것을 상상할 거예요. 자, 이 일들을 기억해야 할 때면, 저는 집에서 회사까지 걷는 것을 상상하기만 하면 됩니다. 각각의 친근한 장소를 지나면서, 이 이미지들이, 그, 제 머릿속에 불현듯 떠오를 것이고, 저는 제가 해야 할 일을 기억할 것입니다.

VOCABULARY LIST

memorization[mèməraizéiʃən] 암기　**spatial**[spéiʃəl] 공간의　**physical**[fízikəl] 물리적인　**establish**[istǽbliʃ] 자리 잡다
visualize[víʒuəlàiz] 시각화하다　**landmark**[lǽndmà:rk] 주요 지형지물　**come up with** ~을 떠올리다　**to-do list** 할 일 목록　**wrap**[ræp] 포장하다
stuff into ~에 구겨 넣다　**stack**[stæk] 더미　**pop**[pɑp] (생각 등이) 불현듯 떠오르다

Q4 인간의 소화작용

INTEGRATED TASK

듣기 노트

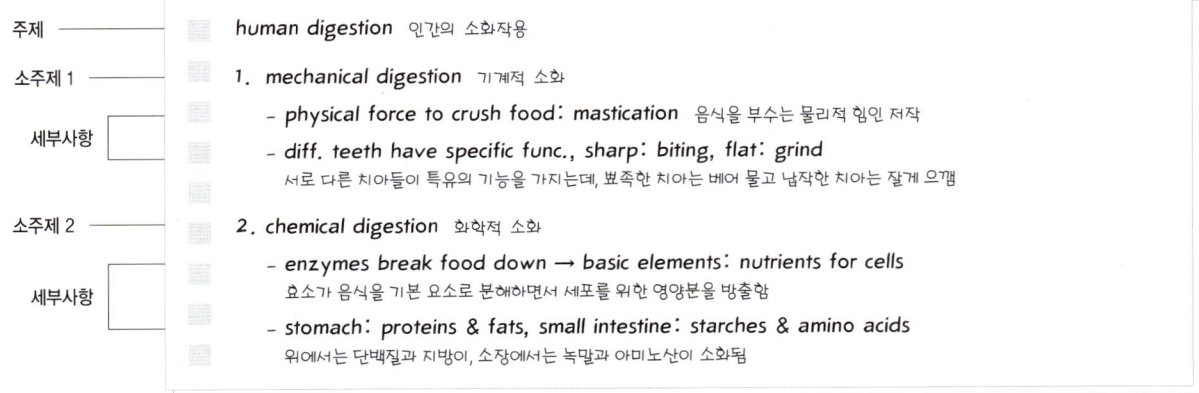

- human digestion 인간의 소화작용
  1. mechanical digestion 기계적 소화
     - physical force to crush food: mastication 음식을 부수는 물리적 힘인 저작
     - diff. teeth have specific func., sharp: biting, flat: grind
       서로 다른 치아들이 특유의 기능을 가지는데, 뾰족한 치아는 베어 물고 납작한 치아는 잘게 으깸
  2. chemical digestion 화학적 소화
     - enzymes break food down → basic elements: nutrients for cells
       효소가 음식을 기본 요소로 분해하면서 세포를 위한 영양분을 방출함
     - stomach: proteins & fats, small intestine: starches & amino acids
       위에서는 단백질과 지방이, 소장에서는 녹말과 아미노산이 소화됨

모범 답안 🎧 TEST07_R4

주제 The professor explains human digestion **by giving two examples.**

소주제 1 **First, he describes** mechanical digestion. **세부사항** This is the use of physical force to crush food, and it's done through mastication. Different teeth have specific functions in this process. For example, sharp teeth are for biting the food, and the flat teeth grind it.

소주제 2 **Second, he describes** chemical digestion. **세부사항** Different enzymes break food down into its basic components, releasing nutrients for cells. Enzymes in the stomach digest proteins and fats, and enzymes in the small intestine process starches and amino acids.

마무리 **These examples demonstrate** the digestive process in humans.

주제 교수는 두 가지 예를 들어 인간의 소화작용을 설명한다.
소주제 1 첫째로, 그는 기계적 소화를 설명한다. 세부사항 이는 음식을 부수는 물리적 힘의 사용이며, 그것은 저작을 통해 이루어진다. 이 과정에서 서로 다른 치아들이 특유의 기능을 가진다. 예를 들어, 뾰족한 치아는 음식을 베어 물기 위한 것이고, 납작한 치아는 그것을 잘게 으깬다.
소주제 2 둘째로, 그는 화학적 소화를 설명한다. 세부사항 다양한 효소들이 음식을 기본 요소로 분해하고, 이는 세포를 위한 영양분을 방출한다. 위의 효소는 단백질과 지방을 소화하고, 소장의 효소는 녹말과 아미노산을 처리한다.
마무리 이러한 예는 인간의 소화작용을 보여준다.

강의 스크립트

강의 스크립트 🎧 TEST07_Q4_Lec

주제
인간의 소화 작용

Have you ever wondered what happens to food after it has been, uh, eaten? Well, today I'd like to look at how our bodies transform food into its basic components to be absorbed and utilized by the cells of the body. This is known as the digestive process, and human digestion has two distinct stages.

소주제 1
기계적 소화

세부사항
음식을 부수는 물리적 힘인 저작 / 뾰족한 치아는 베어 물고 납작한 치아는 잘게 으깸

The first of these, mechanical digestion, involves the use of physical force to crush the food into smaller pieces. It is accomplished through mastication, which is the tearing and grinding of food with the teeth . . . uh, in other words, chewing. OK, so the important thing to remember here is that different teeth have their own specific functions within this process. The, uh, sharp teeth near the front of the mouth are for biting into and tearing at the food. Once that is done, the food is moved by the tongue and cheeks toward the back of the mouth, where flat teeth called molars are used to grind the food into smaller bits. And while this is happening, the food mixes with the saliva produced by membranes in the mouth, and this liquid acts as a lubricant that makes the food easier to swallow.

소주제 2
화학적 소화

세부사항
효소가 음식을 기본 요소로 분해함 / 위에서는 단백질과 지방이, 소장에서는 녹말과 아미노산이 소화됨

Now, once the food has been swallowed, the process of chemical digestion begins. The stomach and small intestine contain different enzymes that have particular roles. Enzymes break the food matter down into its basic elements, releasing nutrients for use by cells. When the, uh, partially digested food hits the stomach, the proteins and fats are digested by enzymes. The remaining organic matter is then transported to the small intestine, where starches and amino acids are processed by other enzymes. So, the end result of this process is that almost all of the nutrients are extracted from the food and, uh, made available to the cells of the body.

여러분은 음식이, 어, 섭취된 후에 그 음식에 무슨 일이 일어나는지 궁금했던 적이 있나요? 음, 오늘은 우리 신체가 어떻게 음식을 체세포에 의해 흡수되고 활용되는 기본 요소로 전환하는지를 살펴보고 싶군요. 이는 소화 작용으로 알려져 있고, 인간의 소화작용에는 두 가지의 구별된 단계가 있습니다.

이들 중 첫 번째인 기계적 소화는 음식을 더 작은 조각들로 부수는 물리적 힘의 사용을 수반합니다. 그것은 저작을 통해 이루어지는데, 이것은 치아로 음식을 뜯고 잘게 으깨는 것이죠... 어, 다시 말해, 씹는 것입니다. 자, 그래서 여기서 기억해야 할 중요한 점은 이 과정에서 서로 다른 치아들이 각기 특유의 기능을 가진다는 것입니다. 그, 어, 입의 앞쪽의 뾰족한 치아는 음식을 베어 물고 뜯기 위한 것이죠. 그것이 완료되면, 음식은 혀와 볼에 의해 입의 뒤쪽으로 옮겨지고, 여기서 음식을 더 작은 조각들로 잘게 으깨기 위해 어금니라고 불리는 납작한 치아가 사용됩니다. 그리고 이것이 진행되는 동안, 음식은 입안의 점막에 의해 생성된 침과 섞이고, 이 액체는 음식을 삼키기 더 쉽게 만드는 윤활유의 역할을 합니다.

자, 일단 음식을 삼켰으면, 화학적 소화 과정이 시작됩니다. 위와 소장은 특정한 역할을 하는 다양한 효소들을 포함하고 있습니다. 효소는 음식물을 기본 요소로 분해하는데, 이는 세포에 의해 사용될 영양분을 방출합니다. 그, 어, 부분적으로 소화된 음식이 위에 이르면, 단백질과 지방이 효소에 의해 소화됩니다. 그러면 남아있는 유기물은 소장으로 옮겨지는데, 여기에서 다른 효소에 의해 탄수화물과 아미노산이 처리됩니다. 그래서, 이 과정의 최종 결과는 음식으로부터 거의 모든 영양분이 추출되어, 어, 체세포가 이용할 수 있게 되는 것입니다.

VOCABULARY LIST

transform[trænsfɔ́ːrm] 전환하다　component[kəmpóunənt] 요소　digestive[didʒéstiv] 소화의　process[práses] 작용, 과정; 처리하다　mechanical[məkǽnikəl] 기계적인　mastication[mæ̀stəkéiʃən] 저작　tear[tɛər] 뜯다　grind[graind] 잘게 으깨다, 갈다　chew[tʃuː] 씹다　bite[bait] 베어 물다　cheek[tʃiːk] 볼, 뺨　molar[móulər] 어금니　saliva[səláivə] 침　membrane[mémbrein] 점막　lubricant[lúːbrikənt] 윤활유　swallow[swálou] 삼키다　chemical[kémikəl] 화학적인　small intestine 소장　enzyme[énzaim] 효소　break down into ~로 분해하다　food matter 음식물　partially[páːrʃəli] 부분적으로　hit[hit] 이르다, 닿다　protein[próutiːn] 단백질　organic matter 유기물　starch[staːrtʃ] 탄수화물, 녹말　amino acid 아미노산　extract[ikstrǽkt] 추출하다, 뽑다

SELF-EVALUATION LIST TEST 07

앞서 학습한 내용을 바탕으로 자신의 답안에 대해 다음 사항을 점검하고 앞으로 개선해야 할 점을 확인해 보세요.

Q1

1. 문제에서 요구하는 정보를 모두 말하였다. (나의 선택, 이유 및 구체적 근거)   ☐ Yes   ☐ No
2. 이유 및 구체적 근거를 들어 나의 선택을 논리적으로 뒷받침하였다.   ☐ Yes   ☐ No
3. 다양한 어휘 및 표현, 문장 구조를 사용하여 말하였다.   ☐ Yes   ☐ No
4. 올바른 발음, 강세 및 억양으로 말하였다.   ☐ Yes   ☐ No

Q2

1. 문제에서 요구하는 정보를 모두 말하였다. (읽기 지문의 주제, 대화 속 화자의 의견 및 이유)   ☐ Yes   ☐ No
2. 문제에서 요구하는 정보를 읽기 지문 및 대화의 내용에 근거해 정확하게 말하였다.   ☐ Yes   ☐ No
3. 다양한 어휘 및 표현, 문장 구조를 사용하여 말하였다.   ☐ Yes   ☐ No
4. 올바른 발음, 강세 및 억양으로 말하였다.   ☐ Yes   ☐ No

Q3

1. 문제에서 요구하는 정보를 모두 말하였다. (읽기 지문의 주제, 강의의 예시)   ☐ Yes   ☐ No
2. 문제에서 요구하는 정보를 읽기 지문 및 강의의 내용에 근거해 정확하게 말하였다.   ☐ Yes   ☐ No
3. 다양한 어휘 및 표현, 문장 구조를 사용하여 말하였다.   ☐ Yes   ☐ No
4. 올바른 발음, 강세 및 억양으로 말하였다.   ☐ Yes   ☐ No

Q4

1. 문제에서 요구하는 정보를 모두 말하였다. (강의의 주제, 소주제 및 세부사항)   ☐ Yes   ☐ No
2. 문제에서 요구하는 정보를 강의의 내용에 근거해 정확하게 말하였다.   ☐ Yes   ☐ No
3. 다양한 어휘 및 표현, 문장 구조를 사용하여 말하였다.   ☐ Yes   ☐ No
4. 올바른 발음, 강세 및 억양으로 말하였다.   ☐ Yes   ☐ No

HACKERS TOEFL ACTUAL TEST SPEAKING

TEST 08

INDEPENDENT TASK
Q1 모범 답안 · 해석

INTEGRATED TASK
Q2 모범 답안 · 지문 · 해석
Q3 모범 답안 · 지문 · 해석
Q4 모범 답안 · 지문 · 해석

SELF-EVALUATION LIST

무료 음원 바로 듣기

Q1 매일 뉴스 보기 vs. 가끔 뉴스 보기

INDEPENDENT TASK

QUESTION Some people like to watch TV news programs on a daily basis. Others prefer to watch these shows every now and then. Which do you prefer and why?
어떤 사람들은 TV 뉴스 프로그램을 매일 보는 것을 좋아합니다. 다른 사람들은 이러한 프로그램을 가끔 보는 것을 선호합니다. 당신은 어떤 것을 선호하고, 그 이유는 무엇입니까?

아웃라인

매일 뉴스 보기 선호

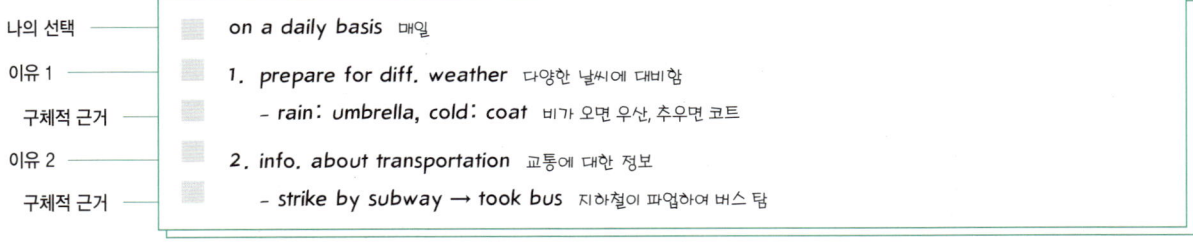

나의 선택	on a daily basis 매일
이유 1	1. prepare for diff. weather 다양한 날씨에 대비함
구체적 근거	- rain: umbrella, cold: coat 비가 오면 우산, 추우면 코트
이유 2	2. info. about transportation 교통에 대한 정보
구체적 근거	- strike by subway → took bus 지하철이 파업하여 버스 탐

추가 제공 아웃라인 답변아이디어를 얻는 데 참고해 보세요!

가끔 뉴스 보기 선호

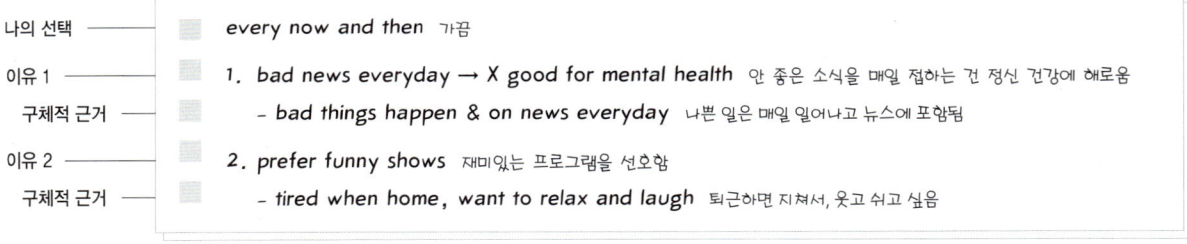

나의 선택	every now and then 가끔
이유 1	1. bad news everyday → X good for mental health 안 좋은 소식을 매일 접하는 건 정신 건강에 해로움
구체적 근거	- bad things happen & on news everyday 나쁜 일은 매일 일어나고 뉴스에 포함됨
이유 2	2. prefer funny shows 재미있는 프로그램을 선호함
구체적 근거	- tired when home, want to relax and laugh 퇴근하면 지쳐서, 웃고 쉬고 싶음

모범 답안 🎧 TEST08_R1

나의 선택 I prefer to watch TV news programs on a daily basis.

이유 1 First, watching the news on a daily basis helps me be prepared for different kinds of weather. **구체적 근거** For example, if the weather forecast indicates rain, I'll **make sure to** carry an umbrella, and if cold weather is predicted, I'll wear a warm coat.

이유 2 Second, checking out the news every day ensures that I receive important information about transportation. **구체적 근거** For instance, I saw a news report last week about a labor strike by subway employees. Since I knew that subway service would be disrupted, I took the bus to work instead and was able to make it there on time.

마무리 For these reasons, I prefer to watch the news every day.

나의 선택 나는 TV 뉴스 프로그램을 매일 보는 것을 선호한다.
이유 1 첫째로, 뉴스를 매일 보는 것은 내가 여러 다양한 날씨에 준비되도록 돕는다. 구체적 근거 예를 들어, 만약 일기예보가 비 소식을 알리면, 나는 반드시 우산을 챙길 것이고, 만약 추운 날씨가 예보된다면, 나는 따뜻한 코트를 입을 것이다.
이유 2 둘째로, 뉴스를 매일 확인하는 것은 내가 교통에 대한 중요한 정보를 확실히 얻게 해준다. 구체적 근거 예를 들어, 나는 지난주에 지하철 근로자들의 노조 파업에 대한 뉴스 보도를 보았다. 나는 지하철 운행이 중단될 것을 알고 있었기 때문에, 대신 버스를 타고 출근하여 제시간에 회사에 도착할 수 있었다.
마무리 이러한 이유로, 나는 뉴스를 매일 보는 것을 선호한다.

어휘 및 표현
weather forecast 일기예보 predict[pridíkt] 예보하다 check out 확인하다 report[ripɔ́:rt] (신문 등의) 보도, 기사 labor strike 노조 파업 service[sə́:rvis] (교통 기관 등의) 운행 disrupt[disrʌ́pt] 중단시키다 make it 도착하다 on time 제시간에

🎧 고득점 필수 표현   ● make sure to 반드시 ~하다

- I always **make sure to** cook meat thoroughly before I eat it. 나는 항상 고기를 먹기 전에 **반드시** 그것을 완전히 익힌**다**.
- I **make sure to** recycle all plastics, papers, and metals. 나는 **반드시** 모든 플라스틱, 종이, 금속을 재활용**한다**.

Q2 개별 미술 과제

INTEGRATED TASK

읽기 노트 및 듣기 노트

읽기 노트

주제
- indiv. graded art assign. 개별 채점 미술 과제

세부사항
- select painting/sculpture, produce creative interp. 그림이나 조각을 선택해서 창의적 해석물을 만듦
- city museum: provide free admission 시립 박물관이 무료입장을 제공함

듣기 노트

화자의 의견
- W: O 여: 찬성

이유 1
1. like do creative outside classroom 교실 밖에서 창의적인 것을 하는 것이 좋음

세부사항
- tired of learning theory, put into prac. → deepen appreci. for art
  이론을 배우는 것에 싫증 났고 실천하는 것은 예술에 대한 인식을 깊게 함

이유 2
2. glad ← enter museum for free 박물관을 무료로 입장할 수 있어서 기쁨

세부사항
- go often, appreciate each piece 자주 가고 각 작품을 감상할 것임

모범 답안 🎧 TEST08_R2

주제 According to the reading, for the individual graded art assignment, students will produce a creative interpretation of a selected painting or sculpture.

화자의 의견 The woman thinks it is a good idea for two reasons.

이유 1 First, she says that she likes to do something creative outside the classroom. **세부사항** This is because she is tired of learning art theory in class and thinks putting the concepts into practice will deepen her appreciation for art.

이유 2 Second, she mentions that she is glad to enter the museum for free. **세부사항** She plans to go as often as possible and take time to fully appreciate each piece.

마무리 For these reasons, she believes it is a great idea.

주제 읽기 지문에 따르면, 개별 채점 미술 과제를 위해 학생들은 선택된 그림이나 조각에 대해 창의적 해석물을 만들어 낼 것이다.

화자의 의견 여자는 두 가지 이유로 그것이 좋은 의견이라고 생각한다.

이유 1 첫째로, 그녀는 교실 밖에서 창의적인 무언가를 하는 것이 좋다고 말한다. 세부사항 이는 그녀가 수업에서 미술 이론을 배우는 것에 싫증이 났고 개념을 실천하는 것은 예술에 대한 인식을 깊게 할 것이라고 생각하기 때문이다.

이유 2 둘째로, 그녀는 박물관에 무료로 입장하게 되어 기쁘다고 말한다. 세부사항 그녀는 가능한 한 자주 가고 각 작품을 충분히 감상하는 시간을 가지려고 계획한다.

마무리 이러한 이유로, 그녀는 그것이 좋은 의견이라고 생각한다.

읽기 지문 및 대화 스크립트

읽기 지문

주제
개별 채점 미술 과제

세부사항
박물관에 방문하여 그림이나 조각을 선택하고 창의적 해석물을 만들어야 함 / 박물관이 학생들에게 무료 입장을 제공함

Individual Graded Art Assignment

For this assignment, students will visit the City Museum and, using a selected painting or sculpture as inspiration, produce a creative interpretation. This is intended to test each student's ability to apply concepts learned in class. Along with their final artwork, students must give a 15-minute presentation explaining their reasoning and creative process. To assist in this endeavor, the school has arranged with the City Museum to provide students with free admission. Students need only show their student ID and may enter on multiple occasions during the museum's regular hours. Students will be given two weeks to complete this assignment.

개별 채점 미술 과제

이 과제를 위해, 학생들은 시립 박물관을 방문하고, 선택된 그림이나 조각을 영감으로 사용하여 창의적 해석물을 만들어 낼 것입니다. 이는 수업에서 익힌 개념을 적용하는 각 학생의 능력을 시험하기 위한 것입니다. 최종 작품과 함께, 학생들은 그들의 추론과 창의적 과정을 설명하는 15분간의 발표를 해야 합니다. 이러한 노력을 돕기 위해, 학교는 학생들에게 무료입장을 제공하기 위해 시립 박물관과 합의했습니다. 학생들은 학생증을 보여주기만 하면 되며 박물관의 정규 운영 시간 동안 여러 번 입장할 수도 있습니다. 학생들은 이 과제를 완료하기 위해 2주가 주어질 것입니다.

대화 스크립트 🎧 TEST08_Q2_Conv

화자의 의견
찬성

이유 1
교실 밖에서 창의적인 것을 하는 것이 좋음

세부사항
이론을 배우는 것에 싫증 났고 개념을 실천하는 것은 예술에 대한 인식을 깊게 할 것임

이유 2
박물관에 무료로 입장할 수 있어서 기쁨

세부사항
최대한 자주 가고 각 작품을 충분히 감상할 것임

M: I'm looking forward to the next assignment in art class, aren't you?

W: Yeah, I'm excited as well. For one thing, I like that we finally get to do something creative outside the classroom. I'm, uh, kind of tired of learning about art theory in class.

M: Me too! I'm eager to do something with my hands.

W: Yeah, it'll be fun to actually apply what we've learned in class. It's one thing to understand the concepts, but it's another to put them into practice. And this will, um . . . really deepen our appreciation for art. Creating our own interpretations will, you know, challenge our creativity. Plus, getting a chance to look at as much art as we want is amazing.

M: Have you been to the City Museum before?

W: No . . . I've always wanted to go but found the ticket prices too expensive.

M: You will love it. There will be so many great pieces to look at.

W: That's why I'm glad I can enter the museum for free. Um, I plan to make full use of this chance by going as often as I can. I can probably pick an artwork for the assignment and see everything in just a few days. I'll also be able to take time to really appreciate each piece.

M: I agree. And I think this assignment will be a good opportunity for us to develop new perspectives on art. I can't wait to go.

남: 미술 수업의 다음 과제가 기대돼. 그렇지 않아?

여: 응. 나도 신나. 우선, 난 우리가 마침내 교실 밖에서 창의적인 무언가를 할 수 있다는 것이 좋아. 나는, 어, 수업에서 미술 이론에 대해 배우는 것에 싫증이 났거든.

남: 나도! 내 손으로 뭔가를 하고 싶어.

여: 그래. 실제로 수업에서 배운 것을 적용해 보는 것은 재미있을 거야. 개념을 이해하는 것과 그것을 실천하는 것은 별개야. 그리고 이것은, 음... 예술에 대한 우리의 인식을 정말로 깊게 할 거야. 우리만의 해석물을 만들어 내는 것은, 알잖아, 창의력을 자극할 거야. 게다가, 원하는 만큼 많은 미술 작품을 볼 수 있는 기회를 갖는 것은 굉장해.

남: 전에 시립 박물관에 가본 적 있어?

여: 아니... 항상 가고 싶었는데 입장권 가격이 너무 비싸다는 걸 알았지.

남: 정말 좋아할 거야. 볼 만한 멋진 작품들이 아주 많을 거야.

여: 그게 내가 박물관을 무료로 입장할 수 있어서 기쁜 이유야. 음, 가능한 한 자주 가서 이번 기회를 최대한 활용할 계획이야. 아마 며칠 안에 과제를 위한 작품을 고르고 모든 것을 볼 수 있을 거야. 각 작품을 확실히 감상할 수 있는 시간을 가질 수도 있을 거야.

남: 나도 동의해. 그리고 난 이 과제가 우리에게 예술에 대한 새로운 관점을 개발하는 좋은 기회가 될 거라고 생각해. 빨리 가고 싶어.

VOCABULARY LIST

individual[ìndəvídʒuəl] 개별의, 개인의   grade[greid] 채점하다, 등급을 매기다   sculpture[skʌ́lptʃər] 조각   inspiration[ìnspəréiʃən] 영감   interpretation[intə̀ːrprətéiʃən] 해석(물)   reasoning[ríːzəniŋ] 추론   endeavor[indévər] 노력   arrange[əréindʒ] 합의하다, 마련하다   admission[ədmíʃən] 입장   A is one thing, (but) B is another A와 B는 별개이다   put ~ into practice ~을 실천하다   deepen[díːpən] 깊게 하다   make use of ~을 활용하다   appreciate[əpríːʃièit] 감상하다   perspective[pərspéktiv] 관점

Q3 거짓 신호법

INTEGRATED TASK

읽기 노트 및 듣기 노트

읽기 노트

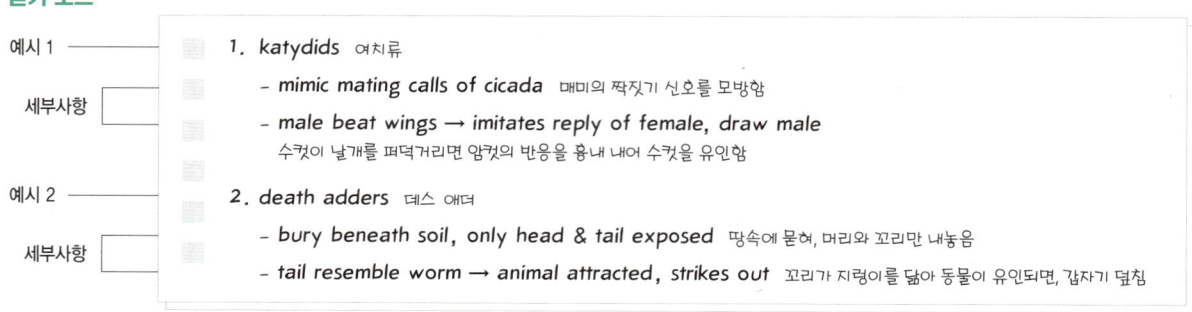

듣기 노트

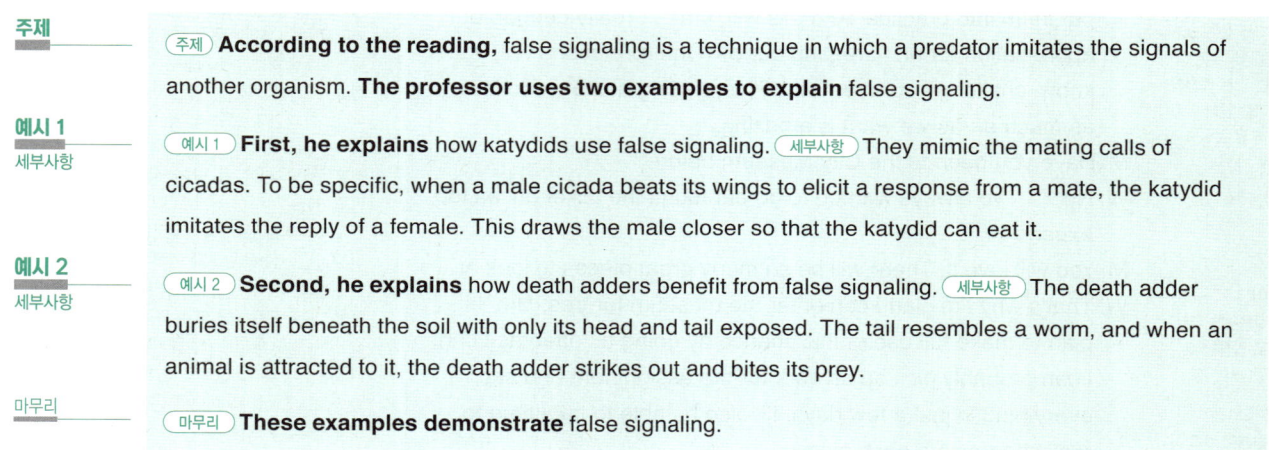

모범 답안 🎧 TEST08_R3

주제 According to the reading, false signaling is a technique in which a predator imitates the signals of another organism. The professor uses two examples to explain false signaling.

예시 1 First, he explains how katydids use false signaling. **세부사항** They mimic the mating calls of cicadas. To be specific, when a male cicada beats its wings to elicit a response from a mate, the katydid imitates the reply of a female. This draws the male closer so that the katydid can eat it.

예시 2 Second, he explains how death adders benefit from false signaling. **세부사항** The death adder buries itself beneath the soil with only its head and tail exposed. The tail resembles a worm, and when an animal is attracted to it, the death adder strikes out and bites its prey.

마무리 These examples demonstrate false signaling.

주제 읽기 지문에 따르면, 거짓 신호법은 포식자가 다른 생물의 신호를 흉내 내는 기술이다. 교수는 두 가지 예를 들어 거짓 신호법을 설명한다.

예시 1 첫째로, 그는 여치류가 어떻게 거짓 신호법을 사용하는지를 설명한다. 세부사항 그들은 매미의 짝짓기 신호를 모방한다. 구체적으로, 수컷 매미가 짝으로부터 반응을 끌어내기 위해 날개를 퍼덕거리면, 여치류는 암컷의 반응을 흉내 낸다. 이는 여치류가 그 수컷을 잡아먹을 수 있도록 그것을 더 가까이 유인한다.

예시 2 둘째로, 그는 데스 애더가 어떻게 거짓 신호법으로 이익을 얻는지를 설명한다. 세부사항 데스 애더는 머리와 꼬리만 내놓은 채로 자신을 땅속에 묻는다. 그 꼬리는 지렁이를 닮았고 한 동물이 그것에 유인되면, 데스 애더는 갑자기 덮쳐 그 먹이를 덥석 문다.

마무리 이러한 예는 거짓 신호법을 보여준다.

읽기 지문 및 강의 스크립트

읽기 지문

주제
거짓 신호법

세부사항
포식자가 다른 생물의 신호를 흉내 냄 / 피식자를 모방하거나 피식자에게 이익이 되는 생물처럼 행동함

False signaling

Some predatory animals hunt their prey using a technique called false signaling. This is a form of biological deception in which a predator imitates the signals of another organism, preventing prey from correctly identifying the predator. In some cases, the predator mimics the prey species itself. For example, the predator may disguise itself as a female of the prey species in order to lure unsuspecting males that are looking for a mate. In other cases, the predator acts like an organism that is beneficial to the prey, such as a food source, as a way to draw the prey closer.

거짓 신호법

어떤 포식 동물들은 거짓 신호법이라고 불리는 기술을 이용해 피식자를 사냥한다. 이는 포식자가 다른 생물의 신호를 흉내 내어, 피식자가 포식자를 제대로 식별할 수 없게 만드는 생물학적 속임수의 일종이다. 어떤 경우에는, 포식자가 피식자 그 자체를 모방한다. 예를 들어, 포식자는 의심 없이 짝을 찾고 있는 수컷을 유혹하기 위해 자신을 피식자 종의 암컷으로 위장할 수도 있다. 다른 경우에는, 피식자를 더 가까이 유인하는 방법의 일환으로, 포식자는 먹잇감과 같이 피식자에게 이익이 되는 생물처럼 행동한다.

강의 스크립트 🎧 TEST08_Q3_Lec

예시 1
여치류

세부사항
매미의 짝짓기 신호를 모방함 / 수컷이 날개를 퍼덕거리면 암컷의 반응을 흉내 내어 수컷을 유인함

You just read about false signaling. Now I'm going to illustrate this topic using a couple of interesting examples. Let's start with katydids. Katydids are, uh, large predatory insects that are found throughout the world. One species of katydid native to Australia can actually mimic the mating calls of a cicada . . . um, an insect that it preys on. OK, here's how it works. The katydid waits until it hears a male cicada beating its wings to create sounds intended to, uh, elicit a response from a potential mate. At this point, the katydid imitates the reply of a sexually receptive female. It, uh, does this by using its legs to make a series of clicks. The sounds act as a lure, drawing the male cicada to the katydid. When the cicada gets too close, he is killed and eaten.

예시 2
데스 애더

세부사항
땅속에 몸을 묻고 머리와 꼬리만 내놓음 / 꼬리가 지렁이를 닮아 동물이 유인되면, 갑자기 덮침

Moving on . . . Another interesting example of false signaling can be seen in death adders, which are highly venomous snakes that live in Australia and New Guinea. What makes the death adder so fascinating is the unique way that it draws in its prey. It starts out by, uh, burying most of its body beneath the soil, leaving only its head and tail exposed above the ground. The death adder then wiggles its tail back and forth, making it resemble a worm. So . . . you can probably guess what happens next. Small animals will be attracted to the tail and come closer to take a bite. Once that happens, the death adder strikes out with its head and bites its prey.

여러분은 방금 거짓 신호법에 대해 읽었습니다. 이제 두 가지 흥미로운 예를 들어 이 주제를 설명하겠습니다. 여치류로 시작해 보죠. 여치류는, 어, 세계 도처에서 발견되는 커다란 포식성 곤충입니다. 호주산 여치류 중 한 종은 실제로 매미의 짝짓기 신호를 모방할 수 있어요. 음, 매미는 그것이 먹이로 삼는 곤충이죠. 자, 그것이 어떻게 진행되는지 살펴봅시다. 여치류는 수컷 매미가, 어, 잠재적인 짝으로부터 반응을 끌어내려는 의도의 소리를 내려고 날개를 퍼덕거리는 것이 들릴 때까지 기다립니다. 이 시점에서, 여치류는 성적으로 수용적인 암컷의 반응을 흉내 냅니다. 그것은, 어, 다리를 이용해 일련의 딸각하는 소리를 냄으로써 그렇게 하죠. 그 소리가 수컷 매미를 여치류에게 유인하는 미끼로 작용합니다. 매미가 아주 가까워지면, 그 수컷은 죽임을 당하고 잡아먹히죠.

넘어가 봅시다... 거짓 신호법의 또 다른 흥미로운 예는 데스 애더에게서 목격되는데, 데스 애더는 호주와 뉴기니에 사는 강한 독을 가진 뱀이죠. 데스 애더를 대단히 흥미롭게 만드는 것은 그것이 먹잇감을 유인하는 독특한 방식입니다. 데스 애더는, 머리와 꼬리만 땅 위로 내놓은 채로, 어, 땅속에 몸의 대부분을 묻으면서 시작합니다. 그다음, 데스 애더는 꼬리를 앞뒤로 꿈틀거리는데 그것은 지렁이를 닮았죠. 그래서... 아마 여러분은 다음에 일어날 일을 예상할 수 있겠죠. 작은 동물들이 그 꼬리에 유인되어 한입 베어 먹으려고 더 가까이 올 것입니다. 그렇게 되면, 데스 애더는 머리로 갑자기 덮쳐 그 먹이를 덥석 뭅니다.

VOCABULARY LIST

deception[disépʃən] 속임수   identify[aidéntəfài] 식별하다   mimic[mímik] 모방하다   disguise[disɡáiz] 위장하다   lure[luər] 유혹하다; 미끼
unsuspecting[ʌ̀nsəspéktiŋ] 의심 없는   katydid[kéitidìd] 여치류   cicada[sikéidə] 매미   elicit[ilísit] 끌어내다
receptive[riséptiv] 수용적인, 받아들이는   click[klik] 딸각하는 소리   venomous[vénəməs] 독을 가진   wiggle[wigl] 꿈틀거리다   back and forth 앞뒤로
resemble[rizémbl] 닮다   take a bite 한입 베어 먹다   strike out 갑자기 덮치다

Q4 미술 전시의 두 가지 유형

INTEGRATED TASK

📗 듣기 노트

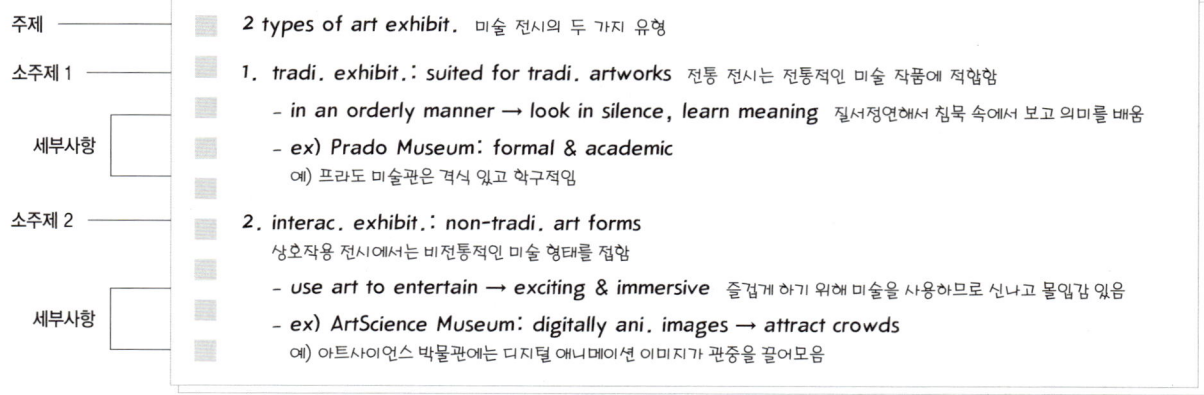

주제 — 2 types of art exhibit. 미술 전시의 두 가지 유형
소주제 1 — 1. tradi. exhibit.: suited for tradi. artworks 전통 전시는 전통적인 미술 작품에 적합함
세부사항 — - in an orderly manner → look in silence, learn meaning 질서정연해서 침묵 속에서 보고 의미를 배움
- ex) Prado Museum: formal & academic
예) 프라도 미술관은 격식 있고 학구적임
소주제 2 — 2. interac. exhibit.: non-tradi. art forms 상호작용 전시에서는 비전통적인 미술 형태를 접함
세부사항 — - use art to entertain → exciting & immersive 즐겁게 하기 위해 미술을 사용하므로 신나고 몰입감 있음
- ex) ArtScience Museum: digitally ani. images → attract crowds
예) 아트사이언스 박물관에는 디지털 애니메이션 이미지가 관중을 끌어모음

📗 모범 답안 🎧 TEST08_R4

주제
(주제) **The professor explains** two types of art exhibitions **by giving two examples**.

소주제 1
세부사항
(소주제 1) **First, she describes** traditional exhibitions, which are suitable for traditional artworks. (세부사항) They display the art in an orderly manner, which lets people look at each piece in silence and learn about its meaning. For instance, at Madrid's Prado Museum, the atmosphere is formal and academic.

소주제 2
세부사항
(소주제 2) **Second, she describes** interactive exhibitions, which feature non-traditional art forms. (세부사항) They use art to entertain people, so the atmosphere is exciting and immersive. For example, Singapore's ArtScience Museum has digitally animated images, which attract large crowds.

마무리
(마무리) **These examples demonstrate** two different types of art exhibitions.

주제 교수는 두 가지 예를 들어 미술 전시의 두 가지 유형을 설명한다.
소주제 1 첫째로, 그녀는 전통 전시를 설명하는데, 그것들은 전통적인 미술 작품에 적합하다. **세부사항** 그것들은 미술품을 질서정연하게 전시하는데, 이는 사람들이 침묵 속에서 각 작품을 보고 그것의 의미를 배울 수 있게 한다. 예를 들어, 마드리드의 프라도 박물관에서는 분위기가 격식 있고 학구적이다.
소주제 2 둘째로, 그녀는 상호작용 전시를 설명하는데, 그것들은 비전통적인 미술 형태를 특징으로 포함한다. **세부사항** 그것들은 사람들을 즐겁게 하기 위해 미술을 사용하므로, 분위기가 신나고 몰입감이 있다. 예를 들어, 싱가포르의 아트사이언스 박물관에는 디지털 애니메이션 이미지가 있는데, 이는 관중을 끌어모은다.
마무리 이러한 예는 미술 전시의 두 가지 다른 유형을 보여준다.

강의 스크립트

강의 스크립트 🎧 TEST08_Q4_Lec

주제
미술 전시의 두 가지 유형

Now, let's look at a couple of types of art exhibitions in more detail: traditional exhibitions and interactive ones. Traditional exhibitions have been around for a long time and, uh, represent the mainstream view of what an art exhibition is. But recently, interactive exhibitions have become an increasingly popular alternative. So, um, how are these two types of exhibitions different?

이제, 전통 전시와 상호작용 전시라는 미술 전시의 두 가지 유형을 더 자세히 살펴봅시다. 전통 전시는 오랫동안 존재해 왔고, 어, 미술 전시가 무엇인지에 대한 주류의 관점을 나타냅니다. 그런데 최근에 상호작용 전시가 점점 더 인기 있는 대안이 되었습니다. 그렇다면, 음, 이 두 가지 유형의 전시는 어떻게 다를까요?

소주제 1
전통 전시는 전통적인 미술 작품에 적합함

세부사항
질서정연해서 침묵 속에서 작품을 보고 의미를 배움 / 예) 프라도 미술관은 격식 있고 학구적임

First of all, traditional exhibitions are the dominant type of exhibition seen at museums and galleries. They're, uh, best suited for traditional artworks such as paintings and sculptures. In this type of exhibition, the goal is to educate people about art. So, um, the art is usually organized by theme and displayed in an orderly manner. People, uh, simply look at each piece in silence and learn about its meaning or significance from the information displayed beside it. Madrid's Prado Museum, for example, has a large collection of works by Goya, one of Spain's important national artists. The atmosphere in the gallery is formal and academic, and people who are not familiar with Goya might find it a little, um, boring.

우선, 전통 전시는 박물관과 미술관에서 보이는 지배적인 유형의 전시입니다. 그것들은, 어, 그림과 조각과 같은 전통적인 미술 작품에 가장 적합하죠. 이 유형의 전시에서 목표는 사람들에게 미술에 대해 교육하는 것입니다. 그래서, 음, 미술품은 보통 주제별로 정리되고 질서정연하게 전시됩니다. 사람들은, 어, 그저 침묵 속에서 각 작품을 보고 그 옆에 진열된 정보로부터 그것의 의미나 중요성에 대해 배우죠. 예를 들어, 마드리드의 프라도 박물관은 스페인의 중요한 국민 화가들 중 하나인 고야의 작품들을 많이 소장하고 있습니다. 그 미술관의 분위기는 격식 있고 학구적이어서, 고야에 익숙하지 않은 사람들은 그곳을 조금, 음, 지루하다고 생각할지도 몰라요.

소주제 2
상호작용 전시에서는 비전통적인 미술 형태를 접함

세부사항
즐겁게 하기 위해 미술을 사용하므로 신나고 몰입감 있음 / 예) 아트사이언스 박물관에는 디지털 애니메이션 이미지가 관중을 끌어 모음

Next, let's move on to interactive exhibitions, which, um, are more common outside of the big museums and galleries. These are usually set up in buildings of their own or, uh, in public areas that can accommodate lots of visitors. Here, you are more likely to encounter non-traditional art forms like live performances, sound recordings, and light shows. Interactive exhibitions are less about educating people on art and more about using art to entertain. The atmosphere is definitely more exciting and, uh, immersive. They often have computer-controlled light shows that also feature sounds, smells, and other sensations. At Singapore's ArtScience Museum, for example, you can enter rooms filled with digitally animated images that change shape when you touch them. This has nothing to do with art history, but it attracts large crowds. In a way, it helps people become interested in art.

다음으로, 상호작용 전시로 넘어갈 건데, 이건, 음, 대형 박물관과 미술관 밖에서 더 흔합니다. 이것들은 보통 자체 건물이나, 어, 많은 방문객들을 수용할 수 있는 공공 구역에 설치됩니다. 여기서, 여러분은 라이브 공연, 음향 녹음, 그리고 빛의 쇼와 같은 비전통적인 미술 형태를 접할 가능성이 더 많아요. 상호작용 전시는 사람들에게 미술에 대해 교육하는 것보다는 즐겁게 하기 위해 미술을 사용하는 것과 좀 더 관련된 것이죠. 그 분위기는 확실히 더 신나고, 음, 몰입감이 더 있어요. 그것들에는 종종 소리, 냄새, 그리고 다른 감각들도 특징으로 포함하는 컴퓨터로 제어되는 빛의 쇼가 있습니다. 예를 들어, 싱가포르의 아트사이언스 박물관에서 여러분은 만지면 모양이 바뀌는 디지털 애니메이션 이미지로 가득 찬 방에 들어갈 수 있어요. 이는 미술사와는 아무런 관련이 없지만, 많은 관중을 끌어모으죠. 어떤 면에서 그것은 사람들이 미술에 관심을 갖도록 돕습니다.

VOCABULARY LIST

exhibition [èksəbíʃən] 전시   **traditional** [trədíʃənəl] 전통적인   **interactive** [ìntərǽktiv] 상호작용의   **represent** [rèprizént] 나타내다
mainstream [méinstrì:m] 주류의   **dominant** [dá:mənənt] 지배적인   **organize** [ɔ́:rgənàiz] 정리하다   **in an orderly manner** 질서정연하게
significance [signífikəns] 중요성   **atmosphere** [ǽtməsfìər] 분위기   **accommodate** [əká:mədèit] 수용하다
immersive [imə́:rsiv] 몰입감 있는, 몰입형의   **feature** [fí:tʃər] 특징으로 포함하다   **sensation** [senséiʃən] 감각

SELF-EVALUATION LIST TEST 08

앞서 학습한 내용을 바탕으로 자신의 답안에 대해 다음 사항을 점검하고 앞으로 개선해야 할 점을 확인해 보세요.

Q1

1. 문제에서 요구하는 정보를 모두 말하였다. (나의 선택, 이유 및 구체적 근거) ☐ Yes ☐ No
2. 이유 및 구체적 근거를 들어 나의 선택을 논리적으로 뒷받침하였다. ☐ Yes ☐ No
3. 다양한 어휘 및 표현, 문장 구조를 사용하여 말하였다. ☐ Yes ☐ No
4. 올바른 발음, 강세 및 억양으로 말하였다. ☐ Yes ☐ No

Q2

1. 문제에서 요구하는 정보를 모두 말하였다. (읽기 지문의 주제, 대화 속 화자의 의견 및 이유) ☐ Yes ☐ No
2. 문제에서 요구하는 정보를 읽기 지문 및 대화의 내용에 근거해 정확하게 말하였다. ☐ Yes ☐ No
3. 다양한 어휘 및 표현, 문장 구조를 사용하여 말하였다. ☐ Yes ☐ No
4. 올바른 발음, 강세 및 억양으로 말하였다. ☐ Yes ☐ No

Q3

1. 문제에서 요구하는 정보를 모두 말하였다. (읽기 지문의 주제, 강의의 예시) ☐ Yes ☐ No
2. 문제에서 요구하는 정보를 읽기 지문 및 강의의 내용에 근거해 정확하게 말하였다. ☐ Yes ☐ No
3. 다양한 어휘 및 표현, 문장 구조를 사용하여 말하였다. ☐ Yes ☐ No
4. 올바른 발음, 강세 및 억양으로 말하였다. ☐ Yes ☐ No

Q4

1. 문제에서 요구하는 정보를 모두 말하였다. (강의의 주제, 소주제 및 세부사항) ☐ Yes ☐ No
2. 문제에서 요구하는 정보를 강의의 내용에 근거해 정확하게 말하였다. ☐ Yes ☐ No
3. 다양한 어휘 및 표현, 문장 구조를 사용하여 말하였다. ☐ Yes ☐ No
4. 올바른 발음, 강세 및 억양으로 말하였다. ☐ Yes ☐ No

HACKERS TOEFL ACTUAL TEST SPEAKING

TEST 09

INDEPENDENT TASK

Q1 모범 답안 · 해석

INTEGRATED TASK

Q2 모범 답안 · 지문 · 해석
Q3 모범 답안 · 지문 · 해석
Q4 모범 답안 · 지문 · 해석

SELF-EVALUATION LIST

무료 음원 바로 듣기

Q1 여가 계획 세우기 vs. 세우지 않기

INDEPENDENT TASK

QUESTION Some people prefer to plan activities for their free time. Others choose not to make any plans at all for their free time. Which do you prefer and why?

어떤 사람들은 여가를 위한 활동을 계획하는 것을 선호합니다. 다른 사람들은 여가를 위한 어떤 계획도 전혀 세우지 않는 것을 택합니다. 당신은 어떤 것을 선호하고, 그 이유는 무엇입니까?

아웃라인

여가 계획 세우지 않기 선호

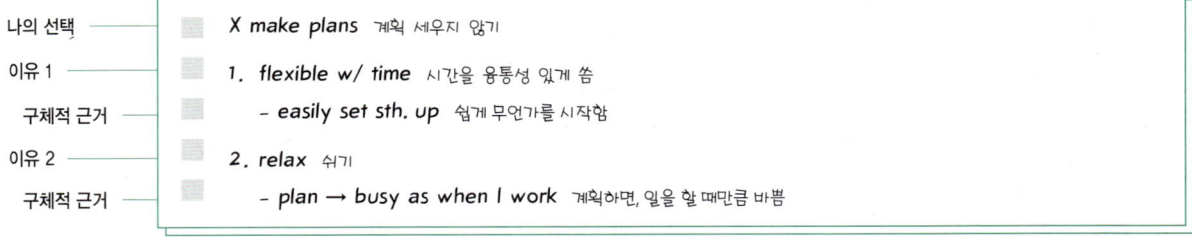

나의 선택	X make plans 계획 세우지 않기
이유 1	1. flexible w/ time 시간을 융통성 있게 씀
구체적 근거	- easily set sth. up 쉽게 무언가를 시작함
이유 2	2. relax 쉬기
구체적 근거	- plan → busy as when I work 계획하면, 일을 할 때만큼 바쁨

추가 제공 아웃라인 답변 아이디어를 얻는 데 참고해 보세요!

여가 계획 세우기 선호

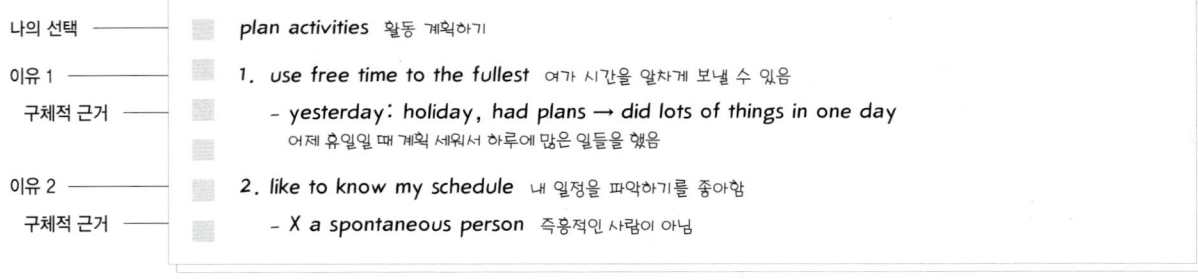

나의 선택	plan activities 활동 계획하기
이유 1	1. use free time to the fullest 여가 시간을 알차게 보낼 수 있음
구체적 근거	- yesterday: holiday, had plans → did lots of things in one day 어제 휴일일 때 계획 세워서 하루에 많은 일들을 했음
이유 2	2. like to know my schedule 내 일정을 파악하기를 좋아함
구체적 근거	- X a spontaneous person 즉흥적인 사람이 아님

모범 답안 🎧 TEST09_R1

나의 선택 | (나의 선택) **I prefer** not making any plans for my free time.

이유 1
구체적 근거

(이유 1) **First,** I can be more flexible with my time. (구체적 근거) **For example,** if I have nothing arranged when a friend calls, I can easily set something up with him or her.

이유 2
구체적 근거

(이유 2) **Second,** I want to be able to relax in my free time. (구체적 근거) **To be specific,** if I plan a lot of activities for my free time, I will feel just as busy as when I have to work or deal with other tasks. I would prefer to just ✿ take it easy.

마무리

(마무리) **For these reasons, I prefer** not to plan my free time in advance.

나의 선택 나는 여가를 위한 어떤 계획도 세우지 않는 것을 선호한다.
이유 1 첫째로, 나는 시간을 더 융통성 있게 쓸 수 있다. 구체적 근거 예를 들어, 친구가 전화했을 때 내가 계획해놓은 것이 아무것도 없다면, 나는 친구와 쉽게 무언가를 시작할 수 있다.
이유 2 둘째로, 나는 여가에 쉴 수 있기를 바란다. 구체적 근거 구체적으로, 만약 내가 여가를 위한 많은 활동을 계획한다면, 나는 내가 일을 해야 하거나 다른 과제를 처리해야 할 때만큼 바쁘게 느낄 것이다. 나는 그냥 느긋하게 있는 것을 선호한다.
마무리 이러한 이유로, 나는 여가를 미리 계획하지 않는 것을 선호한다.

어휘 및 표현
free time 여가, 자유 시간   flexible[fléksəbl] 융통성 있는   arrange[əréindʒ] 계획하다   set up 시작하다

🎧 **고득점 필수 표현** ✿ **take it easy** 느긋하게 있다, 일을 쉬엄쉬엄 하다

- The doctor told me to **take it easy** after I broke my ankle. 의사는 내가 발목을 다치자 **느긋하게 있으라고** 말했다.
- If people just **take it easy** when they're young, they won't learn the value of hard work.
만약 사람들이 젊을 때 **일을** 그냥 **쉬엄쉬엄 한다면**, 그들은 열심히 일하는 것의 가치를 배우지 못할 것이다.

Q2 강의 평가제도 도입

INTEGRATED TASK

읽기 노트 및 듣기 노트

읽기 노트

주제
- class evaluation sys. instituted 강의 평가제도를 도입해야 함

세부사항
- make informed decisions when register 수강신청 시 정보에 근거한 결정을 내림
- adjust classes based on FB → ↑ quality of edu. 의견에 기반해 강의를 조정하여 교육의 질을 개선함

듣기 노트

화자의 의견
- W: X 여: 반대

이유 1
1. X help ← sign up based on scheduling & requirements
   일정과 필요조건에 기반해 수강신청을 하므로 도움이 안 됨

세부사항
- ex) physics: require. for major → enroll even if diffic.
  예) 물리학은 전공 필요조건이므로 어렵더라도 등록함

이유 2
2. damage prof. autonomy 교수의 자율성을 훼손함

세부사항
- change content to match stud. preferences → stud. ↑ influence
  학생 선호에 맞게 내용을 바꿔, 학생 영향력이 커짐

모범 답안 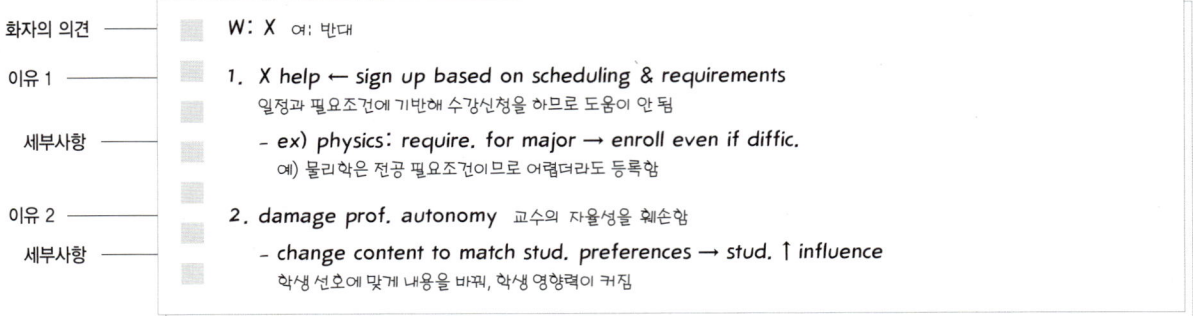 TEST09_R2

주제 According to the reading, the university should institute a class evaluation system.

화자의 의견 The woman does not think it is a good idea for two reasons.

이유 1 First, she says that it won't help students choose classes because they register based on scheduling and major requirements. **세부사항** For instance, she was going to take the physics class anyway even if other students said it was difficult because it is required for her major.

이유 2 Second, she mentions that it will damage professor autonomy. **세부사항** Professors will have to change their course content to match student preferences. This will give students too much influence, and it won't improve the quality of education.

마무리 For these reasons, she believes it is not a great idea.

주제 읽기 지문에 따르면, 대학은 강의 평가제도를 도입해야 한다.
화자의 의견 여자는 두 가지 이유로 그것이 좋은 의견이 아니라고 생각한다.
이유 1 첫째로, 그녀는 학생들은 일정과 전공 필요조건에 기반해서 수강신청을 하므로, 강의 평가제도는 그들이 강의를 선택하는 데 도움이 되지 않을 것이라고 말한다. 세부사항 예를 들어, 다른 학생들이 물리학 강의가 어렵다고 말하더라도, 그녀는 그 강의가 그녀의 전공에서 필수적이므로 어쨌거나 그것을 수강하려고 했다.
이유 2 둘째로, 그녀는 그것이 교수의 자율성을 훼손할 것이라고 말한다. 세부사항 교수들은 강의 내용을 학생 선호에 맞게 바꿔야 할 것이다. 이는 학생들에게 너무 큰 영향력을 줄 것이며, 그것은 교육의 질을 개선하지 않을 것이다.
마무리 이러한 이유로, 그녀는 그것이 좋은 의견이 아니라고 생각한다.

읽기 지문 및 대화 스크립트

읽기 지문

주제
강의 평가 제도를 도입해야 함

세부사항
수강신청 시 정보에 근거한 결정을 내림 / 의견에 기반해 강의를 조정하여 교육의 질을 개선함

Dear Editor,

The university presently has no mechanism in place for obtaining and disseminating student feedback about classes. However, I firmly believe that a class evaluation system should be instituted. Students would fill out feedback forms upon the completion of a course, and the results of the survey would be made public on the university website. Allowing students to read each other's comments about classes will help them make informed decisions when they register at the beginning of each semester. In addition, public evaluations will enable the university to adjust classes as necessary based on the feedback received. This will improve the overall quality of education at our school.

Jeff Owens

편집장님께,

대학은 현재 강의에 대한 학생 의견을 받아 공개하기 위해 시행 중인 체계가 없습니다. 하지만 저는 강의 평가제도가 도입되어야 한다고 굳게 믿습니다. 종강 때 학생들이 의견 양식을 작성하고, 그 설문 결과가 대학 웹사이트에 공개되도록 하는 것입니다. 학생들이 강의에 대한 서로의 의견을 읽도록 허용하는 것은 매 학기 초에 수강신청을 할 때 그들이 정보에 근거한 결정을 내리도록 도울 것입니다. 게다가, 공개 평가는 접수된 의견에 기반해 대학이 필요에 따라 강의를 조정할 수 있게 해줄 것입니다. 이는 우리 학교의 전반적인 교육의 질을 개선할 것입니다.

Jeff Owens 드림

대화 스크립트 🎧 TEST09_Q2_Conv

화자의 의견
반대

이유 1
일정과 필요조건에 기반해 수강신청을 하므로 강의 선택에 도움이 안 됨

세부사항
예) 물리학은 전공 필요조건이므로 어렵더라도 등록함

이유 2
교수의 자율성을 훼손함

세부사항
학생 선호에 맞게 강의 내용을 바꿔, 학생 영향력이 커짐

W: I completely disagree with the letter.
M: That's surprising. Doesn't an evaluation system seem like a good idea?
W: Not so much. First of all, it's not actually going to help students choose their classes.
M: Won't it be useful for students to read others' opinions before they register?
W: Not really. Most students sign up for classes based on scheduling, requirements for their major, stuff like that. Like this advanced physics class I'm taking . . .
M: Oh, you're in Physics 310, right? I heard there's way too much homework in that course.
W: Yeah, the workload is pretty excessive, but taking the class is one of the requirements for my major . . . I need it in order to graduate. So I was going to enroll even if other students said it was really difficult.
M: I see.
W: Also, student evaluations are going to damage professor autonomy in the classroom. Now, professors are free to determine course content as they see fit since they're experts in their fields. But under the new system, the university would change content to match student preferences. In other words, students would have too much influence. Does that truly sound like an improvement in the quality of education?

여: 나는 그 편지에 전적으로 반대해.
남: 그거 놀랍네. 평가제도는 좋은 의견처럼 보이지 않니?
여: 별로 안 그래. 우선, 그것은 실제로 학생들이 강의를 선택하는 데 도움이 되지 않을 거야.
남: 수강신청을 하기 전에 다른 사람들의 의견을 읽어보는 것이 학생들에게 유용하지 않을까?
여: 별로 그렇지 않아. 대부분의 학생은 일정, 전공 필요조건, 뭐 그런 것들에 기반해서 수강신청을 해. 내가 듣고 있는 이 심화 물리학 강의처럼 말이야…
남: 오, 너 물리학 310 수강 중이구나, 그렇지? 그 강의에는 과제가 너무 많다고 들었어.
여: 응, 공부량이 너무 지나치게 많지만, 그 강의를 듣는 것이 내 전공의 필요조건 중 하나라서… 나는 졸업하려면 그 강의가 필요해. 그래서 나는 다른 학생들이 그 강의가 정말 어렵다고 말하더라도 등록하려고 했어.
남: 그렇구나.
여: 그리고 학생 평가는 강의실에서 교수의 자율성을 훼손할 거야. 지금은, 교수들이 그들의 분야에서 전문가라서, 그들이 적합하다고 생각하는 대로 강의 내용을 자유롭게 결정하잖아. 하지만 새로운 제도 아래에서는, 대학이 학생 선호에 맞게 내용을 바꿀 거야. 다른 말로, 학생들이 너무 큰 영향력을 가지게 된다는 거지. 그게 진짜 교육의 질의 개선처럼 들리니?

VOCABULARY LIST

mechanism[mékənìzm] 체계　**in place** 시행 중인　**disseminate**[disémənèit] 공개하다, 퍼뜨리다　**institute**[ínstətʃùːt] 도입하다　**make public** 공개하다　**adjust**[ədʒʌ́st] 조정하다　**excessive**[iksésiv] 지나치게 많은　**autonomy**[ɔːtánəmi] 자율성

Q3 투명성의 환상

INTEGRATED TASK

읽기 노트 및 듣기 노트

읽기 노트

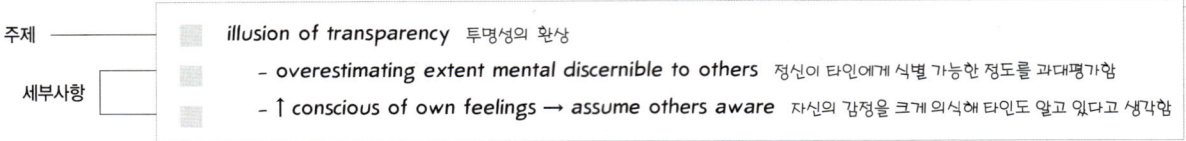

듣기 노트

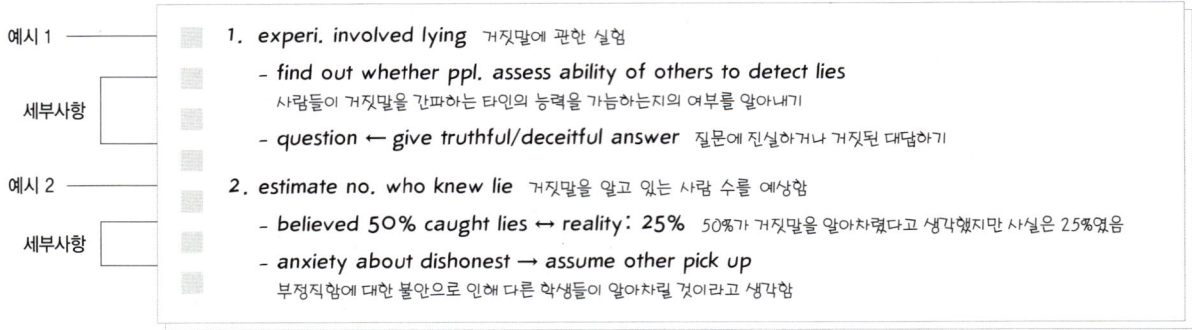

모범 답안 🎧 TEST09_R3

주제 According to the reading, the illusion of transparency is the tendency to overestimate the extent that internal mental states are discernible to others. The professor uses an example to explain the illusion of transparency.

예시 1 First, she describes an experiment about lying. 세부사항 Its purpose was to find out whether people can accurately assess the ability of other people to detect their lies. Students were instructed to give truthful or deceitful answers to the question.

예시 2 Second, she explains that the students estimated the number of people who knew they had lied. 세부사항 They believed that 50 percent of the other students caught their lies, but in reality only 25 percent did. This resulted from feelings of anxiety about being dishonest, which they assumed the other students could pick up on.

마무리 This example demonstrates the illusion of transparency.

주제 읽기 지문에 따르면, 투명성의 환상은 내적 정신 상태가 타인에게 식별 가능한 정도를 과대평가하는 경향이다. 교수는 한 가지 예를 들어 투명성의 환상을 설명한다.

예시 1 첫째로, 그녀는 거짓말에 관한 한 실험을 설명한다. 세부사항 그것의 목적은 사람들이 자신의 거짓말을 간파하는 타인의 능력을 정확하게 가늠할 수 있는지를 알아내는 것이었다. 학생들은 질문에 진실하거나 거짓된 대답을 하라고 지시받았다.

예시 2 둘째로, 그녀는 학생들이 자신이 거짓말을 했다는 것을 알고 있는 사람 수를 예상했다고 설명한다. 세부사항 그들은 나머지 학생들의 50%가 자신의 거짓말을 알아차렸다고 생각했지만, 사실은 단지 25%만이 알아차렸다. 이는 부정직함에 대한 불안감에서 비롯되었고, 그들은 다른 학생들이 이것을 알아차릴 수 있을 것이라고 생각했다.

마무리 이러한 예는 투명성의 환상을 보여준다.

읽기 지문 및 강의 스크립트

읽기 지문

주제
투명성의 환상

세부사항
정신 상태가 타인에게 식별 가능한 정도를 과대평가함 / 자신의 감정을 크게 의식해 타인도 알고 있다고 생각함

The Illusion of Transparency

A person placed in a stressful situation, such as giving a speech to a large group of people, has a natural tendency to assume that his or her nervousness is apparent to observers. The truth, however, is that people are prone to overestimating the extent to which their internal mental states are discernible to others. Psychologists refer to this cognitive bias as the illusion of transparency. It stems from the fact that all humans have an egocentric worldview—we experience reality through the filter of our own perceptions. As people are highly conscious of their own feelings and thoughts, they instinctively assume that others must be aware of them as well.

투명성의 환상

군중에게 연설하는 것과 같은 긴장을 일으키는 상황에 놓인 사람은 자신의 긴장상태가 관찰자들에게 명백히 보일 것이라고 생각하는 자연적 경향을 가진다. 하지만 진실은, 사람들은 그들의 내적 정신 상태가 타인에게 식별 가능한 정도를 과대평가하기 쉽다는 것이다. 심리학자들은 이 인지편향을 투명성의 환상이라고 부른다. 그것은 모든 사람이 자기중심적인 세계관을 가진다는 사실에서 비롯되는데, 이는 우리가 우리 자신의 인식의 필터를 통해 현실을 경험한다는 뜻이다. 사람들은 그들 자신의 감정과 생각을 크게 의식하기 때문에, 타인도 그 감정과 생각을 틀림없이 알고 있다고 본능적으로 생각한다.

강의 스크립트 🎧 TEST09_Q3_Lec

예시 1
거짓말에 관한 실험

세부사항
자신의 거짓말을 간파하는 타인의 능력을 가늠할 수 있는지를 알아내고자 함

Let's start with an example of the illusion of transparency. Researchers at Cornell University conducted a number of experiments to verify the existence of this cognitive bias and to, uh, determine its extent. One of the most successful involved lying . . . The researchers wanted to find out whether people are able to, um, accurately assess the ability of other people to detect their lies. How did they do this? Well, first they took a group of students who had never met before the experiment. Taking turns, each student walked to the front of the room and was given a card that included a question to be read out loud and then answered. Um, the questions were fairly straightforward . . . like, questions about what brand of shampoo the student preferred to use, or, uh, what famous people the student had met. The catch was that the cards also instructed the speaker to give a truthful or deceitful answer.

오늘은 투명성의 환상의 한 가지 예로 시작해 봅시다. 코넬대학교의 연구원들은 이 인지편향의 존재를 입증하고, 어, 그 정도를 알아내기 위해 많은 실험을 했습니다. 가장 성공적인 것 중 한 가지는 거짓말과 관련됩니다... 연구원들은 사람들이 자신의 거짓말을 간파하는 타인의 능력을, 음, 정확하게 가늠할 수 있는지의 여부를 알아내길 원했죠. 그들은 이것을 어떻게 알아냈을까요? 음, 먼저 그들은 실험 이전에는 만난 적이 없는 학생들의 집단을 구성했습니다. 돌아가면서, 각 학생은 방의 앞쪽으로 걸어가 소리 내어 읽은 다음 대답해야 하는 질문이 담긴 카드를 받았어요. 음, 그 질문들은 상당히 간단했죠... 이를 테면, 그 학생이 사용하기를 선호하는 샴푸의 브랜드가 무엇인지, 혹은, 어, 그 학생이 만나본 적 있는 유명인사는 누구인지에 대한 질문이었죠. 문제는 그 카드들이 화자에게 진실하거나 거짓된 대답을 하라고도 지시했다는 것입니다.

예시 2
거짓말을 알고 있는 사람 수를 예상함

세부사항
부정직함에 대한 불안으로 나머지 학생들이 거짓말을 알아차릴 것이라고 생각함

At the end of each round, the speaker was asked to estimate the number of people who knew whether a lie had been told. And the results clearly showed that the illusion of transparency was in full effect. On average, participants believed that around, uh, 50 percent of the other students had caught their lies, when the reality was that just over 25 percent were able to do so. The researchers attributed this to the students' feelings of anxiety about being dishonest . . . Even though they weren't telling big lies, they felt very uncomfortable and assumed the other students were able to pick up on this.

각 차례의 끝에, 화자는 거짓말을 했는지의 여부를 알고 있는 사람들의 수를 예상하라고 요청받았습니다. 그리고 그 결과는 투명성의 환상이 완전히 효력을 발휘했다는 것을 분명하게 보여줬어요. 평균적으로 참여자들은, 어, 나머지 학생들의 대략 50%가 자신의 거짓말을 알아차렸을 것으로 생각했는데, 사실은 25%가 조금 넘는 학생들만이 그럴 수 있었죠. 연구원들은 이것의 원인을 부정직함에 대한 학생들의 불안감으로 봤습니다... 비록 그들이 큰 거짓말을 하고 있지는 않았더라도, 그들은 매우 불편하게 느꼈고, 다른 학생들이 이것을 알아차릴 수 있을 것이라고 생각했던 것이죠.

VOCABULARY LIST

overestimate[òuvəréstəmeit] 과대평가하다　**discernible**[disə́ːrnəbl] 식별 가능한　**egocentric**[ìːgouséntrik] 자기중심적인　**conscious of** ~을 의식하는
verify[vérəfài] 입증하다　**detect**[ditékt] 간파하다　**catch**[kætʃ] 문제　**attribute A to B** A의 원인을 B로 보다　**pick up on** ~을 알아차리다

Q4 산불의 긍정적인 영향

INTEGRATED TASK

듣기 노트

주제 — fires: positive effect on forest 불이 숲에 미치는 긍정적인 영향

소주제 1 — 1. promotes growth of new vege. 새로운 초목의 성장을 촉진함

세부사항
- incinerate canopy & underbrush → ↑ sunlight penetrate 수관과 덤불을 태워 더 많은 햇빛이 투과하게 함
- organic matter burnt → nutrients for new vege. 불에 탄 유기물은 새로운 초목을 위한 영양분을 방출함

소주제 2 — 2. eliminate harmful parasites 해로운 기생충을 제거함

세부사항
- infested trees ↑ dead wood → ↑ susceptible to fire 해충이 들끓는 나무는 죽은 나무가 많아 불에 더 취약함
- prevent spread of pests ← infested area destroyed 해충이 들끓는 지역이 파괴되어 해충의 확산을 방지함

모범 답안 🎧 TEST09_R4

주제 The professor explains how fires benefit a forest **by giving two examples**.

소주제 1 **First, he describes** how a forest fire promotes the growth of new vegetation. **세부사항** It incinerates the canopy and underbrush, which allows greater amounts of sunlight to penetrate. Also, organic matter is burnt, releasing nutrients into the soil for new vegetation.

소주제 2 **Second, he describes** how fires eliminate harmful parasites. **세부사항** Infested trees include lots of dead wood, so they are more susceptible to fire. Fire prevents the spread of pests because the infested area of a forest is destroyed.

마무리 **These examples demonstrate** two advantages of forest fires.

주제 교수는 두 가지 예를 들어 불이 어떻게 숲에 도움이 되는지를 설명한다.

소주제 1 첫째로, 그는 산불이 새로운 초목의 성장을 촉진함을 설명한다. 세부사항 산불은 수관과 덤불을 태우는데, 이는 더 많은 양의 햇빛이 투과하도록 허용한다. 또한, 유기물은 불에 타서, 토양에 새로운 초목을 위한 영양분을 방출한다.

소주제 2 둘째로, 그는 불이 해로운 기생충을 제거함을 설명한다. 세부사항 해충이 들끓는 나무 중에는 죽은 나무가 많으므로 그것들은 불에 더 취약하다. 숲의 해충이 들끓는 지역이 파괴되므로, 불은 해충의 확산을 방지한다.

마무리 이러한 예는 산불의 두 가지 이점을 보여준다.

강의 스크립트

강의 스크립트 🎧 TEST09_Q4_Lec

주제
불이 숲에 미치는 긍정적인 영향

Forest fires are generally viewed as a destructive force of nature. Um, this is understandable given that they consume millions of acres of forest every year. But what many people don't realize is that these fires actually have a positive effect on forest ecosystems in a couple of ways.

소주제 1
새로운 초목의 성장을 촉진함

세부사항
수관과 덤불을 태워 더 많은 햇빛이 투과하게 함 / 불에 탄 유기물은 토양에 새로운 초목을 위한 영양분을 방출함

Now, one direct benefit of a forest fire is that it promotes the growth of new vegetation. In most cases, a forest fire will incinerate both the, uh, overhead canopy and the thick layer of underbrush that covers the forest floor. This allows greater amounts of sunlight to penetrate, making it possible for new plants and tree saplings to grow quickly. Another thing to keep in mind is that the, um, organic matter burnt in the fire will release nutrients back into the soil for use by the new vegetation. The end result is that the youngest, healthiest plants in a forest experience a period of extended growth following a forest fire.

소주제 2
해로운 기생충을 제거함

세부사항
해충이 들끓는 나무는 죽은 나무가 많아 불에 더 취약함 / 해충이 들끓는 지역이 파괴되어 해충의 확산을 방지함

Forest fires also eliminate harmful parasites. Insects, fungi, and similar organisms kill a large number of trees each year and, if left unchecked, will spread quickly through a forest. Luckily, forest fires are an effective way to, uh, destroy these organisms, as infested trees usually include large sections of dry, dead wood. Um, this makes them more susceptible to fire. In remote wilderness areas, the only force capable of preventing the continual spread of these pests from tree to tree is fire . . . Um, the infested area of a forest is usually completely destroyed when a fire breaks out as a result of a lightning strike or something.

산불은 일반적으로 자연의 파괴적인 위력으로 여겨집니다. 음, 산불이 매년 수백만 에이커의 숲을 소멸시키는 것을 고려할 때, 이것은 당연하죠. 하지만 많은 사람이 깨닫지 못하는 것은 이러한 불이 실제로는 몇 가지 측면에서 숲 생태계에 긍정적인 영향을 미친다는 것입니다.

자, 산불의 한 가지 직접적인 이점은 그것이 새로운 초목의 성장을 촉진한다는 것입니다. 대부분의 경우, 산불은, 어, 하늘 높이 우거진 수관과 숲의 바닥을 덮는 두꺼운 덤불 층 모두를 태워버릴 것입니다. 이는 더 많은 양의 햇빛이 투과하게 해주어, 새로운 식물과 어린 나무들이 빠르게 자라는 것을 가능하게 만듭니다. 기억해야 할 또 다른 것은, 음, 불에 탄 유기물은 토양에 새로운 초목이 사용할 영양분을 돌려보낸다는 것입니다. 그 최종 결과는 숲에서 가장 어리고 건강한 식물은 산불 후에 확대 성장의 시기를 경험하게 된다는 것입니다.

산불은 또한 해로운 기생충을 제거합니다. 곤충, 곰팡이, 그리고 동종의 생물들은 매년 다수의 나무를 죽게 하고, 만약 손을 쓰지 않은 채 내버려 둔다면, 숲 전체로 빠르게 퍼질 것입니다. 다행히, 산불은, 어, 이런 생물들을 파괴하는 효과적인 방법인데, 이는 해충이 들끓는 나무 대부분은 주로 마른, 죽은 나무가 많기 때문입니다. 음, 이는 그 나무들을 불에 더 취약하게 만듭니다. 외진 황야 지역에서, 나무에서 나무로의 이 해충들의 끊임없는 확산을 방지할 수 있는 유일한 힘은 불이죠... 음, 벼락 따위의 결과로 불이 나면, 숲의 해충이 들끓는 지역은 보통 완전히 파괴되니 말이죠.

VOCABULARY LIST

understandable[ʌ̀ndərstǽndəbl] 당연한　**consume**[kənsúːm] 소멸시키다　**ecosystem**[ékousìstəm] 생태계　**vegetation**[vèdʒətéiʃən] 초목　**incinerate**[insínərèit] 태우다　**canopy**[kǽnəpi] 수관　**underbrush**[ʌ́ndərbrʌ̀ʃ] 덤불　**penetrate**[pénətrèit] 투과하다　**tree sapling** 어린 나무　**keep in mind** 기억하다　**organic matter** 유기물　**extended**[iksténdid] 확대된　**eliminate**[ilímənèit] 제거하다　**parasite**[pǽrəsàit] 기생충　**fungi**[fʌ́ndʒai] 곰팡이, 균류　**unchecked**[ʌ̀ntʃékt] 손을 쓰지 않은 채 내버려 둔　**infest**[infést] (해충, 곤충 등이) 들끓다　**susceptible**[səséptəbl] 취약한　**remote**[rimóut] 외진　**wilderness**[wíldərnis] 황야　**pest**[pest] 해충　**break out** 일어나다　**lighting strike** 벼락

SELF-EVALUATION LIST TEST 09

앞서 학습한 내용을 바탕으로 자신의 답안에 대해 다음 사항을 점검하고 앞으로 개선해야 할 점을 확인해 보세요.

Q1

1. 문제에서 요구하는 정보를 모두 말하였다. (나의 선택, 이유 및 구체적 근거) ☐ Yes ☐ No
2. 이유 및 구체적 근거를 들어 나의 선택을 논리적으로 뒷받침하였다. ☐ Yes ☐ No
3. 다양한 어휘 및 표현, 문장 구조를 사용하여 말하였다. ☐ Yes ☐ No
4. 올바른 발음, 강세 및 억양으로 말하였다. ☐ Yes ☐ No

Q2

1. 문제에서 요구하는 정보를 모두 말하였다. (읽기 지문의 주제, 대화 속 화자의 의견 및 이유) ☐ Yes ☐ No
2. 문제에서 요구하는 정보를 읽기 지문 및 대화의 내용에 근거해 정확하게 말하였다. ☐ Yes ☐ No
3. 다양한 어휘 및 표현, 문장 구조를 사용하여 말하였다. ☐ Yes ☐ No
4. 올바른 발음, 강세 및 억양으로 말하였다. ☐ Yes ☐ No

Q3

1. 문제에서 요구하는 정보를 모두 말하였다. (읽기 지문의 주제, 강의의 예시) ☐ Yes ☐ No
2. 문제에서 요구하는 정보를 읽기 지문 및 강의의 내용에 근거해 정확하게 말하였다. ☐ Yes ☐ No
3. 다양한 어휘 및 표현, 문장 구조를 사용하여 말하였다. ☐ Yes ☐ No
4. 올바른 발음, 강세 및 억양으로 말하였다. ☐ Yes ☐ No

Q4

1. 문제에서 요구하는 정보를 모두 말하였다. (강의의 주제, 소주제 및 세부사항) ☐ Yes ☐ No
2. 문제에서 요구하는 정보를 강의의 내용에 근거해 정확하게 말하였다. ☐ Yes ☐ No
3. 다양한 어휘 및 표현, 문장 구조를 사용하여 말하였다. ☐ Yes ☐ No
4. 올바른 발음, 강세 및 억양으로 말하였다. ☐ Yes ☐ No

HACKERS TOEFL ACTUAL TEST SPEAKING

TEST 10

INDEPENDENT TASK
Q1 모범 답안 · 해석

INTEGRATED TASK
Q2 모범 답안 · 지문 · 해석
Q3 모범 답안 · 지문 · 해석
Q4 모범 답안 · 지문 · 해석

SELF-EVALUATION LIST

무료 음원 바로 듣기

Q1 아이들은 집안일을 거들어야 하는가?

INDEPENDENT TASK

QUESTION State whether you agree or disagree with the following statement. Then explain your reasons using specific details in your explanation. **Children should help out with chores as soon as they are old enough.**
다음 진술에 동의하는지 동의하지 않는지 말하세요. 그리고 구체적 근거를 들어 이유를 설명하세요. 아이들은 나이가 충분히 드는 대로 집안일을 거들어야 한다.

아웃라인

동의함

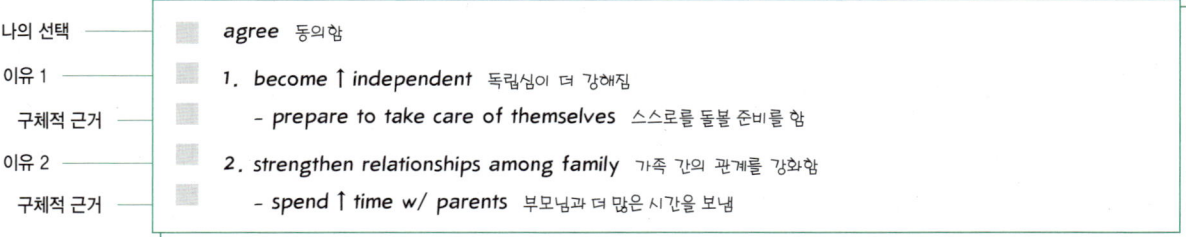

- 나의 선택 — agree 동의함
- 이유 1 — 1. become ↑ independent 독립심이 더 강해짐
- 구체적 근거 —   - prepare to take care of themselves 스스로를 돌볼 준비를 함
- 이유 2 — 2. strengthen relationships among family 가족 간의 관계를 강화함
- 구체적 근거 —   - spend ↑ time w/ parents 부모님과 더 많은 시간을 보냄

추가 제공 아웃라인 답변 아이디어를 얻는 데 참고해 보세요!

동의하지 않음

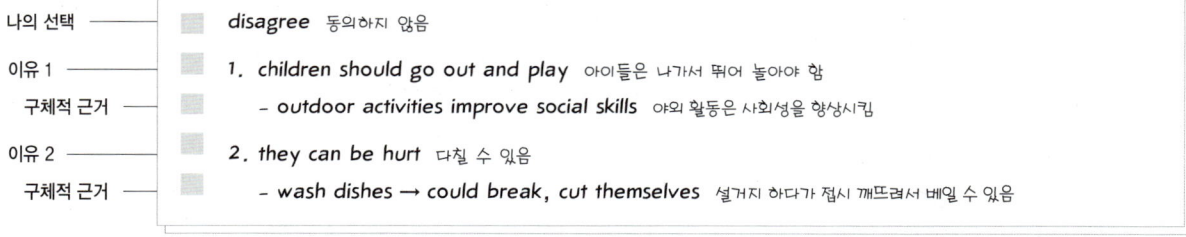

- 나의 선택 — disagree 동의하지 않음
- 이유 1 — 1. children should go out and play 아이들은 나가서 뛰어 놀아야 함
- 구체적 근거 —   - outdoor activities improve social skills 야외 활동은 사회성을 향상시킴
- 이유 2 — 2. they can be hurt 다칠 수 있음
- 구체적 근거 —   - wash dishes → could break, cut themselves 설거지 하다가 접시 깨뜨려서 베일 수 있음

모범 답안 🎧 TEST10_R1

나의 선택
이유 1
구체적 근거

이유 2
구체적 근거

마무리

(나의 선택) **I agree with the statement that** children should help out with chores when they're old enough.

(이유 1) **First,** this will help them become more independent. (구체적 근거) **To be specific,** since they will be adults one day, they can prepare in advance by understanding what kind of chores they will need to do in order to take care of themselves.

(이유 2) **Second,** this will strengthen the relationships among family members. (구체적 근거) **Specifically,** children who help with chores will spend more ✿**quality time** with their parents.

(마무리) **For these reasons, I agree** that children should assist their parents with household chores at the appropriate age.

나의 선택 나는 아이들이 나이가 충분히 들면 집안일을 거들어야 한다는 진술에 동의한다.
이유 1 첫째로, 이는 그들이 독립심이 더 강해지도록 도울 것이다. 구체적 근거 구체적으로, 그들은 언젠가 어른이 될 것이므로, 스스로를 돌보기 위해 어떤 종류의 집안일을 해야 할지 이해함으로써 미리 준비할 수 있다.
이유 2 둘째로, 이는 가족 구성원들 간의 관계를 강화할 것이다. 구체적 근거 구체적으로, 집안일을 거드는 아이들은 부모님과 귀중한 시간을 더 많이 보낼 것이다.
마무리 이러한 이유로, 나는 아이들이 적당한 나이에 부모님을 도와 가사일을 해야 한다는 것에 동의한다.

어휘 및 표현
help out with ~을 거들다   chore[tʃɔːr] 집안일, 잡일   independent[ìndipéndənt] 독립심이 강한   in advance 미리, 사전에
strengthen[stréŋkθən] 강화하다   household[háushòuld] 가사의   appropriate[əpróupriət] 적당한

🎧 **고득점 필수 표현**   ✿ **quality time** 귀중한 시간

- My older sister and I shared some **quality time** over dinner. 언니와 나는 저녁 식사를 하면서 **귀중한 시간**을 함께 했다.
- From my point of view, the most worthwhile activity is spending **quality time** with loved ones.
  내 생각에, 가장 가치 있는 일은 사랑하는 사람들과 **귀중한 시간**을 보내는 것이다.

Q2 전공에 따른 기숙사 배치

INTEGRATED TASK

읽기 노트 및 듣기 노트

읽기 노트

주제 — dorm assign by major 전공에 따른 기숙사 배치

세부사항
- diff. majors: dissimilar class schedules & conflicting routines
  다른 전공끼리 수업 일정이 다르고 일과가 대립함
- ↑ harmonious living & benefit academically 더 조화롭게 거주하고 학문적으로 이익을 얻음

듣기 노트

화자의 의견 — M: X 남: 반대

이유 1
1. lifestyle clash b/c lives outside school diff. 생활 방식은 학교 이외의 생활이 달라서 상충함
세부사항
- routines depend ↑ on obligations & preferences for free time
  일과는 의무와 여가에 대한 성향에 더 많이 좌우됨

이유 2
2. already spend ↑ time together 이미 많은 시간을 함께 보냄
세부사항
- exposure to other majors: have diff. perspectives → broaden horizons
  다른 관점을 지닌 다른 전공자들에게의 노출이 시야를 넓혀줌

모범 답안 🎧 TEST10_R2

주제 According to the reading, dormitories will be assigned by major starting next semester.

화자의 의견 The man does not think it is a good idea for two reasons.

이유 1 First, he says that students' lifestyles clash not because they have different class schedules, but because their lives outside of school are different. **세부사항** To be specific, students' routines depend more on their obligations and preferences regarding their free time than on their majors.

이유 2 Second, he mentions that students with the same major already spend a lot of time together. **세부사항** He thinks students need exposure to other majors since different perspectives will broaden their horizons.

마무리 For these reasons, he believes it is not a great idea.

주제 읽기 지문에 따르면, 다음 학기부터 기숙사가 전공에 따라 배치될 것이다.
화자의 의견 남자는 두 가지 이유로 그것이 좋은 의견이 아니라고 생각한다.
이유 1 첫째로, 그는 학생들의 생활 방식은 그들의 수업 일정이 달라서가 아니라, 학교 이외의 생활이 달라서 상충한다고 말한다. **세부사항** 구체적으로, 학생들의 일과는 전공보다는 그들의 의무와 자유시간에 대한 성향에 더 많이 좌우된다.
이유 2 둘째로, 그는 같은 전공을 가진 학생들은 이미 많은 시간을 함께 보낸다고 말한다. **세부사항** 그는 다른 관점이 그들의 시야를 넓혀줄 것이기 때문에, 학생들은 다른 전공자들에게의 노출이 필요하다고 생각한다.
마무리 이러한 이유로, 그는 그것이 좋은 의견이 아니라고 생각한다.

읽기 지문 및 대화 스크립트

읽기 지문

주제
전공에 따른 기숙사 배치

세부사항
다른 전공끼리 수업 일정이 다르고 일과가 대립함 / 더 조화롭게 거주하고 학문적으로 이익을 얻음

Dormitory Assignments to Be by Major

At present, the university assigns students to dormitories randomly. Starting next semester, however, the university will begin organizing the on-campus residences according to major, with students in the same area of study being placed in the same dormitory building. Difficulties tend to arise when students with different majors room together. Specifically, students have been complaining about problems related to dissimilar class schedules and conflicting daily routines. We hope reorganizing the dormitories in this way will facilitate a more harmonious living situation. Additionally, students grouped together by major may benefit academically since they can study with their dorm mates and assist each other with their courses.

전공에 따른 기숙사 배치

현재 대학은 학생들을 기숙사에 임의로 배치합니다. 그러나 다음 학기부터, 대학은 전공에 따라서 교내 거주지를 편성하기 시작할 것이며, 같은 학문 분야에 있는 학생들은 같은 기숙사 건물에 배치될 것입니다. 다른 전공을 가진 학생들이 방을 함께 사용하는 경우에 곤란한 상황이 발생하는 경향이 있습니다. 특히 학생들은 다른 수업 일정 및 대립하는 일과와 관련된 문제들에 대해 항의해왔습니다. 우리는 기숙사를 이런 식으로 재편하는 것이 더 조화로운 거주 환경을 조성하기를 희망합니다. 추가적으로, 전공에 따라 함께 분류된 학생들은 기숙사 친구들과 함께 공부하며 학습을 서로 도울 수 있으므로 학문적으로 이익을 얻을 것입니다.

대화 스크립트 🎧 TEST10_Q2_Conv

화자의 의견
반대

이유 1
생활 방식은 학교 이외의 생활이 달라서 상충함

세부사항
일과는 의무와 자유시간을 보내는 성향에 더 많이 좌우됨

이유 2
전공자들끼리는 이미 많은 시간을 함께 보냄

세부사항
다른 전공자들에게의 노출이 시야를 넓혀줌

W: Huh. Apparently, the dorm arrangements are going to change next semester.
M: It's a silly idea, if you ask me. What the article said about clashing schedules doesn't make sense. Students' lifestyles clash not because their majors have different class schedules, but because their lives outside of school are different. People's daily routines depend a lot more on their obligations and their preferences for spending their free time than on what their major is. I mean, classes are just one part of your day-to-day life. This dorm policy change doesn't take into account students' personal lives and what they prefer to do with their spare time . . . things like part-time jobs or family commitments.
W: Yeah, you make a good point.
M: And another thing is I'm not convinced about the academic benefit of rooming majors together. They already spend a lot of time together in classes, study groups, and so on.
W: So you think sharing a dorm won't be good for their studies?
M: Not really. Students who are in the same program offer each other advice and assistance all the time, so living together on top of that won't, um, be very useful. What would be useful is exposure to students with other majors. Since they are likely to have different perspectives, they can broaden each other's horizons. That would be much more beneficial to a student's education than being around the same people day in and day out.

여: 허. 듣자 하니, 다음 학기에 기숙사 배치가 바뀔 예정이라니.
남: 내 개인적인 생각으로는, 그건 바보 같은 생각이야. 그 기사가 상충하는 일정에 관해 이야기한 것은 말이 안 돼. 학생들의 생활 방식이 상충하는 것은 그들의 전공 수업 일정이 달라서가 아니라, 학교 이외의 생활이 다르기 때문이야. 사람들의 일과는 전공보다는 그들의 의무와 여가를 보내는 성향에 훨씬 더 많이 좌우돼. 그러니까, 수업은 일상생활의 일부일 뿐이잖아. 이 기숙사 정책 변경은 학생들의 개인 생활과 그들이 여가에 하고 싶어하는 것을 고려하고 있지 않아... 아르바이트나 집안일 같은 것을 말이야.
여: 그래, 좋은 의견이네.
남: 또 다른 점은, 나는 전공자들끼리 방을 함께 사용하게 하는 것의 학문적 이익에 대해 설득이 안 돼. 그들은 이미 수업, 스터디 모임 등에서 많은 시간을 함께 보내잖아.
여: 그래서 너는 기숙사를 함께 사용하는 것이 그들의 학업에 도움이 안 될 것이라고 생각하는구나?
남: 별로 안 되지. 같은 과정에 있는 학생들은 항상 서로 조언과 도움을 주기 때문에, 이에 더해 함께 살기까지 하는 것은, 음, 그렇게 유용하지는 않을 거야. 유용한 것은 다른 전공을 가진 학생들에게의 노출일 거야. 그들은 다른 관점을 지녔을 가능성이 있어서, 서로의 시야를 넓혀줄 수 있어. 그것이 아침저녁으로 같은 사람들 주위에만 있는 것보다는 학생의 교육에 훨씬 더 유익할 거야.

VOCABULARY LIST

residence[rézədəns] 거주지　difficulty[dífikʌ̀lti] 곤란한 상황　dissimilar[dissímələr] 다른　conflict[kánflikt] 대립하다　facilitate[fəsílətèit] 조성하다
harmonious[hɑːrmóuniəs] 조화로운　clash[klæʃ] 상충하다　obligation[àbləgéiʃən] 의무　take into account 고려하다　family commitment 집안일
horizon[həráizn] 시야　day in and day out 아침저녁으로

Q3 세력 투쟁 행위

INTEGRATED TASK

읽기 노트 및 듣기 노트

읽기 노트

주제 / 세부사항

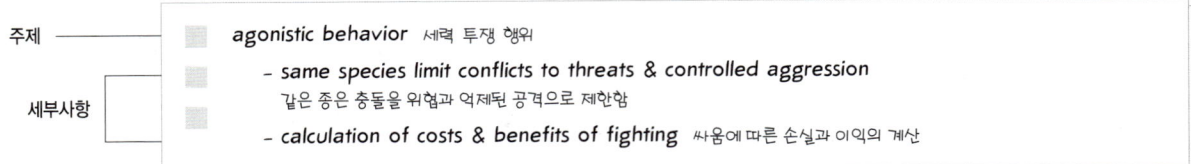

듣기 노트

예시 1 / 세부사항 / 예시 2 / 세부사항

모범 답안 🎧 TEST10_R3

주제 (주제) **According to the reading,** agonistic behavior is when animals of the same species limit conflicts to threats and acts of controlled aggression. **The professor uses two examples to explain** agonistic behavior.

예시 1 / 세부사항 (예시 1) **First, she describes** gorillas, which avoid combat. (세부사항) They establish dominance using ritual displays that include hooting and mock charges. In this way, one gorilla can be forced to acknowledge the superiority of another gorilla without a fight.

예시 2 / 세부사항 (예시 2) **Second, she describes** lobsters, which engage in actual combat. (세부사항) Lobsters compete with each other for territory, and the physical confrontations between them are almost like wrestling. However, one of the lobsters usually flees before serious injuries occur.

마무리 (마무리) **These examples demonstrate** agonistic behavior.

주제 읽기 지문에 따르면, 세력 투쟁 행위는 같은 종의 동물들이 충돌을 위협과 억제된 공격 행위로 제한하는 경우이다. 교수는 두 가지 예를 들어 세력 투쟁 행위를 설명한다.

예시 1 첫째로, 그녀는 싸움을 피하는 고릴라를 설명한다. **세부사항** 그들은 콧방귀 뀌기와 가짜 습격을 포함하는 의례적 과시를 사용해 우세를 입증한다. 이렇게 하여, 한 고릴라는 싸움 없이 다른 고릴라의 우월성을 인정하게 된다.

예시 2 둘째로, 그녀는 진짜 싸움을 하는 바닷가재를 설명한다. **세부사항** 바닷가재는 영토를 두고 서로 경쟁하는데, 그들 사이의 육체적 대립은 거의 레슬링 같다. 그러나 보통 심각한 부상이 발생하기 전에 바닷가재 중 한 마리가 도망간다.

마무리 이러한 예는 세력 투쟁 행위를 보여준다.

읽기 지문 및 강의 스크립트

읽기 지문

주제
세력 투쟁 행위

세부사항
같은 종은 충돌을 위협과 억제된 공격으로 제한함 / 싸움에 따른 손실과 이익의 계산

Agonistic Behavior

Hostile encounters between animals of different species often result in death. However, animals of the same species tend to limit their conflicts to threats and controlled acts of aggression. Referred to as agonistic behavior, these interactions stem from resource shortages and are characterized by careful calculation of the potential costs and benefits of fighting. Participants usually show a reluctance to engage in physical combat because the reward for victory rarely outweighs the danger of injury or death. In the rare cases that actual fighting does occur, both animals show restraint to reduce the risk of serious physical harm.

세력 투쟁 행위

다른 종의 동물들 사이의 적대적 접촉은 종종 죽음을 불러온다. 그러나 같은 종의 동물들은 그들의 충돌을 위협과 억제된 공격 행동으로 제한하는 경향이 있다. 세력 투쟁 행위로 불리는 이러한 상호작용은 자원 부족에서 기인하며, 싸움에 따른 잠재적인 손실과 이익의 신중한 계산으로 특징지어진다. 싸움 참여자들은 일반적으로 육체적 싸움에 돌입하는 것을 꺼리는데, 이는 승리에 대한 보상이 부상이나 죽음의 위험을 좀처럼 능가하지 않기 때문이다. 진짜 싸움이 일어나는 드문 경우에, 두 동물은 심각한 육체적 상해의 위험을 줄이기 위해 자제한다.

강의 스크립트 🎧 TEST10_Q3_Lec

예시 1
싸움을 피하는 고릴라

세부사항
우세 입증을 위한 의례적 과시를 이용해서, 싸움 없이 우월성을 인정함

One type of animal that is famous for agonistic behavior is the gorilla, which seems to go out of its way to avoid actual combat with other members of its species. Um, gorillas live in groups with strict social hierarchies, so confrontations to establish dominance are common. These engagements consist of ritual displays of aggression that typically include an escalating series of vocalizations and gestures. The gorillas begin by hooting and grunting and, uh, by throwing vegetation into the air. If neither backs down, they will engage in more hostile actions such as chest beating and kicking motions. The final stage is mock charges . . . uh, the gorillas run toward each other like an attack is about to be launched, but turn away at the last minute. This display of aggression is usually enough to force one of the gorillas to acknowledge the physical superiority of the other without a fight occurring.

세력 투쟁 행위로 유명한 동물의 한 종류는 종 내 다른 동물들과의 진짜 싸움을 피하려고 비상한 노력을 하는 것처럼 보이는 고릴라입니다. 음, 고릴라들은 엄격한 사회계층을 가진 무리 단위로 살기 때문에, 우세를 입증하기 위한 대립이 흔하죠. 이 교전은 일반적으로 단계적으로 확대되는 일련의 발성과 몸짓을 포함하는 공격의 의례적인 과시로 이루어집니다. 이 고릴라들은 콧방귀를 뀌고 꿀꿀거리며, 어, 공중에 식물을 던지는 것으로 시작합니다. 만약 둘 다 뒤로 물러나지 않으면, 그들은 가슴 치기와 발로 차는 동작과 같은 더욱 적대적인 행동에 돌입하죠. 마지막 단계는 가짜 습격입니다... 어, 고릴라들은 공격이 곧 시작될 것처럼 서로를 향해 달려가지만, 막판에는 돌아섭니다. 이러한 공격의 과시는 보통 싸움이 일어나지 않고도 한 고릴라가 상대의 육체적 우월성을 인정하도록 만들기에 충분합니다.

예시 2
진짜 싸움을 하는 바닷가재

세부사항
영토를 두고 경쟁하며 레슬링 같은 육체적 대립을 하는데, 부상 전에 한 마리가 도망감

OK, let's now turn to the lobster . . . These crustaceans are prone to agonistic fighting. Um, actual combat occurs, but in such a way as to make significant injuries unlikely. Take the fights that break out between juvenile males that are competing for the same piece of territory . . . In the first stage of the physical confrontation, the lobsters use their claws to grasp one another, and then each tries to, uh, flip the other onto its back. It's almost like wrestling. If the loser retreats, the fight is over. If not, the lobsters will then begin to use their claws in earnest . . . um, snapping and tearing at each other's bodies. However, one lobster will usually flee before any serious injuries are incurred.

자, 이제 바닷가재로 넘어가 봅시다... 이 갑각류들은 세력 투쟁 싸움을 곧잘 해요. 음, 진짜 싸움이 일어나긴 하지만, 큰 부상은 발생하지 않을법한 정도로 일어나죠. 같은 부분의 영토를 두고 경쟁하는 젊은 수컷들 사이에 발생하는 싸움을 살펴 봅시다... 육체적 대립의 첫 단계에서, 그 바닷가재들은 서로를 움켜잡는 데 그들의 집게발을 이용하고, 그 다음, 어, 각자 등에 올라타서 상대를 뒤집으려고 하죠. 이것은 거의 레슬링 같아요. 만약 패자가 후퇴하면 싸움은 끝납니다. 그렇지 않으면, 바닷가재들은 그들의 집게발을 본격적으로 쓰기 시작합니다... 음, 달려들어 상대의 몸을 잡아 뜯으면서요. 하지만 보통 어떤 심각한 부상도 발생하기 전에 한 바닷가재가 도망갈 것입니다.

VOCABULARY LIST

hostile[hástl] 적대적인 **aggression**[əgréʃən] 공격 **outweigh**[àutwéi] 능가하다 **go out of one's way** 비상한 노력을 하다
confrontation[kànfrəntéiʃən] 대립 **dominance**[dάmənəns] 우세 **ritual**[rítʃuəl] 의례적인 **escalate**[éskəleit] 단계적으로 확대시키다
hoot[hu:t] 콧방귀를 뀌다 **grunt**[grʌnt] 꿀꿀거리다 **mock**[mak] 가짜의 **charge**[tʃɑːrdʒ] 습격 **launch**[lɔːntʃ] 시작하다
crustacean[krʌstéiʃən] 갑각류 **juvenile**[dʒúːvənl] 젊은 **claw**[klɔː] (게ㆍ가재 등의) 집게발 **flip**[flip] 뒤집다 **retreat**[ritríːt] 후퇴하다
in earnest 본격적으로 **snap**[snæp] 달려들다 **tear**[tɛər] 잡아 뜯다 **flee**[fliː] 도망가다 **incur**[inkə́ːr] 발생시키다

Q4 목표의 두 가지 기준

INTEGRATED TASK

듣기 노트

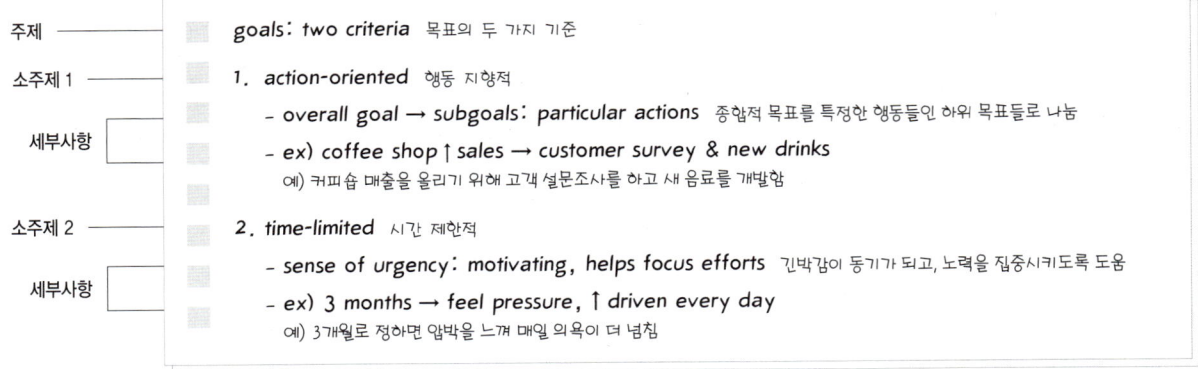

주제 — goals: two criteria 목표의 두 가지 기준
소주제 1 — 1. action-oriented 행동 지향적
세부사항 — - overall goal → subgoals: particular actions 종합적 목표를 특정한 행동들인 하위 목표들로 나눔
- ex) coffee shop ↑ sales → customer survey & new drinks
  예) 커피숍 매출을 올리기 위해 고객 설문조사를 하고 새 음료를 개발함
소주제 2 — 2. time-limited 시간 제한적
세부사항 — - sense of urgency: motivating, helps focus efforts 긴박감이 동기가 되고, 노력을 집중시키도록 도움
- ex) 3 months → feel pressure, ↑ driven every day
  예) 3개월로 정하면 압박을 느껴 매일 의욕이 더 넘침

모범 답안 🎧 TEST10_R4

주제 The professor explains two criteria that goals should meet **by giving two examples**.

소주제 1 **First, he describes** how goals should be action-oriented. **세부사항** You should divide the overall goal into smaller subgoals, which are particular actions you can take. For example, if the professor owns a coffee shop and he wants to increase sales, he can make a customer survey and create new drinks as his subgoals.

소주제 2 **Second, he describes** how goals should be time-limited. **세부사항** Having a deadline for your goals gives you a sense of urgency. This is motivating and helps you focus your efforts. For instance, if the professor sets a deadline of three months to increase sales, he will feel pressure and be more driven to work every day to accomplish the goal.

마무리 **These examples demonstrate** two characteristics of effective goals.

주제 교수는 두 가지 예를 들어 목표가 충족시켜야 할 두 가지 기준을 설명한다.

소주제 1 첫째로, 그는 목표가 행동 지향적이어야 함을 설명한다. 세부사항 종합적인 목표를 취할 수 있는 특정한 행동인 더 작은 하위 목표들로 나누어야 한다. 예를 들어, 만약 교수가 커피숍을 소유하고 있고 매출을 올리고 싶다면, 그는 하위 목표로 고객 설문조사를 만들고 새 음료를 개발할 수 있다.

소주제 2 둘째로, 그는 목표가 시간 제한적이어야 함을 설명한다. 세부사항 목표를 위한 기한을 갖는 것은 긴박감을 준다. 이는 동기가 되며 노력을 집중시키도록 돕는다. 예를 들어, 만약 교수가 매출을 올리기 위한 기한을 3개월로 정한다면, 그는 압박을 느끼고 목표를 성취하기 위해 매일 일할 의욕이 더 넘칠 것이다.

마무리 이러한 예는 효과적인 목표의 두 가지 특징을 보여준다.

강의 스크립트

강의 스크립트 🎧 TEST10_Q4_Lec

주제
목표의 두 가지 기준

Setting goals is obviously a critical element of success in the business world. But simply having a general idea of what you want to accomplish isn't enough. Rather, it's important that your goals meet two criteria—they should be action-oriented and time-limited.

소주제 1
행동 지향적

세부사항
종합적 목표를 하위 목표들로 나눔 / 예) 커피숍 매출을 올리기 위해 고객 설문조사를 하고 새 음료를 개발함

The first thing you need to realize is that goals need to be action-oriented. You have to break the overall goal into smaller, uh, subgoals . . . in other words, particular actions that bring you closer to achieving the main objective. For example, let's say I own a coffee shop, and my goal is to increase sales by 25 percent. To make this action-oriented, I need to identify things that I can do in order to accomplish that. And the first action I can take might be to create a customer survey. I want to, uh, figure out what my customers like and don't like so that I can make the shop more appealing to them. Once that subgoal is completed, I'll make further subgoals, like inventing new drinks and then offering free samples to attract customers.

소주제 2
시간 제한적

세부사항
기한이 주는 긴박감이 동기가 되고, 노력을 집중시키도록 도움 / 예) 3개월로 정하면 목표를 위해 매일 일할 의욕이 더 넘침

Another consideration is that a goal should be time-limited . . . that is, it needs to have a definite time frame attached to it. This is because having a deadline gives you a sense of urgency, which can be very motivating . . . it helps you focus your efforts. OK, back to the coffee shop example. I want to increase my sales by 25 percent, but by when? Well, after doing some research, I might decide that three months is a reasonable period of time to accomplish this, so that becomes the time limit. Now I feel pressure whenever I look at the calendar . . . because each day brings me one day closer to that deadline. And as a result, I'm much more driven to work every day toward accomplishing my objective.

So . . . goals need to be action-oriented and time-limited. And these two concepts work in tandem. By setting specific time frames to accomplish individual subgoals, you are more likely to achieve your overall objectives in a timely manner.

VOCABULARY LIST

critical[krítikəl] 결정적인 criteria[kraitíəriə] 기준 overall[óuvərɔ̀:l] 종합적인 subgoal[sʌ́bgòul] 하위 목표 objective[əbdʒéktiv] 목표
appealing[əpí:liŋ] 매력적인 further[fə́:rðər] 추가의 consideration[kənsìdəréiʃən] 고려사항 time frame 기간 attach[ətǽtʃ] 부여하다
urgency[ə́:rdʒənsi] 긴박 reasonable[rí:zənəbl] 합리적인 pressure[préʃər] 압박 driven[drívən] 의욕이 넘치는 in tandem 동시에, 나란히
in a timely manner 시기적절하게

SELF-EVALUATION LIST TEST 10

앞서 학습한 내용을 바탕으로 자신의 답안에 대해 다음 사항을 점검하고 앞으로 개선해야 할 점을 확인해 보세요.

Q1

1. 문제에서 요구하는 정보를 모두 말하였다. (나의 선택, 이유 및 구체적 근거) ☐ Yes ☐ No
2. 이유 및 구체적 근거를 들어 나의 선택을 논리적으로 뒷받침하였다. ☐ Yes ☐ No
3. 다양한 어휘 및 표현, 문장 구조를 사용하여 말하였다. ☐ Yes ☐ No
4. 올바른 발음, 강세 및 억양으로 말하였다. ☐ Yes ☐ No

Q2

1. 문제에서 요구하는 정보를 모두 말하였다. (읽기 지문의 주제, 대화 속 화자의 의견 및 이유) ☐ Yes ☐ No
2. 문제에서 요구하는 정보를 읽기 지문 및 대화의 내용에 근거해 정확하게 말하였다. ☐ Yes ☐ No
3. 다양한 어휘 및 표현, 문장 구조를 사용하여 말하였다. ☐ Yes ☐ No
4. 올바른 발음, 강세 및 억양으로 말하였다. ☐ Yes ☐ No

Q3

1. 문제에서 요구하는 정보를 모두 말하였다. (읽기 지문의 주제, 강의의 예시) ☐ Yes ☐ No
2. 문제에서 요구하는 정보를 읽기 지문 및 강의의 내용에 근거해 정확하게 말하였다. ☐ Yes ☐ No
3. 다양한 어휘 및 표현, 문장 구조를 사용하여 말하였다. ☐ Yes ☐ No
4. 올바른 발음, 강세 및 억양으로 말하였다. ☐ Yes ☐ No

Q4

1. 문제에서 요구하는 정보를 모두 말하였다. (강의의 주제, 소주제 및 세부사항) ☐ Yes ☐ No
2. 문제에서 요구하는 정보를 강의의 내용에 근거해 정확하게 말하였다. ☐ Yes ☐ No
3. 다양한 어휘 및 표현, 문장 구조를 사용하여 말하였다. ☐ Yes ☐ No
4. 올바른 발음, 강세 및 억양으로 말하였다. ☐ Yes ☐ No

HACKERS TOEFL ACTUAL TEST SPEAKING

TEST 11

INDEPENDENT TASK
Q1 모범 답안 · 해석

INTEGRATED TASK
Q2 모범 답안 · 지문 · 해석
Q3 모범 답안 · 지문 · 해석
Q4 모범 답안 · 지문 · 해석

SELF-EVALUATION LIST

무료 음원 바로 듣기

Q1 사용 전에 매뉴얼 읽기 vs. 읽지 않기

INDEPENDENT TASK

QUESTION Some people go through a product's manual carefully before using it. Others don't bother to read the manual at all. Which do you think is better? Explain why.

어떤 사람들은 제품을 사용하기 전에 제품의 매뉴얼을 주의 깊게 살펴봅니다. 다른 사람들은 매뉴얼을 읽는 것에 전혀 신경쓰지 않습니다. 당신은 어떤 것이 낫다고 생각합니까? 이유를 설명하세요.

아웃라인

사용 전에 매뉴얼 읽기 선호

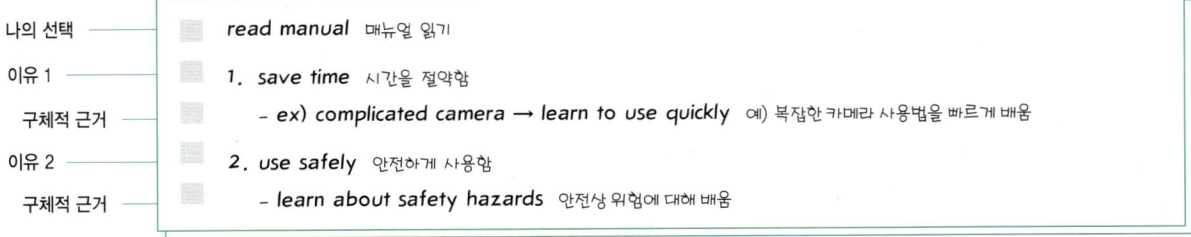

- 나의 선택: read manual 매뉴얼 읽기
- 이유 1: 1. save time 시간을 절약함
- 구체적 근거: - ex) complicated camera → learn to use quickly 예) 복잡한 카메라 사용법을 빠르게 배움
- 이유 2: 2. use safely 안전하게 사용함
- 구체적 근거: - learn about safety hazards 안전상 위험에 대해 배움

추가 제공 아웃라인 답변 아이디어를 얻는 데 참고해 보세요!

매뉴얼 읽지 않기 선호

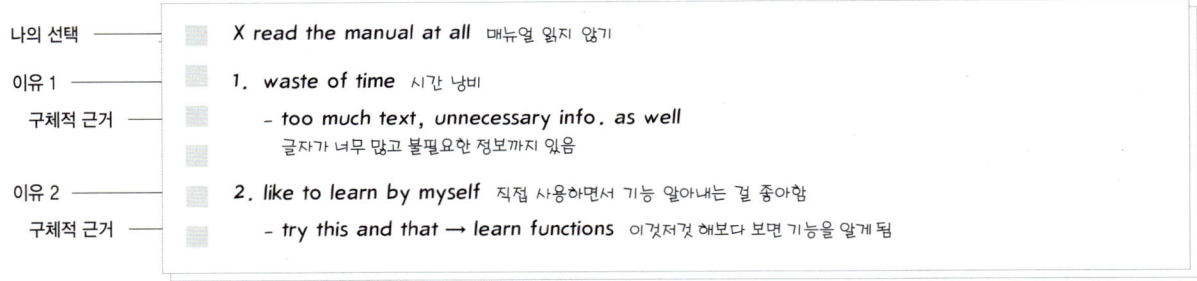

- 나의 선택: X read the manual at all 매뉴얼 읽지 않기
- 이유 1: 1. waste of time 시간 낭비
- 구체적 근거: - too much text, unnecessary info. as well 글자가 너무 많고 불필요한 정보까지 있음
- 이유 2: 2. like to learn by myself 직접 사용하면서 기능 알아내는 걸 좋아함
- 구체적 근거: - try this and that → learn functions 이것저것 해보다 보면 기능을 알게 됨

모범 답안 🎧 TEST11_R1

나의 선택

(나의 선택) **I think it is better** to read a manual carefully before using a product.

이유 1
구체적 근거

(이유 1) **First**, reading the manual saves time. (구체적 근거) **For example**, I recently bought a complicated camera, and after reading the instructions in the manual, I learned to use it very quickly. If I had tried to figure it out by trial and error, it would have taken a lot longer.

이유 2
구체적 근거

(이유 2) **Second**, reading the manual allows me to use the product safely. (구체적 근거) **To be specific**, I can read important safety instructions and learn about any safety hazards associated with the product. In this way, I can avoid accidents when using it.

마무리

(마무리) **For these reasons, I think it is better** to read the manual carefully prior to using a product.

나의 선택 나는 제품을 사용하게 전에 매뉴얼을 주의 깊게 읽는 것이 낫다고 생각한다.

이유 1 첫째로, 매뉴얼을 읽는 것은 시간을 절약하게 해준다. 구체적 근거 예를 들어, 나는 최근에 복잡한 카메라를 샀는데, 매뉴얼에 있는 설명을 읽고 난 후, 나는 그것을 사용하는 법을 매우 빠르게 배웠다. 만약 내가 시행착오를 거쳐 그것을 알아내려고 했었더라면, 훨씬 더 오래 걸렸을 것이다.

이유 2 둘째로, 매뉴얼을 읽는 것은 내가 제품을 안전하게 사용하게 해준다. 구체적 근거 구체적으로, 나는 중요한 안전 수칙들을 읽고 제품과 관련된 모든 안전상 위험에 대해서 배울 수 있다. 이렇게 하여, 나는 그것을 사용할 때 사고를 피할 수 있다.

마무리 이러한 이유로, 나는 제품을 사용하기 전에 매뉴얼을 주의 깊게 읽는 것이 낫다고 생각한다.

어휘 및 표현

go through ~을 살펴보다   carefully[kɛ́ərfəli] 주의 깊게   complicated[kámpləkèitid] 복잡한   instruction[instrʌ́kʃən] 설명, 수칙
figure out 알아내다   safety hazard 안전상 위험

🎧 **고득점 필수 표현**   ✿ **by trial and error** 시행착오를 거쳐

- I developed my own recipes **by trial and error**. 나는 **시행착오를 거쳐** 나만의 요리법을 개발했다.
- I learned to speak English fluently **by trial and error**. 나는 **시행착오를 거쳐** 영어로 유창하게 말하는 법을 배웠다.

Q2 외국어 강좌 수강 의무화

INTEGRATED TASK

읽기 노트 및 듣기 노트

읽기 노트

주제
세부사항

- take 3 foreign lang. courses to earn degrees 학위를 받으려면 세 개의 외국어 강좌 수강
  - bilingual: ↑ competitive when applying for jobs 2개 언어 사용이 가능하면 일자리 지원 시 더 경쟁력 있음
  - commun. well in global era 국제화 시대에 의사소통 잘함

듣기 노트

화자의 의견
이유 1
세부사항
이유 2
세부사항

- W: X 여: 반대
1. X help get jobs 직업을 구하는 데 도움 되지 않음
   - just graduated → most important: grades, X abroad: disadv.
     갓 졸업했으면 성적이 가장 중요한데, 해외 경험이 없으면 불리함
2. X effective in building commun. skills 의사소통 능력 기르는 데 효과적이지 않음
   - a few courses → X enough to commun. 몇 개 강좌로는 의사소통하기에 충분하지 않음

모범 답안 🎧 TEST11_R2

주제 According to the reading, the university will require that students take three foreign language courses in order to earn degrees.

화자의 의견 The woman does not think it is a good idea for two reasons.

이유 1 First, she says that taking foreign language courses won't help students get jobs. **세부사항** This is because for students who have just graduated, grades are the most important thing on their résumés, and students who haven't studied abroad will get worse grades in language classes. This will put them at a disadvantage.

이유 2 Second, she mentions that foreign language courses aren't very effective in building communication skills. **세부사항** To be specific, taking just a few language courses won't be enough to communicate.

마무리 For these reasons, she believes it is not a great idea.

주제 읽기 지문에 따르면, 대학은 학생들이 학위를 받으려면 세 개의 외국어 강좌를 듣도록 요구할 것이다.
화자의 의견 여자는 두 가지 이유로 그것이 좋은 의견이 아니라고 생각한다.
이유 1 첫째로, 그녀는 외국어 강좌를 듣는 것은 학생들이 직업을 구하는 데 도움이 되지 않을 것이라고 말한다. 세부사항 이는 갓 졸업한 학생들에게는 이력서에서 성적이 가장 중요한 것인데, 해외에서 공부한 적이 없는 학생들은 언어 수업에서 더 안 좋은 성적을 받을 것이기 때문이다. 이는 그들을 불리한 처지에 놓이게 할 것이다.
이유 2 둘째로, 그녀는 외국어 강좌는 의사소통 능력을 기르는 데 그다지 효과적이지 않다고 말한다. 세부사항 구체적으로, 단지 몇 개의 외국어 강좌를 듣는 것은 의사소통하기에 충분하지 않을 것이다.
마무리 이러한 이유로, 그녀는 그것이 좋은 의견이 아니라고 생각한다.

읽기 지문 및 대화 스크립트

읽기 지문

주제
학위를 받으려면 세 개의 외국어 강좌를 들어야 함

세부사항
2개 국어 사용이 가능하면 일자리 지원 시 더 경쟁력 있음 / 국제화 시대에 의사소통 잘함

New Foreign Language Requirement

After serious consideration, the university has decided to institute a new foreign language requirement for all students who begin their studies next year or later. Specifically, students affected by the change must take at least three foreign language courses in order to earn their degrees. Because companies these days prefer bilingual candidates, speaking a second language will help students be more competitive when applying for jobs. Also, university officials believe that the new policy will enable students to communicate well with non-English speakers, putting them in a good position to thrive in the global era in which we live.

새로운 외국어 필요조건

진지한 고려 끝에, 대학은 내년 혹은 그 이후에 학업을 시작하는 모든 학생을 대상으로 새로운 외국어 필요조건을 도입하기로 결정했습니다. 구체적으로, 이 변화의 영향을 받는 학생들은 학위를 받으려면 적어도 세 개의 외국어 강좌를 들어야 합니다. 요즘 기업들은 2개 국어 사용이 가능한 지원자를 선호하기 때문에, 제2언어를 구사하는 것은 일자리에 지원할 때 학생들이 더욱 경쟁력이 있도록 도울 것입니다. 또한, 대학 당국자들은 이 새로운 정책이 학생들로 하여금 비영어권 언어 사용자들과 의사소통을 잘하도록 하여, 우리가 살고 있는 국제화 시대 속에서 학생들을 성공하기 좋은 위치로 데려다줄 것이라고 믿습니다.

대화 스크립트 🎧 TEST11_Q2_Conv

화자의 의견
반대

이유 1
직업을 구하는 데 도움이 되지 않음

세부사항
갓 졸업했으면 성적이 가장 중요한데, 해외 경험이 없으면 불리함

이유 2
의사소통 능력 기르는 데 효과적이지 않음

세부사항
단지 몇 개의 강좌로는 의사소통하기에 충분하지 않음

W: What a terrible idea.
M: You don't support the new language requirement?
W: Not one bit. First, there's the thing about helping students get jobs . . . I just don't buy that at all. Think about it . . . If you've just graduated from college, what's the most important thing on your résumé?
M: Grades, I guess.
W: Exactly. And there are quite a few students here who have lived overseas. They're going to have a leg up because they can easily get good grades by taking classes in a foreign language they already know. Meanwhile, the students who've never lived abroad will get worse grades in the foreign language courses . . . And that'll put them at a disadvantage in the job market.
M: That does seem unfair.
W: Plus, I don't think foreign language courses are really that effective in building communication skills, so they're not the best way to prepare for success in a globalized world. I mean, how much proficiency is a student going to have in a language after just a few courses? Not enough to communicate at any meaningful level.
M: That's a good point.
W: You know, if the university really wants to produce globally minded graduates, it should require courses in areas like cultural studies. After all, true communication is only possible by understanding people from other cultures . . . not by studying language.

여: 말도 안 되는 생각이야.
남: 너는 그 새로운 어학 필요조건을 지지하지 않는구나?
여: 당치도 않아. 먼저, 학생들이 직업을 구하는 데 도움이 된다는 거 말이야... 나는 전혀 그렇게 생각하지 않아. 생각해봐... 만약 대학을 갓 졸업했다면, 이력서에서 가장 중요한 것이 뭘까?
남: 성적이겠지.
여: 바로 그거야. 그리고 해외에서 산 적이 있는 학생들이 상당히 많아. 그들은 이미 알고 있는 외국어 수업을 들음으로써, 쉽게 좋은 성적을 받을 수 있기 때문에 앞서게 될 거야. 반면에, 해외에서 살아본 적이 전혀 없는 학생들은 외국어 강좌에서 더 안 좋은 성적을 받을 거야... 그리고 그것이 그들을 구직 시장에서 불리한 처지에 놓이게 하겠지.
남: 그거 정말 불공평해 보인다.
여: 게다가, 나는 외국어 강좌들이 의사소통 능력을 기르는 데 별로 효과적이지 않고, 그래서 그것들이 국제화된 세계에서 성공을 준비하는 가장 좋은 방법은 아니라고 생각해. 내 말은, 단지 몇 개의 강좌를 듣고 나서 학생이 한 언어의 유창성을 얼마나 가질 수 있을까? 유의미한 수준으로 의사소통하기에 충분하지는 않아.
남: 그거 좋은 지적이네.
여: 그, 만약 대학이 정말 국제적인 감각을 지닌 졸업생들을 배출하길 원한다면, 학교는 문화 연구와 같은 분야의 강좌들을 요구해야 해. 결국, 진정한 의사소통은 다른 문화의 사람들을 이해함으로써만 가능하니까... 언어를 공부함으로써가 아니라.

VOCABULARY LIST

bilingual[bailíŋgwəl] 2개 국어 사용이 가능한　**competitive**[kəmpétətiv] 경쟁력 있는　**overseas**[òuvərsí:z] 해외에서　**have a leg up** 앞서다
abroad[əbrɔ́:d] 해외에서　**put at a disadvantage** 불리한 처지에 놓이게 하다　**proficiency**[prəfíʃənsi] 유창성　**minded**[máindid] ~한 감각을 지닌

Q3 범위 추가

INTEGRATED TASK

읽기 노트 및 듣기 노트

읽기 노트

주제
- scope creep 범위 추가

세부사항
- project expand beyond original goals 프로젝트가 원래 목표를 넘어 확장함
- caused by insufficient commun. & weak management 불충분한 의사소통과 취약한 경영에서 비롯됨

듣기 노트

예시 1
1. 1st goal: design basic customer info. program 첫 목표는 기본적인 고객 정보 프로그램 제작

세부사항
- manager indecisive → assumed free to design 담당자가 우유부단해, 자유롭게 제작하면 된다고 생각함
- requests for features, demands ↑ → unmanageable
  기능에 대한 요청으로 요구가 쌓이면서 감당하기 힘들어짐

예시 2
2. problem: poor commun. of management 문제는 경영상의 형편 없는 의사소통

세부사항
- vague instructions → X on same page 모호한 지시로 이해한 내용이 같지 않음
- scope out of control → took longer & cost ↑ 범위를 통제할 수 없게 되어 더 오래 걸렸고 더 많은 비용이 듦

모범 답안 🎧 TEST11_R3

주제 According to the reading, scope creep is a problem that happens when a project in progress expands beyond its original goals. The professor uses his personal experience to explain scope creep.

예시 1 First, he explains that the first goal of a project was to design a basic customer information program. **세부사항** The manager was indecisive, so the professor assumed he was free to design the program as he wanted. However, he started getting requests for features from members of the team, and the increased demands made the project unmanageable.

예시 2 Second, he explains that the root of the problem was poor communication on the part of management. **세부사항** The manager gave vague instructions to her employees, so no one was on the same page about the program. The scope of the project got out of control, and it took longer and cost more than originally planned.

마무리 This example demonstrates scope creep.

주제 읽기 지문에 따르면, 범위 추가는 진행 중인 프로젝트가 그것의 원래 목표를 넘어 확장할 때 발생하는 문제이다. 교수는 개인적 경험을 들어 범위 추가를 설명한다.

예시 1 첫째로, 그는 어떤 프로젝트의 첫 목표가 기본적인 고객 정보 프로그램을 제작하는 것이었다고 설명한다. **세부사항** 담당자가 우유부단해서, 교수는 그가 원하는 대로 프로그램을 자유롭게 제작하면 된다고 생각했다. 그러나 그는 팀원들로부터 기능들에 대한 요청을 받기 시작했고, 늘어난 요구는 프로젝트를 감당하기 힘들게 만들었다.

예시 2 둘째로, 그는 그 문제의 원인이 경영상의 형편 없는 의사소통이었다고 설명한다. **세부사항** 담당자가 직원들에게 모호한 지시를 줬기 때문에, 누구도 프로그램에 대해 이해한 내용이 같지 않았다. 그 프로젝트의 범위를 통제할 수 없게 되어, 기존에 계획된 것보다 더 오래 걸렸고, 더 많은 비용이 들었다.

마무리 이러한 예는 범위 추가를 보여준다.

읽기 지문 및 강의 스크립트

읽기 지문

주제
범위 추가

세부사항
프로젝트가 원래 목표를 넘어 확장함 / 불충분한 의사소통과 취약한 경영에서 비롯됨

Scope Creep

In the course of executing a project, it is common for those involved to come up with ideas along the way that would improve or enhance the outcome. But when a project that is already in progress starts to expand beyond its original goals, it is experiencing what is known as scope creep. This can be caused by insufficient communication between parties about the overall aims of the project and by weak management that fails to set clear objectives or boundaries for the team. In general, scope creep is harmful since it leads to needless complications and unforeseen costs. This is because even though the project keeps expanding, usually there is no accompanying increase in time or budget.

범위 추가

프로젝트를 수행하는 과정에서, 관련자들이 중간에 성과를 개선하거나 향상시킬 의견들을 제시하는 것은 흔한 일이다. 하지만 이미 진행 중인 프로젝트가 그것의 원래 목표를 넘어 확장하기 시작하면, 그것은 범위 추가라고 알려진 것을 경험하게 된다. 이는 프로젝트의 전반적인 목표에 대한 당사자들 간의 불충분한 의사소통과, 팀을 위한 확실한 목표나 경계를 설정하지 못하는 취약한 경영에서 비롯될 수 있다. 일반적으로 범위 추가는 불필요한 혼란이나 예기치 않은 비용으로 이어지므로 해롭다. 이는 프로젝트가 계속 확장하더라도, 보통 그것이 수반하는 기간이나 예산의 증가는 없기 때문이다.

강의 스크립트 🎧 TEST11_Q3_Lec

예시 1
첫 목표는 기본적인 고객 정보 프로그램 제작

세부사항
기능에 대한 요청으로 요구가 쌓이면서 감당하기 힘들어짐

I have a personal example of, um, scope creep to share with you. A few years ago, I was working as a consultant for an IT company, and I was assigned to a project for a new client. At first, the goal was to design a basic customer information program to manage the client's customer data. When I met with the client's customer service manager to discuss this project, she was very indecisive. I tried to ask her specific questions about her expectations for the program, but she said she would leave the decisions up to me because I was the expert. So I assumed that I was free to design it however I wanted. Soon, though, members of the team started coming to me with requests for features, such as a tool for tracking customer spending habits and a points system for loyal customers. As the demands kept piling up, the project became totally unmanageable.

여러분과 공유할, 음, 범위 추가의 개인적인 예가 있습니다. 몇 년 전에, 저는 IT 회사의 자문 위원으로 일하고 있었고, 새로운 거래처를 위한 한 프로젝트를 배정받았습니다. 처음에는, 목표가 거래처의 고객 자료를 관리하는 기본적인 고객 정보 프로그램을 제작하는 것이었죠. 제가 이 프로젝트에 대해 상의하기 위해 거래처의 고객 서비스 담당자와 만났을 때, 그녀는 매우 우유부단했습니다. 저는 그녀에게 프로그램에 대한 그녀의 요구사항에 대해 구체적인 질문을 하려고 했지만, 그녀는 제가 전문가이므로 저에게 결정을 맡기겠다고 말했죠. 그래서 저는 제가 원하는 대로 그것을 자유롭게 제작하면 된다고 생각했습니다. 하지만 곧 팀원들은 저에게 고객의 소비 습관을 추적하는 장치와 단골 고객을 위한 포인트 적립 시스템과 같은 기능들에 대한 요청을 해오기 시작했죠. 요구가 계속 쌓이면서, 그 프로젝트는 완전히 감당하기가 힘들어졌습니다.

예시 2
문제는 경영상의 형편 없는 의사소통

세부사항
범위를 통제할 수 없게 되어 더 오래 걸렸고 더 많은 비용이 듦

It turned out the root of this problem was poor communication on the part of management. You see, the manager had given her employees some fairly vague instructions about the program's goal and their roles in the project. This meant that no one was on the same page about what form the program should take and who had the final say about its design. So it's really not surprising that the scope of the project got out of control. In the end, the program took longer to complete and cost much more than originally planned. Neither I nor the client was happy with how things turned out.

그 문제의 원인은 경영상의 형편 없는 의사소통으로 드러났습니다. 음, 담당자가 그녀의 직원들에게 프로그램의 목표와 그 프로젝트에서의 그들의 역할에 대해서 굉장히 모호한 지시를 했던 것입니다. 이는 그 프로그램이 어떤 형태를 띠어야 할지, 그리고 누가 디자인에 대한 최종 결정권을 가지는지에 대해 그 누구도 이해한 내용이 같지 않았다는 것을 의미합니다. 따라서 그 프로젝트의 범위를 통제할 수 없게 된 것도 놀랄 일은 아니죠. 결국, 그 프로그램은 기존에 계획된 것보다 완성하는 데 더 오래 걸렸고, 훨씬 더 많은 비용이 들었어요. 저도, 거래처도 일의 결과에 만족하지 못했습니다.

VOCABULARY LIST

execute[éksikjù:t] 수행하다　in progress 진행 중인　insufficient[ìnsəfíʃənt] 불충분한　party[páːrti] 당사자　complication[kàmpləkéiʃən] 혼란
unforeseen[ʌ̀nfɔːrsíːn] 예기치 않은　accompanying[əkʌ́mpəniiŋ] 수반하는　consultant[kənsʌ́ltənt] 자문 위원　client[kláiənt] 거래처
indecisive[ìndisáisiv] 우유부단한　pile up 쌓이다　unmanageable[ʌ̀nmǽnidʒəbl] 감당하기 힘든　vague[veig] 모호한　instruction[instrʌ́kʃən] 지시
be on the same page 이해한 내용이 같다　have the final say 최종 결정권을 가지다　get out of control 통제할 수 없게 되다

Q4 포유동물이 추위에 대처하는 방법

INTEGRATED TASK

듣기 노트

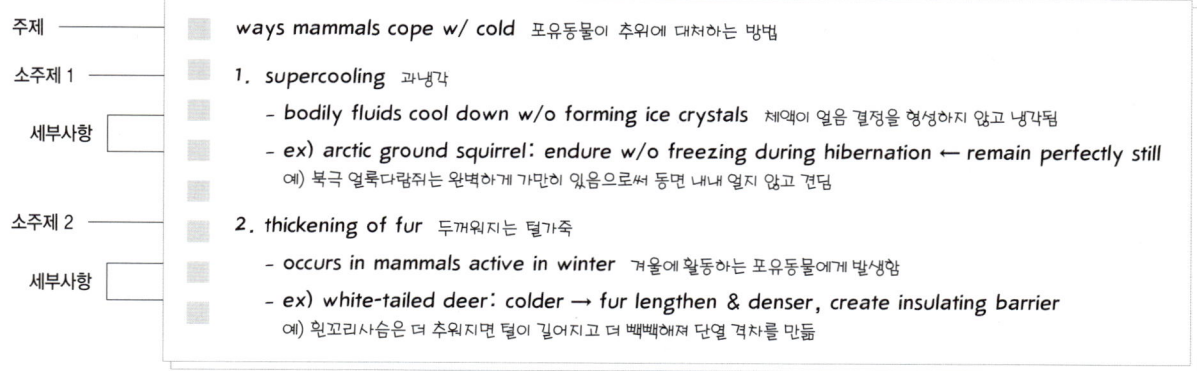

모범 답안 🎧 TEST11_R4

주제 The professor explains how mammals deal with the cold in winter **by giving two examples.**

소주제1 First, she describes supercooling. **세부사항** This happens when bodily fluids cool down without forming ice crystals. For instance, the arctic ground squirrel endures extreme temperatures without freezing during hibernation by remaining perfectly still.

소주제2 Second, she describes the thickening of fur. **세부사항** This occurs in mammals that remain active in winter. For example, as the days get colder, the white-tailed deer's fur lengthens and becomes denser, creating an insulating barrier.

마무리 These examples demonstrate ways that mammals cope with extreme cold.

주제 교수는 두 가지 예를 들어 포유동물이 겨울에 어떻게 추위에 대처하는지를 설명한다.

소주제 1 첫째로, 그녀는 과냉각을 설명한다. 세부사항 이는 체액이 얼음 결정을 형성하지 않고 냉각되는 경우에 일어난다. 예를 들어, 북극 얼룩다람쥐는 완벽하게 가만히 있음으로써 동면 내내 얼지 않고 극한 기온을 견딘다.

소주제 2 둘째로, 그녀는 두꺼워지는 털가죽을 설명한다. 세부사항 이는 겨울에 계속 활동하는 포유동물에게 발생한다. 예를 들어, 날이 점점 더 추워지면서, 흰꼬리사슴의 털은 길어지고 더욱 빽빽해져, 단열 격차를 만든다.

마무리 이러한 예는 포유동물이 극한 추위에 대처하는 방법을 보여준다.

강의 스크립트

강의 스크립트 🎧 TEST11_Q4_Lec

주제
포유동물이 추위에 대처하는 방법

Let's continue our discussion of thermoregulation in animals by looking at ways mammals cope with severe cold in winter. In particular, the two mechanisms I want to talk to you about today are supercooling and thickening of body fur.

소주제 1
과냉각

세부사항
체액이 얼음결정을 형성하지 않고 냉각됨 / 예) 북극 얼룩다람쥐는 완벽하게 가만히 있음으로써 동면 내내 얼지 않고 견딤

All right . . . um, to start with, supercooling is when an organism's bodily fluids cool down without forming ice crystals even in subfreezing temperatures. In mammals, the most extreme example of this occurs in arctic ground squirrels, whose bodies have been experimentally demonstrated to be able to endure temperatures as low as negative 2.9 degrees Celsius without freezing during hibernation. It's really quite remarkable, actually. In fact, to this day, scientists don't fully understand how they accomplish this. However, one condition that is probably necessary for supercooling to be successful is that the squirrels remain perfectly still during subfreezing temperatures. This is because even very small disturbances are known to cause ice crystals to form in liquids when they reach their natural freezing points.

소주제 2
두꺼워지는 털가죽

세부사항
겨울에 활동하는 포유동물에게 발생함 / 예) 흰꼬리사슴은 날이 더 추워지면 털이 길어지고 더 빽빽해져 단열 격차를 만듦

But of course the vast majority of mammals do not have this ability, and not all of them hibernate, either. A far more common adaptation to deal with cold weather is the thickening of fur that occurs in virtually all mammals that remain active in the winter. Take the white-tailed deer, for instance. These animals are constantly exposed to harsh wintry conditions, but their thick winter coats help them stay warm and survive until spring. How it works is fairly simple. As winter approaches, the days get colder and colder, and this stimulates physiological changes in the bodies of white-tailed deer. Sensors in the skin react to the changes and cause the fur to lengthen and become denser . . . um, basically creating an insulating barrier between the elements and the animals' skin. And of course, once the deer make it through the winter, a similar process causes them to shed their winter coats in preparation for the warmer temperatures of spring.

VOCABULARY LIST

thermoregulation[θɜ̀ːrməregjuléiʃən] 체온 조절   **cope with** ~에 대처하다   **severe**[səvíər] 극심한   **mechanism**[mékənìzm] 기제
supercooling[sùːpərkúːliŋ] 과냉각   **thicken**[θíkən] 두꺼워지다   **bodily fluid** 체액   **crystal**[krístl] 결정   **subfreezing**[sʌbfríːziŋ] 영하의
arctic[áːrktik] 북극의   **endure**[indjúər] 견디다   **negative**[négətiv] 영하의   **hibernation**[hàibərnéiʃən] 동면   **remarkable**[rimáːrkəbl] 놀라운
disturbance[distɜ́ːrbəns] 동요   **freezing point** 빙점   **adaptation**[ædəptéiʃən] 적응 방법   **harsh**[haːrʃ] 혹독한   **wintry**[wíntri] 겨울의
stimulate[stímjulèit] 촉진하다   **physiological**[fìziəládʒikəl] 생리적인   **lengthen**[léŋkθən] 길어지다   **dense**[dens] 빽빽한   **insulate**[ínsəlèit] 단열하다
the elements 극한 날씨 환경   **make it through** ~을 잘 버티다   **shed**[ʃed] 벗다

SELF-EVALUATION LIST TEST 11

앞서 학습한 내용을 바탕으로 자신의 답안에 대해 다음 사항을 점검하고 앞으로 개선해야 할 점을 확인해 보세요.

Q1

1. 문제에서 요구하는 정보를 모두 말하였다. (나의 선택, 이유 및 구체적 근거) ☐ Yes ☐ No
2. 이유 및 구체적 근거를 들어 나의 선택을 논리적으로 뒷받침하였다. ☐ Yes ☐ No
3. 다양한 어휘 및 표현, 문장 구조를 사용하여 말하였다. ☐ Yes ☐ No
4. 올바른 발음, 강세 및 억양으로 말하였다. ☐ Yes ☐ No

Q2

1. 문제에서 요구하는 정보를 모두 말하였다. (읽기 지문의 주제, 대화 속 화자의 의견 및 이유) ☐ Yes ☐ No
2. 문제에서 요구하는 정보를 읽기 지문 및 대화의 내용에 근거해 정확하게 말하였다. ☐ Yes ☐ No
3. 다양한 어휘 및 표현, 문장 구조를 사용하여 말하였다. ☐ Yes ☐ No
4. 올바른 발음, 강세 및 억양으로 말하였다. ☐ Yes ☐ No

Q3

1. 문제에서 요구하는 정보를 모두 말하였다. (읽기 지문의 주제, 강의의 예시) ☐ Yes ☐ No
2. 문제에서 요구하는 정보를 읽기 지문 및 강의의 내용에 근거해 정확하게 말하였다. ☐ Yes ☐ No
3. 다양한 어휘 및 표현, 문장 구조를 사용하여 말하였다. ☐ Yes ☐ No
4. 올바른 발음, 강세 및 억양으로 말하였다. ☐ Yes ☐ No

Q4

1. 문제에서 요구하는 정보를 모두 말하였다. (강의의 주제, 소주제 및 세부사항) ☐ Yes ☐ No
2. 문제에서 요구하는 정보를 강의의 내용에 근거해 정확하게 말하였다. ☐ Yes ☐ No
3. 다양한 어휘 및 표현, 문장 구조를 사용하여 말하였다. ☐ Yes ☐ No
4. 올바른 발음, 강세 및 억양으로 말하였다. ☐ Yes ☐ No

HACKERS TOEFL ACTUAL TEST SPEAKING

TEST 12

INDEPENDENT TASK
Q1 모범 답안 · 해석

INTEGRATED TASK
Q2 모범 답안 · 지문 · 해석
Q3 모범 답안 · 지문 · 해석
Q4 모범 답안 · 지문 · 해석

SELF-EVALUATION LIST

무료 음원 바로 듣기

Q1 16세까지는 학교에 다녀야 하는가?

INDEPENDENT TASK

QUESTION Do you agree or disagree with the following statement? **It should be mandatory for children to attend school until the age of 16.** Use specific examples and details to support your opinion.
당신은 다음 진술에 동의합니까, 아니면 동의하지 않습니까? 아이들이 16세까지 학교에 다니는 것은 의무적이어야 한다. 구체적 예와 설명을 들어 답하세요.

아웃라인

동의함

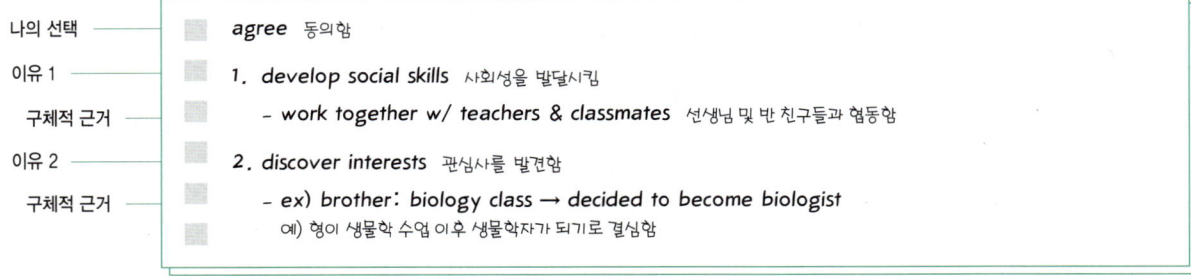

- 나의 선택 — agree 동의함
- 이유 1 — 1. develop social skills 사회성을 발달시킴
- 구체적 근거 — - work together w/ teachers & classmates 선생님 및 반 친구들과 협동함
- 이유 2 — 2. discover interests 관심사를 발견함
- 구체적 근거 — - ex) brother: biology class → decided to become biologist
  예) 형이 생물학 수업 이후 생물학자가 되기로 결심함

[추가 제공 아웃라인] 답변아이디어를 얻는 데 참고해 보세요!

동의하지 않음

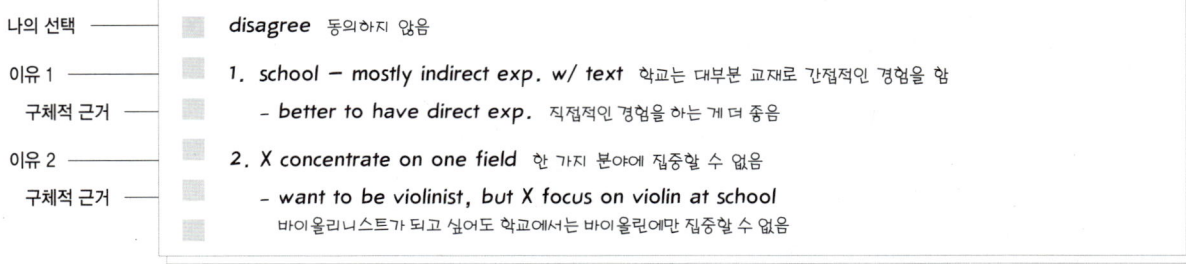

- 나의 선택 — disagree 동의하지 않음
- 이유 1 — 1. school — mostly indirect exp. w/ text 학교는 대부분 교재로 간접적인 경험을 함
- 구체적 근거 — - better to have direct exp. 직접적인 경험을 하는 게 더 좋음
- 이유 2 — 2. X concentrate on one field 한 가지 분야에 집중할 수 없음
- 구체적 근거 — - want to be violinist, but X focus on violin at school
  바이올리니스트가 되고 싶어도 학교에서는 바이올린에만 집중할 수 없음

모범 답안 🎧 TEST12_R1

나의 선택 I agree with the statement that it should be mandatory for children to attend school until the age of 16.

이유 1 First, attending school allows children to develop social skills. **구체적 근거** To be specific, children must work together with teachers and classmates. These interactions teach children how to relate to other people in society.

이유 2 Second, children can discover their interests by going to school. **구체적 근거** For example, my brother had no idea which field he wanted to work in. But after taking a high-school biology class, he decided to pursue a career as a biologist.

마무리 For these reasons, I agree that children under the age of 16 should have to go to school.

나의 선택 나는 아이들이 16세까지 학교에 다니는 것은 의무적이어야 한다는 진술에 동의한다.
이유 1 첫째로, 학교에 다니는 것은 아이들로 하여금 사회성을 발달시키게 한다. 구체적 근거 구체적으로, 아이들은 선생님 및 반 친구들과 협동해야만 한다. 이러한 상호작용은 아이들에게 사회에서 다른 사람들과 잘 지내는 법을 가르친다.
이유 2 둘째로, 아이들은 학교에 다니면서 관심사를 발견할 수 있다. 구체적 근거 예를 들어, 나의 형은 어떤 분야에서 일하고 싶은지 전혀 몰랐다. 하지만 고등학교 생물학 수업을 들은 이후, 그는 생물학자로서의 진로에 종사하기로 결심했다.
마무리 이러한 이유로, 나는 16세 이하의 아이들은 학교에 가야 한다는 것에 동의한다.

어휘 및 표현
mandatory[mǽndətɔ̀:ri] 의무적인 interaction[ìntərǽkʃən] 상호작용 relate to ~와 잘 지내다 pursue[pərsú:] (일·연구 등에) 종사하다

🎧 **고득점 필수 표현** ✦ **have no idea** 전혀 모르다

· I **have no idea** where the library is located. 나는 도서관이 어디에 있는지 **전혀 모른다**.
· He **had no idea** how to use the device. 그는 그 장치를 사용하는 법을 **전혀 몰랐다**.

Q2 교내 자가용 이용 금지

INTEGRATED TASK

읽기 노트 및 듣기 노트

읽기 노트

- 주제: ban use of private cars on campus 교내 자가용 이용 금지
- 세부사항:
  - address traffic & safety issues 교통 및 안전 문제를 해결함
  - intro. bike-sharing program → alter. 자전거 공유 프로그램을 도입하여 대안을 제공함

듣기 노트

- 화자의 의견: W: O&X 여: 복합적
- 이유 1: 1. cars: pose safety hazard 자동차는 안전상 위험을 지님
  - 세부사항: - ex) incident last sem.: crash car into bus stop 예) 지난 학기에 버스 정류장에 차를 박은 사고
- 이유 2: 2. bike-sharing program: X convenient 자전거 공유 프로그램은 편리하지 않음
  - 세부사항: - bike in bad weather: X comfortable 좋지 않은 날씨에 자전거는 편하지 않음

모범 답안 🎧 TEST12_R2

주제 According to the reading, the university is planning to ban the use of private cars on campus during the daytime.

화자의 의견 The woman thinks it is a good idea but has one concern.

이유 1 On the one hand, she says that private cars on campus pose a safety hazard, and banning them can help address this issue. **세부사항** She gives an example of an incident last semester in which some students crashed a car into a bus stop.

이유 2 On the other hand, she mentions that the bike-sharing program may not be convenient as an alternative. **세부사항** She points out that riding a bike in bad weather is uncomfortable.

마무리 For these reasons, she is not sure if it is a great idea.

주제 읽기 지문에 따르면, 대학은 낮 시간 동안 교내에서 자가용 이용을 금지하려고 계획하고 있다.
화자의 의견 여자는 그것이 좋은 의견이라고 생각하지만 한 가지 우려가 있다.
이유 1 한편으로는, 그녀는 교내 자가용이 안전상 위험을 지니며 그것들을 금지하는 것은 이 문제를 해결하는 데 도움이 될 수 있다고 말한다. 세부사항 그녀는 어떤 학생들이 버스 정류장에 차를 박았던 사건의 예를 제시한다.
이유 2 반면에, 그녀는 자전거 공유 프로그램이 대안으로 편리하지 않을지도 모른다고 말한다. 세부사항 그녀는 좋지 않은 날씨에 자전거를 타는 것은 불편하다고 지적한다.
마무리 이러한 이유로, 그녀는 그것이 좋은 의견인지 확신하지 못한다.

읽기 지문 및 대화 스크립트

읽기 지문

주제
교내 자가용 이용 금지

세부사항
교통 및 안전 문제를 해결함 / 자전거 공유 프로그램을 도입하여 대안을 제공함

Daytime Ban for Private Cars on Campus

Beginning next year, the university aims to ban the use of all private cars on campus from 8 A.M. to 5 P.M. During these times, travel around the campus will be possible by walking, cycling, or using the campus shuttle. This policy change is intended to improve the quality of life on campus by addressing traffic and safety issues. To support this change, the university will introduce a new bike-sharing program with convenient pick-up and drop-off locations. This program will offer an efficient alternative for getting around campus during the hours when private cars are not permitted.

낮 시간 교내 자가용 금지

내년부터, 대학은 오전 8시부터 오후 5시까지 교내에서 모든 자가용 이용을 금지하는 것을 목표로 합니다. 이 시간 동안, 교내 곳곳으로의 이동은 걷거나, 자전거를 타거나, 또는 교내 셔틀을 이용해서 가능할 것입니다. 이 정책 변경은 교통 및 안전 문제를 해결함으로써 교내 삶의 질을 향상시키기 위한 것입니다. 이 변경을 지원하기 위해, 대학은 편리한 대여 및 반납 장소를 갖춘 새로운 자전거 공유 프로그램을 도입할 것입니다. 이 프로그램은 자가용이 허용되지 않는 시간대에 교내를 돌아다닐 수 있는 효율적인 대안을 제공할 것입니다.

대화 스크립트 🎧 TEST12_Q2_Conv

화자의 의견
복합적

이유 1
자동차는 안전상 위험을 지님

세부사항
예) 지난 학기에 버스 정류장에 차를 박은 사고

이유 2
자전거 공유 프로그램은 편리하지 않음

세부사항
좋지 않은 날씨에 자전거를 타는 것은 편하지 않음

M: Hey, uh, what do you think of the school's plan to ban private cars on campus during the day?

W: Um, I'm kind of on the fence . . . But it's true that many students, me included, have been complaining about cars for years.

M: That they cause traffic congestion?

W: Not just that. Um, they also pose a safety hazard, and I believe the plan could help address it. Do you remember that incident last semester?

M: No. What happened?

W: Some students crashed their car into a bus stop! They were lucky no one was there, so, uh, no one got hurt. But just imagine if there were . . .

M: Oh, right. That would have been awful . . .

W: Yeah, but I'm not sure the bike-sharing program will be as convenient as the school thinks . . . I'm not entirely on board with it.

M: How come? Isn't it easier to use a bike to get around?

W: Maybe for some, but I'm concerned about relying on shared bikes. What if the weather is bad? Riding a bike in cold weather or heavy snow doesn't sound very comfortable to me. Honestly, I'll miss having my car in those conditions.

남: 이봐, 어, 낮 동안 교내에서 자가용을 금지하는 학교의 계획에 대해 어떻게 생각해?
여: 음, 나는 약간 애매한 입장이야... 하지만 나를 포함해서 많은 학생들이 수년 동안 자동차들에 대해 불만을 제기해 온 것은 사실이야.
남: 교통 체증을 일으킨다고?
여: 그것뿐만이 아니야. 음, 그것들은 안전상 위험을 지니고, 난 그 계획이 그걸 해결하는 데 도움이 될 거라고 생각해. 지난 학기에 있었던 사건을 기억해?
남: 아니. 무슨 일 있었어?
여: 어떤 학생들이 버스 정류장에 차를 박았어! 그들이 운이 좋아서 그곳에 아무도 없었고, 어, 아무도 다치지 않았어. 하지만 만약 있었다고 상상해 봐...
남: 오, 맞아. 정말 끔찍했을 거야...
여: 응. 하지만 자전거 공유 프로그램이 학교에서 생각하는 것만큼 편리할지는 잘 모르겠어... 난 그것에 전적으로 동의하지는 않아.
남: 왜? 자전거를 타고 다니는 게 더 쉽지 않아?
여: 어떤 사람들에게는 그럴지도 모르지만, 공유 자전거에 의존하는 것이 걱정스러워. 날씨가 좋지 않으면 어떡해? 추운 날씨나 폭설에 자전거를 타는 것은 나한테는 아주 편하지 않을 것 같아. 솔직히, 그런 상황에서는 내 차를 가지고 있는 것이 그리울 거야.

VOCABULARY LIST

private car 자가용　**aim to** ~하는 것을 목표로 하다　**cycle**[sáikl] 자전거를 타다　**address**[ədrés] 해결하다　**pick-up** 대여　**drop-off** 반납
alternative[ɔːltə́ːrnətiv] 대안　**on the fence** 애매한 입장을 취한　**traffic congestion** 교통 체증　**incident**[ínsidənt] 사건
be on board with ~에 동의하다　**comfortable**[kʌ́mfərtəbl] 편한, 쾌적한

Q3 부화기생동물

INTEGRATED TASK

읽기 노트 및 듣기 노트

읽기 노트

주제
- brood parasites 부화기생동물

세부사항
- rely on others to do parenting 양육을 다른 종에 의존함
- lay eggs in nests of others 다른 새들의 둥지에 알을 낳음

듣기 노트

예시 1

1. brown-headed cowbird 갈색머리찌르레기

세부사항
- lay eggs in nests of songbirds → incubate & feed hatchlings
  명금의 둥지에 알을 낳으면, 알을 품고 먹이를 줌
- disadv. to young songbirds ← cowbird hatch & grow & eat ↑
  찌르레기가 더 먼저 부화하고, 빠르게 자라며, 더 많이 먹으므로 명금 새끼들에게 불리함

예시 2

2. black-headed duck 검은머리오리

세부사항
- lay in nests of other water birds → young leave after hatching
  다른 물새의 둥지에 낳으면, 새끼는 부화 후 떠남
- X adverse effect ← X feed & take care 먹이거나 돌보지 않으므로 악영향 없음

모범 답안 🎧 TEST12_R3

주제 According to the reading, brood parasites are organisms that rely on others to do their parenting. The professor uses two examples to explain brood parasites.

예시 1 First, she describes the brown-headed cowbird. **세부사항** It lays its eggs in the nests of songbirds, and they incubate the egg and feed the hatchling until it is ready to leave the nest. The cowbird is disadvantageous to the young songbirds because it hatches earlier, grows faster, and eats more.

예시 2 Second, she describes the black-headed duck. **세부사항** The duck lays its eggs in the nests of other water birds, but its young leave the nest soon after hatching. Therefore, there is no adverse effect on the hosts because they do not have to feed and take care of the young duck after it hatches.

마무리 These examples demonstrate how brood parasites behave.

주제 읽기 지문에 따르면, 부화기생동물은 양육을 하는 것을 다른 종에 의존하는 생물이다. 교수는 두 가지 예를 들어 부화기생동물을 설명한다.

예시 1 첫째로, 그녀는 갈색머리찌르레기를 설명한다. 세부사항 갈색머리찌르레기는 명금의 둥지에 알을 낳는데, 명금은 그 알을 품고 갓 부화한 새끼 새가 둥지를 떠날 준비가 될 때까지 먹이를 준다. 찌르레기가 먼저 부화하고, 더 빠르게 자라며, 더 많이 먹기 때문에, 찌르레기는 명금 새끼들에게 불리하다.

예시 2 둘째로, 그녀는 검은머리오리를 설명한다. 세부사항 검은머리오리는 다른 물새들의 둥지에 알을 낳지만, 이 오리의 새끼들은 부화하자마자 둥지를 떠난다. 따라서 어린 오리가 부화한 후에는 숙주가 먹이를 주고 돌봐줄 필요가 없으므로, 숙주에게는 악영향이 없다.

마무리 이러한 예는 부화기생동물이 어떻게 행동하는지 보여준다.

읽기 지문 및 강의 스크립트

읽기 지문

주제
부화기생동물

세부사항
양육을 다른 종에 의존함 / 다른 새들의 둥지에 알을 낳음

Brood Parasites

How successful parents are at getting their offspring to maturity is a crucial factor in the survival of a species. And while many organisms put a great deal of effort into caring for their young, some species have developed an ingenious strategy, which is to rely on others to do the parenting for them. This phenomenon is most commonly studied in birds, and birds that lay their eggs in the nests of others are known as brood parasites. Because brood parasites do not have to invest in raising their young, they are able to perpetuate their genes with very little energy costs.

부화기생동물

부모가 새끼를 성숙에 도달하게 하는 데 얼마나 성공적인가는 한 종의 생존에 있어 결정적인 요소이다. 그리고 많은 생물이 그들의 새끼를 돌보는 데 상당한 노력을 들이는 반면에, 어떤 종들은 그들을 대신해 양육을 하도록 다른 종에 의존하는 교묘한 술수를 발전시켰다. 이 현상은 새들에게서 가장 흔히 연구되고, 다른 새들의 둥지에 알을 낳는 새는 부화기생동물로 알려졌다. 부화기생동물은 새끼를 기르는 데 투자를 하지 않아도 되므로, 거의 에너지 손실 없이 그들의 유전자를 영속화할 수 있다.

강의 스크립트 🎧 TEST12_Q3_Lec

예시 1
갈색머리찌르레기

세부사항
명금이 알을 품고 먹이를 줌 / 찌르레기가 더 빠르게 자라므로 명금 새끼들에게 불리함

All right, let's get started. I assume you've all read the passage about brood parasites, and there are two interesting examples from the world of birds. OK, the first is a common and widespread species in North America, the brown-headed cowbird. The brown-headed cowbird does not build nests and instead lay its eggs in the nests of various songbirds. If the host bird does not reject the egg—some recognize the foreign egg as an imposter—it will incubate the egg and feed the hatchling until it is ready to leave the nest. This is disadvantageous to the young of songbirds because the cowbird egg hatches earlier, and thus the cowbird chick grows faster and aggressively eats more at the expense of the hatchlings of the host species. If the cowbird fledgling gets too large, it can even push the other birds out of the nest, causing them to perish.

좋아요, 시작해 봅시다. 여러분 모두가 부화기생동물에 관한 지문을 읽었으리라고 생각하는데, 새들의 세계로부터 흥미로운 두 가지 예가 있습니다. 자, 첫 번째는 북미에서 흔하고 일반적인 종인 갈색머리찌르레기입니다. 갈색머리찌르레기는 둥지를 짓지 않고, 대신 여러 명금의 둥지에 알을 낳죠. 어떤 숙주 새는 바깥에서 온 알을 사기꾼으로 인식하기도 하지만, 만약 숙주 새가 그 알을 거부하지 않는다면, 숙주는 알을 품고 갓 부화한 새끼 새가 둥지를 떠날 준비가 될 때까지 먹이를 줍니다. 이것은 명금 새끼들에게 불리한데, 찌르레기 알이 먼저 부화하고, 따라서 찌르레기 새끼가 더 빠르게 자라며, 숙주 새의 새끼를 희생시키며 공격적으로 더 많이 먹기 때문이죠. 만약 찌르레기 새끼가 너무 커지면, 심지어 다른 새들을 둥지 밖으로 몰아내어 죽게 할 수도 있습니다.

예시 2
검은머리오리

세부사항
물새 둥지에서 부화 후 떠남 / 먹이거나 돌보지 않으므로 악영향 없음

For the next example, I'm going to move down to South America and talk about the black-headed duck, which is the only known species of waterfowl that never builds its own nest and relies solely on others for incubation. It usually lays its eggs in the nests of other water birds. However, the interesting thing about this brood parasite is that its young leave the nest soon after hatching and are able to fend for themselves at a very young age. Therefore, the presence of a black-headed duckling in the host's nest does not seem to have any adverse effect on the reproductive capacity of the host organism, which does not have to feed and take care of the duckling after hatching. In this case, the parasite is not harmful to the host family.

다음 예로, 남미로 내려가서 검은머리오리에 대해 이야기할 텐데, 이는 물새들 중에서 자신의 둥지를 절대 짓지 않고 알을 품는 것을 다른 종에게 온전히 의존하는 유일한 종이죠. 검은머리오리는 보통 다른 물새들의 둥지에 알을 낳습니다. 하지만 이 부화기생동물에 관한 흥미로운 점은, 이 오리의 새끼들은 부화하자마자 둥지를 떠나 아주 어린 나이에 자립할 수 있다는 것입니다. 따라서 부화한 후에는 숙주 생물이 오리 새끼에게 먹이를 주거나 돌봐줄 필요가 없으므로, 숙주의 둥지 내 검은머리오리 새끼의 존재는 숙주 생물의 번식 능력에 어떠한 악영향도 주는 것 같지 않아요. 이 경우에, 기생동물은 숙주 가족에게 해롭지 않은 것입니다.

VOCABULARY LIST

offspring[ɔ́:fspriŋ] 새끼 **maturity**[mətʃúərəti] 성숙 **ingenious**[indʒí:njəs] 교묘한 **parenting**[péərəntiŋ] 양육, 육아 **perpetuate**[pərpétʃuèit] 영속화하다 **gene**[dʒi:n] 유전자 **cost**[kɔːst] 손실 **reject**[ridʒékt] 거부하다 **imposter**[impástər] 사기꾼 **incubate**[ínkjubèit] (알을) 품다 **hatchling**[hǽtʃliŋ] 갓 부화한 새끼 새 **disadvantageous**[dìsædvəntéidʒəs] 불리한 **chick**[tʃik] 새끼 새 **aggressively**[əgrésivli] 공격적으로 **at the expense of** ~을 희생시키며 **fledgling**[flédʒliŋ] (막 날기 시작한) 새끼, 어린 새 **perish**[périʃ] 죽다 **waterfowl**[wɔ́:tərfàul] 물새 **fend for oneself** 자립하다 **duckling**[dʌ́kliŋ] 오리 새끼 **adverse effect** 악영향

Q4 보호 의태

INTEGRATED TASK

듣기 노트

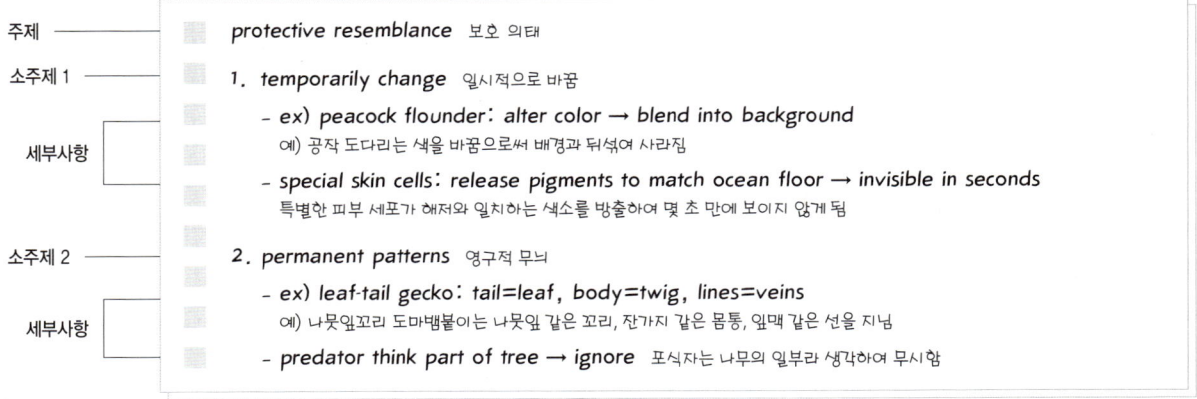

- 주제: protective resemblance 보호 의태
- 소주제 1: 1. temporarily change 일시적으로 바꿈
- 세부사항:
  - ex) peacock flounder: alter color → blend into background
    예) 공작 도다리는 색을 바꿈으로써 배경과 뒤섞여 사라짐
  - special skin cells: release pigments to match ocean floor → invisible in seconds
    특별한 피부 세포가 해저와 일치하는 색소를 방출하여 몇 초 만에 보이지 않게 됨
- 소주제 2: 2. permanent patterns 영구적 무늬
- 세부사항:
  - ex) leaf-tail gecko: tail=leaf, body=twig, lines=veins
    예) 나뭇잎꼬리 도마뱀붙이는 나뭇잎 같은 꼬리, 잔가지 같은 몸통, 잎맥 같은 선을 지님
  - predator think part of tree → ignore 포식자는 나무의 일부라 생각하여 무시함

모범 답안 🎧 TEST12_R4

(주제) **The professor explains** how animals use protective resemblance **by giving two examples**.

(소주제1) **First, he describes** how some animals can change their appearance temporarily. (세부사항) For example, the peacock flounder is able to alter its color to blend into the background. It has special skin cells, and it releases pigments to cells to match the ocean floor. By doing so, the peacock flounder can become invisible in a matter of seconds.

(소주제2) **Second, he describes** how other animals have permanent patterns on their bodies that make them look like something else. (세부사항) For example, the leaf-tail gecko has a tail that looks like a leaf and a body that looks like a twig. And along its body, it has lines that appear almost identical to veins on leaves. Therefore, a predator would think that it's a part of the tree and ignore it.

(마무리) **These examples demonstrate** two ways that animals use protective resemblance.

주제 교수는 두 가지 예를 들어 어떻게 동물이 보호 의태를 사용하는지를 설명한다.

소주제 1 첫째로, 그는 어떤 동물들이 겉모습을 일시적으로 바꿀 수 있음을 설명한다. 세부사항 예를 들어, 공작 도다리는 배경과 뒤섞여 사라지도록 색을 바꿀 수 있다. 공작 도다리에게는 특별한 피부 세포가 있는데, 그것은 해저와 일치하는 색소를 세포에 방출한다. 그렇게 해서 공작 도다리는 단 몇 초 만에 보이지 않게 될 수 있다.

소주제 2 둘째로, 그는 다른 동물들은 자신을 다른 무언가로 보이게 하는 영구적인 무늬가 몸에 있음을 설명한다. 세부사항 예를 들어, 나뭇잎꼬리 도마뱀붙이는 나뭇잎처럼 보이는 꼬리와 잔가지처럼 보이는 몸통을 지니고 있다. 그리고 몸통을 따라, 그것은 나뭇잎의 잎맥과 거의 흡사해 보이는 선들을 지니고 있다. 따라서 포식자는 그것을 나무의 일부라고 생각하여 무시할 것이다.

마무리 이러한 예는 동물이 보호 의태를 사용하는 두 가지 방법을 보여준다.

강의 스크립트

강의 스크립트 🎧 TEST12_Q4_Lec

주제
보호 의태

All right . . . a good way for animals to avoid detection by predators is to disappear entirely. This can be done by perfectly resembling the background or by appearing unlike what one actually is—both of which represent forms of protective resemblance. Now, let's take a look at two examples.

소주제 1
일시적으로 바꾸는 공작 도다리

세부사항
배경과 뒤섞여 사라지도록 색을 바꿈 / 특별한 피부 세포가 해저와 일치하는 색소를 방출하여 몇 초 만에 보이지 않게 됨

Some animals have the ability to temporarily change their appearance according to variations in the environment, and one of the masters of this is the peacock flounder. This bottom-dwelling saltwater fish has the remarkable capacity to alter its coloration so that its body perfectly blends into the background. The process is known as cryptic coloration, and this ability can make the fish, well . . . disappear. You see, the peacock flounder has special skin cells, and it selectively releases pigments to individual cells on the skin to match the colors and patterns of the ocean floor. Exactly how it achieves this is a complex combination of vision and hormonal activity. In fact, we know that vision plays a key role because fish that are blind or with damaged eyes have difficulty mimicking the background. And what's really impressive is the speed. Experiments have shown that these fish can transform from visible to invisible in a matter of seconds.

소주제 2
영구적 무늬를 가진 나뭇잎꼬리 도마뱀붙이

세부사항
나뭇잎 같은 꼬리, 잔가지 같은 몸통, 잎맥 같은 선을 지님 / 포식자는 나무의 일부라 생각하여 무시함

Next up . . . um, an organism that has permanent patterns on its body that makes it appear like something else is the leaf-tail gecko. This arboreal species—um, that just means it lives in trees—is native to Madagascar . . . and as its name would suggest, it possesses a tail that looks exactly like a leaf. Its body is often a mottled brown color so that the entire body of the gecko looks much like a small twig supporting a decaying leaf. And along the upper side of its body and extending into the leaf-like tail are lines that appear almost identical to the veins on tree leaves. Any potential predator that happens to wander by looking for a meal would think the little gecko was simply part of the tree and would therefore ignore it.

VOCABULARY LIST

detection[ditékʃən] 발각　**represent**[rèprizént] 해당하다, 나타내다　**temporarily**[tèmpərérəli] 일시적으로　**appearance**[əpíərəns] 겉모습
variation[vɛ̀əriéiʃən] 변화　**saltwater fish** 바닷물고기　**coloration**[kÀləréiʃən] 천연색　**blend into** 뒤섞여 사라지다　**cryptic**[kríptik] 은폐의
pigment[pígmənt] 색소　**invisible**[invízəbl] 보이지 않는　**arboreal**[ɑːrbɔ́ːriəl] 수목의　**mottled**[mátld] 얼룩덜룩한　**twig**[twig] 잔가지
decay[dikéi] 썩다, 부패하다　**extend into** ~로 이어지다　**vein**[vein] 잎맥　**happen to** ~하게 되다　**wander by** 주위를 돌아다니다

SELF-EVALUATION LIST TEST 12

앞서 학습한 내용을 바탕으로 자신의 답안에 대해 다음 사항을 점검하고 앞으로 개선해야 할 점을 확인해 보세요.

Q1

1. 문제에서 요구하는 정보를 모두 말하였다. (나의 선택, 이유 및 구체적 근거) ☐ Yes ☐ No
2. 이유 및 구체적 근거를 들어 나의 선택을 논리적으로 뒷받침하였다. ☐ Yes ☐ No
3. 다양한 어휘 및 표현, 문장 구조를 사용하여 말하였다. ☐ Yes ☐ No
4. 올바른 발음, 강세 및 억양으로 말하였다. ☐ Yes ☐ No

Q2

1. 문제에서 요구하는 정보를 모두 말하였다. (읽기 지문의 주제, 대화 속 화자의 의견 및 이유) ☐ Yes ☐ No
2. 문제에서 요구하는 정보를 읽기 지문 및 대화의 내용에 근거해 정확하게 말하였다. ☐ Yes ☐ No
3. 다양한 어휘 및 표현, 문장 구조를 사용하여 말하였다. ☐ Yes ☐ No
4. 올바른 발음, 강세 및 억양으로 말하였다. ☐ Yes ☐ No

Q3

1. 문제에서 요구하는 정보를 모두 말하였다. (읽기 지문의 주제, 강의의 예시) ☐ Yes ☐ No
2. 문제에서 요구하는 정보를 읽기 지문 및 강의의 내용에 근거해 정확하게 말하였다. ☐ Yes ☐ No
3. 다양한 어휘 및 표현, 문장 구조를 사용하여 말하였다. ☐ Yes ☐ No
4. 올바른 발음, 강세 및 억양으로 말하였다. ☐ Yes ☐ No

Q4

1. 문제에서 요구하는 정보를 모두 말하였다. (강의의 주제, 소주제 및 세부사항) ☐ Yes ☐ No
2. 문제에서 요구하는 정보를 강의의 내용에 근거해 정확하게 말하였다. ☐ Yes ☐ No
3. 다양한 어휘 및 표현, 문장 구조를 사용하여 말하였다. ☐ Yes ☐ No
4. 올바른 발음, 강세 및 억양으로 말하였다. ☐ Yes ☐ No

HACKERS TOEFL ACTUAL TEST SPEAKING

출제 예상 토픽 리스트

최신 iBT TOEFL Speaking 시험 출제 경향을 바탕으로
유형별 출제 예상 토픽들을 선별하여 수록하였다.
실제 시험에서 출제 가능한 토픽들을 미리 살펴보고
해커스인강(HackersIngang.com)에서 제공하는 답안 말하기 프로그램을 활용하여
제한 시간 안에 답안을 말해보는 연습을 반복함으로써
실제 시험에서 고득점을 받을 수 있도록 한다.

INDEPENDENT TASK
Q1 나의 선택 말하기

INTEGRATED TASK
Q2 읽고 듣고 말하기 (1) 대학 생활
Q3 읽고 듣고 말하기 (2) 대학 강의
Q4 듣고 말하기 - 대학 강의

Q1 나의 선택 말하기

INDEPENDENT TASK

다음의 출제 예상 토픽을 보고, 토픽에 대한 나의 선택과 그렇게 생각하는 이유를 떠올리며 브레인스토밍을 한다. 나의 선택과 이유가 구체적으로 정리되었다면, 답안 말하기 프로그램을 활용하여 제한 시간 안에 답안을 말해본다.

I. 학교생활

- [ ] 당신이 사는 곳에서 가까이 있는 대학 다니기 vs. 멀리 있는 대학 다니기
- [ ] 기숙사에 살기 vs. 가족과 함께 살기
- [ ] 흥미가 가는 전공 선택하기 vs. 취업에 도움이 되는 전공 선택하기
- [ ] 방학 때 계절학기 수업 듣기 vs. 여행 가기
- [ ] 일주일에 여러 번 하는 수업 듣기 vs. 한 번만 하는 수업 듣기
- [ ] 수업 시간에 지정석에 앉기 vs. 자유롭게 앉기
- [ ] 수업 들을 때 필기하기 vs. 필기하지 않기
- [ ] 보고서 쓰기 vs. 많은 사람 앞에서 발표하기
- [ ] 학생을 과제로 평가하기 vs. 시험으로 평가하기
- [ ] 한 학기에 시험을 한 번만 보고 성적 받기 vs. 시험을 여러 번 보고 성적 받기
- [ ] 초등학생 때 타자 치는 법을 배워야 한다 vs. 손글씨를 배워야 한다
- [ ] 학생은 교복을 입어야 한다 vs. 아니다
- [ ] 공부를 잘하는 사람만 대학에 입학할 수 있어야 한다 vs. 가고 싶은 사람 모두 갈 수 있어야 한다
- [ ] 나이가 아무리 많아도 대학 학위를 받는 데는 지장이 없다 vs. 아니다
- [ ] 대학에 입학하기 전에 1년간 개인 시간을 가져야 한다 vs. 아니다
- [ ] 대학에 입학하기 전에 아르바이트를 해봐야 한다 vs. 아니다
- [ ] 학생은 혼자 공부해야 한다 vs. 아니다
- [ ] 학생은 토론에 참여할 때 더 많이 배운다 vs. 아니다
- [ ] 요즘 학생들은 예전보다 더 편하게 공부할 수 있다 vs. 아니다
- [ ] 공부할 때 컴퓨터를 사용하는 것은 유익하다 vs. 아니다
- [ ] 다른 나라의 역사를 배워야 한다 vs. 아니다
- [ ] 모든 학생은 운동을 배워야 한다 vs. 아니다
- [ ] 고등학생 때 경제를 배워야 한다 vs. 아니다
- [ ] 고등학생 때 음악과 같은 특별 활동을 해야 한다 vs. 아니다
- [ ] 다른 전공 수업을 듣는 것은 시간 낭비다 vs. 아니다
- [ ] 복수전공을 해야 한다 vs. 아니다
- [ ] 가장 중요한 교훈은 학교에서 배울 수 없다 vs. 아니다
- [ ] 학생보다 선생님으로 사는 것이 더 쉽다 vs. 아니다
- [ ] 직업을 결정하기 전에 그 분야에서 아르바이트를 먼저 해봐야 한다 vs. 아니다

2. 일상생활

- [ ] 낮에 일하고 밤에 공부하기 vs. 밤에 일하고 낮에 공부하기
- [ ] 동시에 여러 프로젝트 하기 vs. 한 번에 하나의 프로젝트만 하기
- [ ] 좋아하는 일을 직업으로 가지기 vs. 취미로 하기
- [ ] 지금 살고 있는 도시에서 적은 월급 받기 vs. 다른 도시에서 많은 월급 받기
- [ ] 생각나자마자 바로 결정하기 vs. 심사숙고 하기
- [ ] 음식을 사서 먹기 vs. 직접 요리해 먹기
- [ ] 책을 사서 읽기 vs. 빌려 읽기
- [ ] 즐거움을 위해 쇼핑하기 vs. 필요에 의해 쇼핑하기
- [ ] 온라인 쇼핑이나 홈쇼핑하기 vs. 직접 가게에 가서 쇼핑하기
- [ ] 교양 프로그램 보기 vs. 예능 프로그램 보기
- [ ] 집에서 TV로 영화 보기 vs. 극장에서 영화 보기
- [ ] 혼자 하는 운동하기 vs. 팀으로 하는 운동하기
- [ ] 운동 경기 보러 갈 때 혼자 가기 vs. 다른 사람들과 함께 가기
- [ ] 운동 경기에 직접 참여하기 vs. 다른 사람들이 경기하는 것 구경하기
- [ ] 자유시간을 친구 또는 가족과 보내기 vs. 혼자 보내기
- [ ] 많은 친구와 놀기 vs. 소수의 친구와 놀기
- [ ] 나와 비슷한 친구와 놀기 vs. 다른 친구와 놀기
- [ ] 새로운 곳으로 여행 가기 vs. 예전에 갔던 곳으로 여행 가기
- [ ] 도시로 여행 가기 vs. 시골로 여행 가기
- [ ] 사계절인 나라로 여행 가기 vs. 계절이 하나인 나라로 여행 가기
- [ ] 여행할 때 기록 남기기 vs. 그냥 구경만 하기
- [ ] 용돈이 생기면 저금하기 vs. 모두 쓰기
- [ ] 부모님께 조언받기 vs. 친구들에게 조언받기
- [ ] 일할 때는 정장을 입어야 한다 vs. 평상복을 입어도 된다
- [ ] 행복한 삶을 살려면 자신의 직업을 좋아해야 한다 vs. 아니다
- [ ] 존경하는 유명 인사가 있어야 한다 vs. 아니다
- [ ] 예술가는 타고난다 vs. 아니다
- [ ] 영화는 반드시 끝까지 봐야 한다 vs. 아니다
- [ ] 작은 마을에 사는 사람들이 큰 도시에 사는 사람들보다 더 친절하다 vs. 아니다
- [ ] 정부는 멸종 위기인 동물을 보호해야 한다 vs. 아니다
- [ ] 미래에는 사람들이 책을 덜 읽을 것이다 vs. 아니다
- [ ] 예능 프로그램을 보는 것은 시간 낭비다 vs. 아니다
- [ ] 광고는 사람들의 의사결정에 큰 영향을 미친다 vs. 아니다
- [ ] 사람들은 예전보다 더 균형 잡힌 식생활을 한다 vs. 아니다
- [ ] 컴퓨터 게임은 청소년에게 악영향을 미친다 vs. 아니다
- [ ] 기술 발달이 우리의 생활을 더 편하게 만들었다 vs. 아니다

Q2 읽고 듣고 말하기 (1) 대학 생활

INTEGRATED TASK

다음의 출제 예상 토픽을 보고, 답안 말하기 프로그램을 활용하여 제한 시간 안에 답안을 말해본다. 먼저 읽기 지문의 중심 내용을 언급한 후, 읽기 지문의 내용에 대한 화자의 의견 및 두 가지 이유를 차례대로 말해본다.

I. 공고문

	읽기 지문	대화	
☐	학기 중에 도서관 카페의 운영 시간을 연장함	**찬성**	
		이유 1	외부에 간식을 사러 가지 않아도 됨
		이유 2	공부를 하다 지칠 때 친구들과 함께 휴식을 취할 공간이 생김
☐	내년부터 심리학 전공 학생들은 졸업하기 위해 전공 관련 자격증을 따야 함	**찬성**	
		이유 1	자신의 전공 분야에 대해 더욱 전문성을 가지고 졸업하게 됨
		이유 2	자격증이 있으면 관련 분야에 취직하는 데 도움이 됨
☐	프랑스 대학의 방학 연수 프로그램을 신청한 학생들은 모두 기숙사 생활을 해야 함	**반대**	
		이유 1	기숙사 생활은 학생들의 자유를 억압함
		이유 2	연수생들끼리만 생활하면 프랑스 문화를 체험할 기회가 없음
☐	학교 인근 지역에서 거주할 교환학생들을 위해 숙소 관련 정보를 담은 소책자를 제공할 예정임	**찬성**	
		이유 1	교환학생들은 언어가 잘 통하지 않아 숙소 관련 정보를 찾기 어려움
		이유 2	직접 돌아다닐 필요 없이 수록된 정보를 이용해 효율적으로 집을 구할 수 있음
☐	대학은 해외 인턴십 프로그램을 통해 경영학 전공자들이 경험을 쌓을 수 있도록 지원할 예정임	**반대**	
		이유 1	국내 기업 인턴십 프로그램을 통해서도 경영 분야의 경험을 쌓을 수 있음
		이유 2	대학이 경영학 전공자만 지원하는 것은 불공평함
☐	학교 잔디밭 출입을 금지함	**찬성**	
		이유 1	학생들이 잔디밭 위에서 활동한 후 뒷정리를 잘 하지 않아서 쓰레기 문제가 발생함
		이유 2	학생들의 무분별한 출입으로 잔디가 시들어 미관상 좋지 않음
☐	장소를 두 군데로 나누어 졸업식을 시행할 예정임	**반대**	
		이유 1	총장의 인사말 등 졸업식의 중요한 순서를 모든 졸업생이 직접 볼 수 없음
		이유 2	졸업생만 출입하게 하면 한 공간에 모두를 수용할 수 있음
☐	밤 12시 이후에 교내 야외 활동을 금지할 예정임	**찬성**	
		이유 1	소음이 발생해 기숙사에 사는 학생들에게 방해됨
		이유 2	교직원들이 모두 퇴근한 시간이고, 어두워서 위험할 수 있음
☐	학생회관의 팩스기 무료 사용을 제한할 예정임	**반대**	
		이유 1	학교 밖에서 팩스기를 이용하려면 비싼 이용료를 내야 함
		이유 2	관리자가 없어서 팩스기가 자주 고장 나는 것임
☐	학교 옥상에 태양광 전지판을 설치할 예정임	**복합적**	
		이유 1	태양광 발전을 활용하면 전력 비용을 줄일 수 있음
		이유 2	옥상에 있는 휴게실을 사용하는 학생이 여전히 많은데 철거해야 하는 것이 아쉬움

주제	입장	이유
기숙사의 무료 택배 보관 서비스를 폐지하고, 유료 택배 저장고를 설치할 예정임	찬성	이유 1: 학생들이 종종 장기간 택배를 방치해 사감들이 택배 관리에 어려움을 겪음 이유 2: 도난 및 파손 사고를 예방할 수 있음
다음 학기부터 신입생의 기숙사 생활을 의무화할 예정임	찬성	이유 1: 학교생활에 빠르게 익숙해지고, 다양한 친구를 사귈 수 있음 이유 2: 시간 제한 없이 함께 공부하여 학업적으로 도움을 받을 수 있음
교직원 식당을 학생들에게 개방할 예정임	찬성	이유 1: 학생들에게 다양한 메뉴 선택권이 생김 이유 2: 학생 식당에는 사람이 너무 많아서 오래 기다려야 함
교내에 극장을 만들고 최신 영화를 상영할 예정임	반대	이유 1: 대강당에서도 영화 상영이 가능하므로 따로 극장을 만들 필요가 없음 이유 2: 최신 영화는 다른 곳에서도 볼 수 있으므로, 구하기 어려운 전공 관련 다큐멘터리를 상영해야 함
학생의 출석 관리를 전산화할 예정임	찬성	이유 1: 일부 교수들은 출석 관리에 소홀함 이유 2: 규모가 큰 수업에서 더욱 효과적인 출석 관리가 가능해질 것임
교내 신문의 정치면을 없애고 교우 소식란을 신설할 예정임	찬성	이유 1: 정치에 관한 기사는 신문이나 인터넷을 통해 접할 수 있음 이유 2: 교우 소식란을 통해 새로운 인맥을 형성할 기회를 얻을 수 있음
학생회관 안에 그룹 스터디룸을 신설할 예정임	찬성	이유 1: 학교 내에서 스터디를 할 공간을 찾기 어려웠음 이유 2: 학생회관의 빈 공간을 효율적으로 사용할 수 있음
기숙사 휴게실에서 취사를 금지할 예정임	찬성	이유 1: 취사로 인해 냄새가 발생하여 다른 학생들에게 방해됨 이유 2: 조리 도구와 가스레인지 사용 시 안전상의 문제가 발생함
학생들에게 이메일로 학사일정을 공지할 예정임	반대	이유 1: 교내 곳곳에 연간 일정이 이미 게시되어 있음 이유 2: 대부분의 학생들이 읽지 않을 것이므로 문자로 보내는 것이 더 효율적임
학교 운동장을 확장할 예정임	반대	이유 1: 대부분의 학생은 운동장보다 체육관을 더 많이 이용함 이유 2: 운동장보다는 독서실 등 학습 공간을 확장해야 함
학교가 학생들에게 교내용 자전거를 대여할 예정임	반대	이유 1: 공공 기물이므로 학생들이 조심히 다루지 않을 것임 이유 2: 교내에 자전거 전용 도로가 조성되어 있지 않아 위험함
교직원 서비스 평가 결과를 공개할 예정임	찬성	이유 1: 학생들이 더 좋은 서비스를 받을 수 있음 이유 2: 교직원들의 업무 태만을 방지해 혁신을 부름
학생 상담센터를 폐쇄할 예정임	반대	이유 1: 교외 상담센터는 학생들이 이용하기에는 너무 비쌈 이유 2: 학업 및 진로 스트레스 때문에 상담을 필요로 하는 학생들이 많음

	주제	입장	이유
☐	학생회에서 교내 투어를 담당할 예정임	찬성	이유 1 실질적 학교생활에 대해 학생회가 가장 잘 알고 있음 이유 2 투어를 받는 고등학생들은 비슷한 나이대의 사람들에게 안내받는 것이 편할 것임
☐	교수와 학생 간의 면담 시간을 연장할 예정임	찬성	이유 1 교수와 학생이 수업 시간 외에 만나 더 친밀해지는 계기가 됨 이유 2 현재 면담 시간이 짧아 교수와 심도 깊은 대화를 나누기 어려움
☐	일반인에게 도서관을 개방할 예정임	반대	이유 1 도서관에 사람이 너무 많아지면 학생들이 공부할 자리가 부족해질 수 있음 이유 2 수업에 필요한 도서를 일반인들이 대출해 갈 수 있음
☐	교내에 쓰레기 무단 투기 시 교내 봉사를 요구할 예정임	찬성	이유 1 현재 아무런 벌이 없어 교내 쓰레기 문제가 점점 더 심각해짐 이유 2 학교에 대한 주인의식을 함양하여 쾌적한 교내 환경을 조성함
☐	대학 신문 발행을 사설 출판사에 맡길 예정임	반대	이유 1 출판사는 다른 업무도 진행해야 하므로 대학 신문 출판에 완전히 집중할 수 없음 이유 2 사설 출판사에 맡기면 출판 비용이 늘어남
☐	학교 체육관을 보수하고 이용자들에게 연회비를 부과할 예정임	찬성	이유 1 기존 시설이 너무 낡아 안전상의 문제가 있으므로 보수해야 함 이유 2 이용자가 너무 많아 불편했는데, 연회비를 부과하면 이용자 수가 감소할 것임
☐	도서관이 도서 대여 기간을 10일로 줄일 예정임	반대	이유 1 논문 작성과 같이 시간이 많이 소요되는 과제를 하려면 책을 볼 시간이 더 많이 필요함 이유 2 대부분의 학생은 연체 없이 도서를 잘 반납함
☐	신청한 학생 수가 적은 철학 강좌를 폐강할 예정임	반대	이유 1 수강 인원이 적은 강좌는 교수와 개인적인 교류가 더 많아 학생들에게 유익함 이유 2 적은 인원이라도 철학 강좌를 듣고 싶어 하는 학생들이 꾸준히 있으므로 폐강하면 안 됨
☐	이용자 수가 적은 교내 신문 열람실을 폐쇄할 예정임	반대	이유 1 신문으로부터 다양한 지식 및 유용한 정보를 얻을 수 있음 이유 2 현재는 신문 열람실에 대한 학생들의 인지도가 낮으므로, 대학이 더 홍보해야 함
☐	학교 재정상의 이유로 학비가 인상될 예정임	반대	이유 1 다양한 모금 행사와 활동으로 자금을 마련할 수 있음 이유 2 아르바이트로 스스로 학비를 버는 재학생들의 부담이 커짐
☐	교내 체육관에서 무료 단체 수업을 제공할 예정임	찬성	이유 1 단체로 운동하면 뒤쳐지지 않도록 동기 부여가 됨 이유 2 자원봉사자나 전문 강사를 초빙해서 수업의 질과 다양성을 높일 수 있음
☐	대학원생이 학부생을 멘토링 하는 프로그램이 폐지될 예정임	반대	이유 1 같은 전공 공부와 대학 생활을 이미 경험한 선배이기 때문에 배울 것이 많음 이유 2 인맥을 쌓을 수 있는 기회를 잃게 됨
☐	봄 학기 말에 계절학기 오리엔테이션을 실시할 예정임	반대	이유 1 학기 말에는 시험, 보고서 제출 등으로 바쁨 이유 2 학기가 끝나기 전에 다음 학기를 준비하는 것은 부담됨

2. 기고

	읽기 지문	대화
☐	기숙사에 외부인 출입을 금지해야 함	**찬성** 이유 1 외부인 출입으로 인한 사건·사고가 발생함 이유 2 늦은 시각에도 잦은 이동으로 소란스러워서 공부와 수면에 방해됨
☐	도서관 내 노트북 컴퓨터의 사용을 허가해야 함	**반대** 이유 1 자료 검색 및 문서 작업은 도서관에 설치된 컴퓨터로 하면 됨 이유 2 타자 치는 소리가 다른 학생들의 공부를 방해함
☐	시험 기간에 교내 식당의 영업시간이 연장되어야 함	**찬성** 이유 1 공부하다가 배가 고프면 늦은 시간에도 이용할 수 있어 편리함 이유 2 편의점에서는 건강에 좋지 않은 불량식품만 판매함
☐	4학년은 졸업 전에 의무적으로 지도 교수와 상담해야 함	**찬성** 이유 1 진로 선택에 대한 조언을 얻을 수 있음 이유 2 사회생활에 관해 묻고 답하며 사회인이 될 준비를 할 수 있음
☐	교내 비포장 산책로를 포장해야 함	**찬성** 이유 1 비가 오면 땅이 질퍽해져서 산책하기 불편함 이유 2 현재 길에 움푹 패인 곳이 많아서 산책하기 위험함
☐	교내 고급 레스토랑을 폐쇄해야 함	**반대** 이유 1 졸업식과 같이 특별한 경우에 식사하기 좋은 장소임 이유 2 서비스도 좋고 음식도 맛있음
☐	교내에 더 많은 매점을 설치해야 함	**반대** 이유 1 군것질을 자주 하게 되어 건강에 좋지 않음 이유 2 학생들이 불필요한 돈을 쓰게 됨
☐	학교에서 개최하는 개교 기념 행사를 폐지해야 함	**반대** 이유 1 모두가 행사에 꼭 참여해야 하는 것은 아님 이유 2 외부인들을 초대하여 학교를 알릴 좋은 기회임
☐	교내 건물에 홍보 전단을 붙일 수 있도록 허용해야 함	**반대** 이유 1 미관상 좋지 않고, 깨끗하게 제거되지 않음 이유 2 대학 커뮤니티 웹사이트로도 충분히 홍보할 수 있음
☐	인문학 전공 학생들이 기초 과학 수업을 의무적으로 듣게 해야 함	**찬성** 이유 1 인문학 전공자들은 다양한 학문 분야에 대한 지식을 갖추어야 함 이유 2 기초 과학 수업은 고등학교를 마친 사람이라면 무리 없이 이해할 수 있는 수준임
☐	교내 스터디룸 내 음식물 반입을 허용해야 함	**반대** 이유 1 음식 냄새가 다음 이용자들을 불쾌하게 함 이유 2 쉬는 시간을 이용해서 스터디룸 밖에서 음식을 먹을 수 있음
☐	도서관에 인터넷 사용이 금지되는 조용한 작문실을 만들어야 함	**복합적** 이유 1 조용한 환경에서 학습에 집중할 수 있음 이유 2 인터넷을 사용할 수 없다면 많은 학생들이 이용하지 않을 것임

Q3 읽고 듣고 말하기 (2) 대학 강의

INTEGRATED TASK

다음의 출제 예상 토픽을 보고, 답안 말하기 프로그램을 활용하여 제한 시간 안에 답안을 말해본다. 먼저 읽기 지문에서 소개한 주제의 정의를 언급한 후, 강의에서 소개한 예시를 주제와 연관시켜 말해본다.

I. 심리

읽기 지문	강의
충격 편향 (Impact Bias) 충격·좌절과 같은 감정 상태의 정도나 지속 기간을 과장해서 예상하는 경향	• 교수의 대학 동문은 원하던 회사에 취직하는 데 실패하자, 좌절하며 충격이 오래갈 것이라고 예상함 • 곧 다른 회사에 취업한 후, 그 회사에 만족하게 되면서 좌절을 금방 극복함
과신 오류 (Overconfident Effect) 자신의 능력을 실제보다 높이 평가하여 합리적인 결정을 내리지 못하는 현상	• 주식 투자 시 자신의 감을 과신하여 자료 조사 없이 즉각적 의사 결정을 함으로써 수익 창출에 실패함 • 자신의 운전 실력을 과신해 무리한 운행을 하여 결국 사고를 냄
계획 오류 (Planning Fallacy) 어떤 일을 계획할 때 만약의 경우를 고려하지 못하고 예상 소요 시간을 훨씬 적게 잡아, 결국 계획이 일정보다 늦어지는 현상	• 교수가 논문을 쓰기 시작할 때 의욕이 넘쳐 예상 소요 시간을 3개월로 잡음 • 자료 조사와 현장 답사가 일정대로 진행되지 않아 결국 논문을 기한 내에 완성하지 못함
방어적 비관주의 (Defensive Pessimism) 미리 최악의 결과를 예상하여, 그 결과의 발생을 방지하기 위한 대응책을 준비하는 심리 현상	• 버스에 문제가 생겨 중요한 면접에 가지 못할까 봐 기차표도 예매함 • 중요한 자료를 저장해 둔 컴퓨터가 고장 날까 봐 자료를 CD와 USB에 추가로 저장함
수평적 사고 (Lateral Thinking) 기존의 틀을 벗어나 새로운 방식으로 사고함으로써 문제 해결을 시도하는 경향	• 신발 회사의 한 직원이 아프리카에 신발을 팔자고 주장했을 때, 맨발로 자연을 뛰노는 아프리카의 이미지를 떠올리며 직원 대부분이 반대함 • 아프리카인의 특성을 연구해 저렴하고 특화된 신발을 개발하여 예상과 달리 판매에 크게 성공함
애빌린 패러독스 (The Abilene Paradox) 반대하는 사람의 부재로, 아무도 원하지 않았던 일이 모두의 동의를 얻어 일어나는 현상	• 회사 최고 경영자가 수익성이 낮아 보이는 사업을 추진하자고 제안함 • 직원들은 그 사업이 성공할 확률이 낮다는 것을 알면서도, 상사의 권위에 따르는 것이 낫다고 생각하여 사업 제안에 찬성함
준거 집단 (Reference Group) 개인의 태도 및 판단의 기준이 되는 특정 집단	• 교수의 친구는 대학 시절 문학 동아리에 소속되어, 문학인들을 동경하며 취미로 책을 읽거나 글을 씀 • 졸업 후 일반 기업에 취직하여, 상사들과 어울리고자 취미로 테니스나 골프를 함
프라이밍 (Priming) 자신이 인지하지 못하는 사이에 과거의 경험에 영향을 받는 것	• 도서관에서 책을 보고 있는 사람을 보고 어떤 학생은 그가 시험공부 중이라고 생각함 • 다른 사람은 그가 단순히 독서 중이라고 생각함
비논리적 헌신 (Illogical Devotion) 결과가 나쁠 것을 알면서도 자기 생각을 고집하는 경향	• 부모님의 반대에도 불구하고, 디자인은 멋지지만 연비와 기능이 좋지 않은 자동차를 구매함 • 유지비가 많이 드는 등 여러 문제가 발생했지만, 연비 측면은 무시하고 디자인만 강조하며 사람들에게 그 자동차가 좋다고 말함

☐	**노출 치료** (Exposure Therapy) 두려움을 가진 대상이나 환경에 의도적으로 노출시킴으로써, 그 상황이 안전하다고 느끼도록 도와주는 치료	• 딸이 사람들 앞에서 발표하는 것을 두려워하자, 가족이 함께 있는 편한 분위기에서 말하는 연습을 의도적으로 시킴 • 딸은 점진적으로 더 많은 사람 앞에서 연습을 함으로써 발표에 대한 공포를 극복함
☐	**절차적 기억** (Procedural Memory) 특정 과제를 해결하는 데 요구되는 지식이나 기술에 대한 기억으로, 시간이 흘러도 의식적 노력 없이 저장되는 장기 기억	• 어릴 때 처음 젓가락질을 배우기는 힘들지만, 한 번 몸에 익히면 무의식적으로 젓가락질을 하게 됨 • 자전거를 처음 배울 때는 넘어지고 다치며 시행착오를 겪지만, 나중에는 자전거 타는 기술이 몸에 배어 노력 없이 쉽게 타게 됨
☐	**불신의 중지** (Suspension of Disbelief) 영화나 소설 따위를 볼 때, 허구인 것을 알면서도 자발적으로 가상세계 속에 빠져들기를 선택하는 현상	• 비디오 게임 속 세상이 허구인 것을 알면서도 게임 캐릭터와 자신을 동일시하며 게임을 함 • 영화 속 인물이 실재하지 않는다는 것을 알면서도 주인공이 처한 상황에 감정이입을 하며 영화를 관람함
☐	**끌어당김의 이론** (The Law of Attraction) 새로운 사람을 만날 때, 자신이 처한 상황에 따라 관계 유지 정도가 달라지는 현상	• 시험이 없거나 결과가 절대 평가로 매겨지는 수업에서 만난 친구들과는 쉽게 친해짐 • 시험 결과가 상대 평가로 매겨지는 경쟁 환경 속에서 만난 친구들과는 쉽게 친해지지 못함
☐	**범주화** (Categorization) 아이들이 일정한 기준에 따라 새로운 대상을 분류하는 기법으로, 범주화 이후에는 한 가지 방식으로만 대상을 인식하려는 고정관념이 형성될 수 있음	• 과일을 본 적 없는 어린 아이에게 사과를 주며 과일이라고 알려주자, 동그랗고 빨간 것이 과일이라고 범주화함 • 이후에 참외를 주며 과일이라고 알려주면, 아이는 자신의 고정관념과 다른 사물에 혼란을 느낌
☐	**단기 기억 장치** (Shortterm Memory) 정보가 일차적으로 저장되는 인간 기억 장치의 한 부분으로, 정보가 짧은 시간 동안만 저장되므로 장기 기억에 이르지 못함	• 시험을 위해 급하게 외운 프랑스어 단어들을 시험이 끝나면 모두 잊어버림 • 아침에 식사하면서 떠올렸던 오늘 할 일을 따로 적어두지 않아, 버스를 탄 후 곧 잊어버림
☐	**인상 관리** (Impression Management) 다른 사람에게 좋은 인상을 주기 위해 의식적 혹은 무의식적으로 자신의 긍정적인 성향을 부각시키는 심리	• 영업사원은 고객에게 좋은 인상을 주어 판매 수익을 올리려고 기분이 좋지 않아도 웃음 • 기업 임원은 위엄 있어 보이기 위해 악수를 세게 함
☐	**상태의존기억** (State-dependent Memory) 정보를 기억할 때의 환경을 재연하는 것이 회상에 도움이 되는 현상	• 박물관에서 역사적 유물에 대해 공부한 후, 집에 돌아와 공부한 것을 떠올리려 했으나 잘 기억나지 않음 • 나중에 박물관에 가서 다시 시도해 보니 수월하게 떠오름
☐	**소속감 광고** (Belonging Ad) 사회활동에 참여하여 좋은 인간관계를 맺고자 하는 인간의 욕구를 이용하는 광고	• 청년들이 모두 같은 축구화를 신고, 축구 경기를 하며 팀워크를 다지는 모습을 보여주는 축구화 광고 • 같은 휴대폰의 기능을 사용하여 서로 의사소통 하는 사람들과 달리, 타사 휴대폰을 소유하여 소외되는 사람을 보여주는 휴대폰 광고
☐	**오컴의 면도날** (Occam's Razor) 어떤 현상을 설명하는 여러 가설이 있을 때, 불필요하게 복잡한 가설보다는 단순한 가설이 가장 좋은 원리라는 이론	• 천동설로 우주 내 천체 및 행성의 움직임을 파악하는 것은 매우 복잡함 • 지동설로 우주 내 천체 및 행성의 움직임을 파악하는 것이 훨씬 더 간단함
☐	**사회적 태만** (Social Loafing) 혼자 일할 때보다 그룹으로 일할 때 목표를 이루기 위한 노력을 덜 들이는 현상	• 두 집단의 사람들에게 손뼉을 치게 하고 한 집단은 개인 결과를, 다른 집단은 전체의 결과를 측정한다고 말함 • 개인 결과를 측정했을 때 개인의 기여도는 100%에 가까웠으나, 전체의 결과를 측정했을 때 개인의 기여도는 약 40%에 불과했음

☐	**학습된 무기력** (Trained Incapacity) 스스로 극복할 수 없는 상황에 자주 노출되면, 혼자 힘으로 극복할 수 있는 상황에 부닥쳐도 지레 포기하는 경향	• 어린 코끼리를 쇠사슬로 묶어 놓으면 처음에는 끊고 달아나려고 노력하지만, 결국 달아날 수 없다는 것을 깨닫고 포기함 • 나중에는 코끼리를 작은 나뭇가지에 약한 줄로 묶어 놓아도 달아나려고 시도하지 않음
☐	**잘못된 원인의 오류** (False-cause Error) 두 사건 사이의 연관성을 인과관계로 착각하여, 먼저 일어난 사건이 무조건 뒤에 일어난 사건의 원인이라고 추정하는 오류	• 실험에서 몇 년간 해적의 수가 줄어들고 있다는 차트와 한 지역의 온도가 상승했음을 보여주는 차트를 동시에 보여줌 • 실험 참가자들은 해적의 출현이 지역의 온도를 하락시킨다는 잘못된 인과관계를 추정해 냄

2. 생물

	읽기 지문	강의
☐	**나무의 의사소통** (Tree Communication) 나무가 해로운 벌레나 동물의 접근에 대해 능동적으로 대처하는 현상	• 아카시아 나무는 염소가 와서 잎을 뜯어 먹으려고 하면 잎의 수액을 독성으로 변화시킴 • 그것에 그치지 않고, 염소의 출현을 주변 나무에 알려 숲 전체를 보호함
☐	**해발인자** (Releaser) 동물의 특정한 행동을 유발하는 같은 종 내 동물들의 행동, 냄새, 소리, 색 등의 자극	• 농게 수컷이 집게다리를 좌우로 움직이면 암컷이 매혹되어 달려옴 • 나방의 암컷이 방출하는 페로몬은 수컷의 짝짓기 행동을 촉발함
☐	**엿듣기** (Eavesdropping) 싸움에 직접 관련되지 않은 동물이 다른 동물들 간의 싸움을 관찰하는 현상	• 실험에서 싸움에 참여할 검상꼬리송사리 두 마리를 한쪽에, 관찰할 송사리 한 마리는 다른 쪽에 두었음 • 싸움의 결과를 관찰한 송사리는 승자에게 거의 덤비지 않음
☐	**수직 이동** (Vertical Migration) 바다에 사는 동물이 낮에는 바다 깊이 하강하고 밤에는 표층 가까이 상승하면서, 하루를 주기로 하여 수직으로 이동하는 현상	• 플랑크톤은 매일 밤낮으로 바다를 상하로 수직 이동함 • 이는 밝아지는 새벽에는 포식자에게 감지되지 않기 위해 깊은 곳으로 가고, 어두워지는 밤에는 발각 위험이 적으므로 다시 올라오는 것임
☐	**민감화** (Sensitizing) 동물이 반사적 반응을 유발하는 특정한 자극에 지속적으로 노출되면, 그 자극에 대한 반응 강도가 높아지는 현상	• 동물에게 해롭지 않은 종소리를 들려주면서, 동시에 해로운 전기 자극을 가함 • 나중에는 전기 자극 없이 종소리만 들려줘도 공포 반응을 보임
☐	**자연제어** (Natural Control) 포식자와 먹이의 개체 수가 시간에 따라 변하다가 결국 원상태로 돌아가는 현상	• 포식자인 쌀바구미와 피식자인 콩바구미 및 팥바구미를 같은 공간에서 키우는 실험에서 피식자 두 종이 모두 멸종되지 않고 살아남음 • 이는 쌀바구미의 먹이 조절 능력 덕분으로, 쌀바구미는 팥바구미의 개체 수가 줄어들면 콩바구미를 잡아먹고, 콩바구미의 개체 수가 줄어들면 팥바구미를 잡아먹음
☐	**불공평 혐오** (Inequity Aversion) 동물도 사람처럼 공평하게 대우받지 못하는 것에 대한 부당함을 느낀다는 이론	• 한 집단의 개에게는 악수 후 보상을 주지 않고, 다른 집단의 개들에게는 악수 후 빵을 보상으로 줌 • 보상을 받지 못한 집단의 개들은 시무룩해졌고, 곧 악수하는 행동을 싫어하게 됨
☐	**습관화** (Habituation) 자극에 반복적으로 노출됨에 따라 그 자극에 대한 심리적·행동적 반응이 줄어드는 것	• 바깥에서 어항의 유리를 치면 처음에는 어항 안의 달팽이가 겁을 먹고 도망감 • 계속 반복해서 유리를 치면 달팽이가 더 이상 도망가지 않음
☐	**감각 순응** (Sensory Adaptation) 감각기관에 같은 자극이 지속적으로 가해지면 더 이상 그 자극을 인식하지 못하는 현상	• 밝은 곳에 있다가 갑자기 어두운 곳에 들어가면 아무 것도 보이지 않는 암흑 상태가 됨 • 어두운 곳에서 시간이 지나면, 물체들이 서서히 보이기 시작함

3. 교육

	읽기 지문	강의
☐	**사회적 학습** (Social Learning) 사람의 행동은 타인의 행동이나 상황을 관찰하여 모방한 결과로 이루어진다는 교육심리학 이론	• 형이 편식하지 않고 반찬을 골고루 먹었을 때 엄마가 칭찬을 해주는 것을 본 동생도 반찬을 골고루 먹음 • 형이 부모님에게 거짓말을 하고 친구들과 놀러 갔을 때 크게 벌을 받는 것을 본 동생은 부모님에게 거짓말을 잘 하지 않음
☐	**잠재 학습** (Latent Learning) 학습의 성립에 필요한 보수나 반응이 없음에도 불구하고 잠재적으로 이루어지는 학습	• 매일 산책을 할 때 지도 없이 돌아다님 • 나중에 근처의 어떤 곳을 찾아갈 일이 생겼을 때, 이미 익숙한 곳이라 쉽게 찾아감
☐	**출생 전 학습** (Prenatal Education) 태어나기 전 어미 뱃속이나 알 속에 있을 때 이루어지는 학습	• 갑오징어의 태아들은 알의 반투명한 껍질을 통해 바깥 세상을 봄 • 출생 전 학습을 바탕으로, 태어나자마자 어떤 먹이를 먹어야 할지 알고 있음
☐	**조작적 조건화** (Operant Conditioning) 어떤 반응에 대해 선택적으로 보상하거나 처벌함으로써 그 반응이 일어날 확률을 증가시키거나 감소시키는 방법	• 실업자들에게 잡지를 판매하게 하여 판매 수익에 따라 보너스를 줬더니, 의욕이 생겨 열심히 일함 • 도로에서 규정 속도를 어겨 과태료를 낸 이후 속도위반을 하지 않음

4. 경제·경영

	읽기 지문	강의
☐	**경쟁 광고** (Competitive Advertising) 타사의 제품과 비교하여 자사의 제품을 광고하는 기법	• 한 화장품 회사가 경쟁사 제품보다 저렴한 가격을 강조하는 광고를 냈으나, 소비자들이 오히려 제품의 저렴한 가격을 부정적으로 인식함 • 한 의류 회사가 경쟁사 옷의 촌스러운 디자인과 자사의 고급스런 디자인을 비교하는 광고를 냈으나, 오히려 타사의 옷을 광고하는 효과를 낳음
☐	**테스트 마케팅** (Test Marketing) 새로운 제품을 본격적으로 시장에서 판매하기 전에 소비자의 반응을 테스트 해보는 것	• 과자 신제품 출시 전 어린이들을 대상으로 시식회를 개최함 • 어린이들에게 가장 반응이 좋은 제품만을 실제로 출시함
☐	**향기 마케팅** (Aroma Marketing) 향기를 이용하여 매출을 올리는 마케팅 기법	• 서점에 편안하고 따뜻한 느낌을 주는 향이 나게 하면, 사람들이 매장에 머무르는 시간이 더 길어짐 • 같은 디자인의 모자라도 매력적인 향수를 뿌린 경우에 판매량이 더 높음
☐	**이미지 마케팅** (Image Marketing) 상품의 이미지를 강조한 마케팅 기법	• 인기있는 애니메이션 주인공 모양의 사탕으로 장식한 케이크를 만들고, 애니메이션의 일부를 이용해 TV 광고를 제작함 • 해당 애니메이션은 아이들에게 선풍적인 인기를 끌고 있기 때문에, 그 케이크 또한 엄청난 인기를 얻음
☐	**승진 위험** (Promotion Risk) 업무 능력이 좋아 승진시킨 직원이 승진 후에는 기대만큼 업무 능력을 발휘하지 못하여 생기는 경영상 위험	• 업무 처리가 빠르고 보고서 쓰는 능력이 뛰어난 사원을 승진시킴 • 나중에 그 사원이 리더십이 없어 팀을 잘 관리하지 못한다는 것을 알게 됐으나, 이미 강등시킬 수 없음
☐	**생성 효과** (Generation Effect) 단순히 읽거나 들은 정보보다 자신이 직접 생각해 낸 정보를 훨씬 더 잘 기억하는 효과	• 소비자들이 직접 기획하고 출연한 TV 광고를 제작함 • 단순한 광고 시청자가 아닌 참여자였기 때문에, 그 TV 광고를 다른 광고보다 훨씬 더 잘 기억함

Q4 듣고 말하기 - 대학 강의

INTEGRATED TASK

다음의 출제 예상 토픽을 보고, 답안 말하기 프로그램을 활용하여 제한 시간 안에 답안을 말해본다. 먼저 강의에서 소개한 주제를 언급한 후, 두 가지 소주제의 구체적인 내용을 정리하여 말해본다.

1. 생물

강의

- [ ] **박쥐가 동굴 천장에 매달려 있을 수 있는 이유**
  - 발 구조: 체중을 지탱해 쉽게 매달려 있을 수 있도록 끝이 뾰족한 갈고리 발톱이 발달함
  - 심장과 혈관 구조: 거꾸로 매달려 있어도 혈액이 머리로 모여들지 않도록 심장과 혈관이 진화함

- [ ] **동물이 물속에서 에너지 사용을 최소화하는 방식**
  - 발광: 깊은 바닷속에 사는 철갑둥어는 먹이를 찾아 움직이는 대신 빛을 내어 먹이를 유인함
  - 체형 진화: 가오리의 몸은 적은 운동량으로도 높은 수압을 견딜 수 있도록 아래위로 납작한 형태로 진화함

- [ ] **동물의 페로몬 사용 용도**
  - 포식자 쫓아내기: 스컹크의 항문 근처 분비선에서 나는 지독한 냄새는 적을 물리치는 데 도움이 됨
  - 짝짓기하기: 암컷 캥거루의 가슴부 분비선에서 나는 냄새를 수컷 캥거루가 맡으면 짝짓기하기 위해 접근함

- [ ] **단체 사냥의 유형**
  - 모두 함께 사냥: 혹등고래는 새우나 물고기떼 주변을 함께 에워싸고 빙빙 돌면서 공기 방울을 만들어 혼란스럽게 한 뒤 먹이 떼를 잡아먹음
  - 역할 분담하여 사냥: 타이 침팬지는 각각 몰기, 뒤쫓기, 막기, 매복하기의 역할을 분담하여 사냥함

- [ ] **동물이 독을 이용하는 목적**
  - 사냥: 아메리카독도마뱀은 먹잇감을 문 뒤, 이빨 사이에서 흘러나오는 독이 먹잇감의 온몸에 퍼지면 잡아먹음
  - 자기 방어: 복어는 몸놀림이 느려 재빨리 도망칠 수 없으므로, 몸을 크게 부풀렸다가 테트로도톡신을 분비해서 적에게 치명상을 입힘

- [ ] **사막여우가 사막에 적응하는 방법**
  - 외적 적응: 발바닥의 털로 인해 사막에서도 모래에 빠지지 않고 걸어 다닐 수 있음
  - 내적 적응: 건조한 지역을 좋아하여 물 없이도 오랜 시간을 살 수 있음

- [ ] **동물의 의사소통 방법**
  - 소리 내기: 피라냐는 세 가지의 다른 소리를 내서 대적 상대를 위축시킴
  - 화학 물질 배출하기: 외부에 있는 일벌들은 집에 있는 일벌들이 분비하는 화학 물질의 냄새를 맡고 집을 찾아감

- [ ] **선인장이 사막에서 생존하는 법**
  - 저수 조직 형성: 수분 저장을 위한 거대한 뿌리 조직을 형성함
  - 가시 발달: 가시는 잎의 수분 증발을 줄이고, 줄기에 저장된 수분을 빼앗기지 않게 함

- [ ] **습지대가 동물에게 유용한 이유**
  - 산란지 제공: 참다랑어는 수질이 좋은 자연생태계인 습지대에서만 산란함
  - 풍부한 먹이 제공: 기러기는 습지대의 무성한 풀과 관목 및 풍부한 수중 생물을 먹고 삶

- [ ] **철새 이동의 원리**
  - 학습에 의한 이동: 어미를 따라 이동한 경험을 바탕으로 이동 루트를 기억함
  - 태양이나 별자리를 기점으로 이동: 태양이나 별자리를 이용해 정확하게 동서남북의 방향을 구별함

- [ ] **초식동물의 방어 방법**
  - 무리 지어 이동하기: 힘이 센 우두머리가 맨 앞이나 뒤에 서서 새끼들과 뒤처진 동물을 보호하며, 무리로 뭉쳐 육식 동물의 공격을 막아냄
  - 빠르게 오래 달리기: 긴 추격을 유도하여 육식 동물이 지쳐서 공격을 포기하게 만듦

- 매미가 우는 이유
  - 경고 신호 보내기: 수컷 경쟁자의 접근을 막기 위한 울음소리를 냄
  - 암컷 유인하기: 멋진 소리를 냄으로써 암컷을 유혹하여 번식에 성공함
- 두더지가 지하 환경에 적응한 방법
  - 효율성의 진화: 털이 한쪽 방향으로만 자라서 땅굴을 통과하기 편리함
  - 보호성의 진화: 땅 위에서 들여마신 산소를 산소가 부족한 땅속 동굴에서 재사용할 수 있는 특별한 혈색소가 발달함
- 외래식물의 부정적 영향
  - 다른 식물의 생육 방해: 돼지풀은 키가 커서 다른 식물의 생육을 방해함
  - 서식지 잠식: 털물참새피는 습지식물의 서식지를 잠식함
- 새가 먹이를 찾는 방법
  - 진동에 의존: 지면에 대고 있는 발바닥으로 땅속의 벌레가 움직이는 작은 진동까지도 느낄 수 있음
  - 시각에 의존: 짧은 파장의 빛인 자외선 영역의 색까지도 구별할 수 있음
- 전기어가 전기를 이용하는 목적
  - 자기 방어: 전기 가오리는 포식자로부터 자신을 보호하기 위해 전기를 사용함
  - 먹이 사냥: 시력이 좋지 않은 전기 메기는 입수염으로 먹이를 찾아, 전기로 기절시켜 잡아먹음
- 엄마 쥐의 능력
  - 인지능력 발달: 낯선 먹이를 던져주면 어찌할 줄 모르는 처녀쥐와는 달리, 어미쥐는 즉시 먹이를 낚아챔
  - 위기 대처 능력: 처녀쥐는 환하고 열린 공간에서 불안해 얼어붙는 반면, 어미쥐는 민첩하게 새끼를 데리고 빠져나갈 길을 살핌
- 해양 동물이 먹이를 얻는 유형
  - 적극적 유형: 스톤피쉬는 먹이를 공격하거나 독을 뿜어서 잡아먹음
  - 소극적 유형: 산호는 움직이지 않고 플랑크톤이 가까이 올 때까지 기다렸다가, 먹이가 가까이 오면 잡아먹음
- 지렁이가 식물에 도움이 되는 점
  - 거름 생성: 지렁이의 배설물은 식물을 위한 양질의 거름이 됨
  - 통기성 증가: 지렁이가 흙 속에서 이동할 때 딱딱하게 다져진 흙을 뒤집어 놓아 공기가 잘 통하게 함
- 동물의 모방
  - 유사한 소리: 흉내지빠귀는 짝을 유인하는 다양한 소리를 내기 위해 다른 새들뿐만 아니라 곤충과 양서류의 울음소리도 모방함
  - 유사한 외형: 해마는 해초와 닮아 포식자의 눈을 피할 수 있음
- 야행성 동물의 특징
  - 빛을 반사하는 눈: 망막을 통과한 빛을 망막으로 되돌려 보내므로 어둠 속에서 눈이 빛남
  - 청각과 후각 발달: 어두운 곳에서 사냥할 때, 시각보다는 청각과 후각에 의존함
- 동물이 한 가지 먹이만 먹는 현상의 장단점
  - 장점: 자이언트 판다의 주식인 대나무는 단백질, 당분, 지방 등 중요한 영양소를 충분히 함유하고 있어, 다른 먹이를 구할 필요가 없음
  - 단점: 겨울이 되면 대나무의 잎이 시들어 영양소 함량이 떨어지므로, 멸종 위기에 놓인 자이언트 판다의 사망률이 더 높아짐

2. 경제·경영

강의

- 제품에 따른 가격 설정
  - 기술 관련 제품: 한 번 구매하면 오랫동안 재구매가 없으므로 가격을 높게 설정함
  - 식품 관련 제품: 일상적으로 자주 구매하는 제품이므로 가격을 낮게 설정함
- 광고 전략
  - 일반 소비자를 대상으로 하는 경우: 음료 광고는 인터넷이나 TV 광고를 통해 모두가 볼 수 있게 광고함
  - 특정 소비자를 대상으로 하는 경우: 액세서리 광고는 표적집단의 고객에게만 잘 노출되도록 유명한 여성 잡지 등에 광고함

- [ ] **제품 포장 시 고려 요소**
  - 편의성 증대: 과자 상자에 손잡이를 달아 들고 다니기 편리하게 함
  - 매력적인 디자인: 사탕을 예쁘게 포장하여 내용물도 맛있어 보이게 함

- [ ] **조직 커뮤니케이션의 유형**
  - 수레바퀴형: 집단 내 정보전달이 중심인물이나 지도자에게 집중되는 유형
  - 원형: 집단 내 서열과 상관 없이 서로 수평적으로 정보를 주고받는 유형

- [ ] **광고 전략**
  - 신제품: 카메라의 최신 모델에 추가된 무선 사진 전송 등의 최첨단 기능을 강조하여 고객을 설득함
  - 기존 제품: 할인과 카메라 액세서리 증정 등의 혜택을 제공하여 고객의 구매를 유도함

- [ ] **소비자를 유인하는 마케팅 전략**
  - 내용물로 소비자를 유인: 음식점이 신선한 재료를 사용해 맛있는 음식을 제공하면 그 음식점을 다시 찾게 됨
  - 서비스로 소비자를 유인: 친절한 접대와 무료 디저트 등의 서비스로 고객을 유인함

- [ ] **가격 전략**
  - 인기 있는 제품은 높은 가격: 가장 인기 있는 노트북은 높은 가격을 유지해서 이익을 취함
  - 인기 없는 제품은 낮은 가격: 인기 없는 노트북은 가격을 낮추고 외장하드 등 관련 제품을 통해 이익을 취함

- [ ] **정서를 자극하는 마케팅**
  - 긍정적 정서 자극: 놀이공원에서 웃고 뛰놀며 행복해 하는 아이들의 긍정적인 모습을 보여줌
  - 부정적 정서 자극: 자신만 특정 브랜드의 아웃도어 의류를 입고 있지 않아 소외되는 청소년의 모습을 보여줌

- [ ] **소비자의 대기 시간**
  - 대기 시간이 지루하지 않게 함: 미용실에서 다과와 책, 잡지 등을 제공함
  - 실제 대기 시간을 보여줌: 은행에서 대기자 수와 예상 대기 시간을 전광판으로 보여줌

- [ ] **광고 전략**
  - 직접적 설득: 냉장고 광고에서는 그 냉장고가 얼마나 내구성이 있으며 에너지 효율이 높은지에 대한 통계 자료를 제시함
  - 간접적 설득: 냉장고를 소유한 주부의 만족감과 행복한 표정 등을 보여주며, 냉장고와 주부의 행복을 연결시킴

3. 기타

강의

- [ ] **암석의 두 가지 풍화작용**
  - 화학적 풍화: 지하수나 물속의 이산화탄소 및 산소가 암석을 분해함
  - 기계적 풍화: 지표의 침식이나 융기에 의해 압력이 감소하면, 암석이 팽창하여 균열을 형성함

- [ ] **영화 관람자의 두 가지 유형**
  - 결론을 궁금해하는 유형: 스릴러 영화 속에서 범죄가 발생하면 누가 범인으로 밝혀질지 궁금해하며 관람함
  - 결론까지 가는 과정을 궁금해하는 유형: 범인이 누구인지 보다는 형사가 범인을 검거하는 과정 그 자체에 흥미를 느끼며 관람함

- [ ] **선택적 농사의 두 가지 이점**
  - 농작물 품질의 고급화: 바나나를 심을 때 우량 종자만 심으면 달고 부드러운 바나나만 생산됨
  - 농작물 재배 비용 절감: 해충과 질병에 내성이 강한 밀을 선택적으로 심으면, 환경적 어려움을 잘 극복하는 밀이 생산되어 살충제 구매비용이 절감됨

- [ ] **아동에게 주는 보상의 두 가지 효과**
  - 어떤 일을 하도록 유도: 공부하기 싫어하는 아이에게 시험 성적 상승 시 원하는 물건을 사주는 등의 보상을 제공하며 공부를 유도함
  - 어떤 일을 하지 않도록 유도: 동생과 싸우지 않고 양보한 아이에게 칭찬을 해주어, 싸우지 않도록 유도함

- [ ] **원시 시대 불의 발견이 인류에게 미친 두 가지 영향**
  - 신체 발달: 음식을 불에 익혀 먹음으로써 영양소 섭취 효율이 높아져 두뇌가 발달하고 질병 감염이 감소함
  - 사회계급 발달: 철과 유리 등을 불로 녹여 만든 용기에 잉여 생산물 저장이 가능해져 부의 축적이 이루어지면서 사회계급이 발생함

고득점을 위한 토플 마무리 실전서

HACKERS TOEFL
ACTUAL TEST SPEAKING

개정 4판 3쇄 발행 2025년 8월 4일
개정 4판 1쇄 발행 2025년 1월 6일

지은이	해커스 어학연구소
펴낸곳	(주)해커스 어학연구소
펴낸이	해커스 어학연구소 출판팀

주소	서울특별시 서초구 강남대로61길 23 (주)해커스 어학연구소
고객센터	02-537-5000
교재 관련 문의	publishing@hackers.com
동영상강의	HackersIngang.com

ISBN	978-89-6542-736-0 (13740)
Serial Number	04-03-01

저작권자 ⓒ 2025, 해커스 어학연구소
이 책 및 음성파일의 모든 내용, 이미지, 디자인, 편집 형태에 대한 저작권은 저자에게 있습니다.
서면에 의한 저자와 출판사의 허락 없이 내용의 일부 혹은 전부를 인용, 발췌하거나 복제, 배포할 수 없습니다.

외국어인강 1위,
해커스인강(HackersIngang.com)
해커스인강

- 해커스 토플 스타강사의 **본 교재 인강**
- 효과적인 토플 스피킹 학습을 돕는 **교재 MP3**
- 실전 감각을 극대화하는 **iBT 스피킹 실전모의고사 · 답안 말하기 프로그램**

전세계 유학정보의 중심,
고우해커스(goHackers.com)
고우해커스

- 토플 쉐도잉&말하기 연습 프로그램, 토플 스피킹/라이팅 첨삭 게시판 등 무료 학습 콘텐츠
- 고득점을 위한 **토플 공부전략 강의**
- 국가별 대학 및 전공별 정보, 유학 Q&A 게시판 등 다양한 유학정보

[외국어인강 1위] 헤럴드 선정 2018 대학생 선호브랜드 대상 '대학생이 선정한 외국어인강' 부문 1위

전세계 유학정보의 중심
고우해커스

goHackers.com

//HACKERS//

TOEFL
ACTUAL TEST

SPEAKING

TOEFL iBT
최신출제경향
반영

문제집

HACKERS
TOEFL
ACTUAL TEST
SPEAKING

문제집

HACKERS TOEFL ACTUAL TEST SPEAKING

CONTENTS

TEST 01	173
TEST 02	181
TEST 03	189
TEST 04	197
TEST 05	205
TEST 06	213
TEST 07	221
TEST 08	229
TEST 09	237
TEST 10	245
TEST 11	253
TEST 12	261

goHackers.com

HACKERS TOEFL ACTUAL TEST SPEAKING
TEST 01

INDEPENDENT TASK
Q1

INTEGRATED TASK
Q2 / Q3 / Q4

SELF-CHECK LIST

🎧 MP3는 TEST 01 폴더에
수록되어 있습니다.

무료 음원 바로 듣기

테스트 전 확인사항

☐ 휴대전화의 전원을 껐습니다.
☐ 메모할 종이와 연필이 준비되었습니다.
☐ MP3를 들을 준비가 되었습니다.
☐ 답안 말하기 프로그램을 실행할 준비가 되었습니다.
☐ 시간을 체크할 시계가 준비되었습니다.

Speaking Section Directions

The TOEFL iBT Speaking Section tests your ability to speak about a wide range of subjects.

There are four questions, and you must use the microphone to answer each one.

You will have a limited amount of time to prepare a response for each question.

Question 1 of 4

Your university requires all students to take a humanities course. Some students, majoring in science or engineering, think that they should not be required to complete the course because it is not related to their majors. Do you agree or disagree with these students? Use specific examples and details to explain your answer.

PREPARATION TIME
00: 00: 15

RESPONSE TIME
00: 00: 45

Reading Time: 45 seconds

Interview Requirement for Biology Research Club

Until now, any biology major who has completed at least one year of study has been eligible to join the Biology Research Club. Starting next term, however, applicants will be interviewed by a department representative to evaluate their suitability. According to Mary Beale, the club president, this policy change will be highly beneficial. "The interview will provide an opportunity to determine how knowledgeable applicants are of the subject," she said. The additional step in the screening process will ensure that new members are capable of giving presentations on advanced topics during club seminars.

Now get ready to answer the question.

The man expresses his opinion regarding the announcement. State his opinion and explain the reasons he gives for expressing that opinion.

PREPARATION TIME
00: 00: 30

RESPONSE TIME
00: 00: 60

Reading Time: 45 seconds

Token Reward System

Rewards can be powerful tools when it comes to changing people's behavior for the better. One of the most effective ways in which negative behavior can be corrected is to use a token reward system. This system utilizes tokens, such as points or fake money, to encourage individuals to engage in desirable behavior or refrain from unacceptable behavior. Once the tokens are earned, they can be exchanged for a variety of rewards, which might include services, privileges, or items. This system is applied in many different kinds of organized settings, such as schools, prisons, and psychiatric hospitals.

Now get ready to answer the question.

Explain how the example from the lecture illustrates a token reward system.

PREPARATION TIME
00: 00: 30

RESPONSE TIME
00: 00: 60

Now get ready to answer the question.

Using the examples of aerial hawking and perch hunting, explain two ways bats hunt for food.

PREPARATION TIME
00: 00: 20

RESPONSE TIME
00: 00: 60

SELF-CHECK LIST — TEST 01

이번 테스트는 어땠나요? 다음 체크 리스트로 자신의 테스트 진행 내용을 점검하고 앞으로 개선해야 할 점을 확인해 보세요.

Q1

1. 나는 답안을 말하기 전에 아웃라인을 통해 말하고자 하는 내용을 명확히 정리하였다. ☐ Yes ☐ No
   그러지 못했다면, 그 이유는?
2. 나는 말하고자 하는 내용을 주어진 시간 내에 모두 말하였다. ☐ Yes ☐ No
   그러지 못했다면, 그 이유는?

Q2

1. 나는 주어진 읽기 지문과 대화의 내용을 모두 이해하고 노트테이킹하였다. ☐ Yes ☐ No
   그러지 못했다면, 그 이유는?
2. 나는 말하고자 하는 내용을 주어진 시간 내에 모두 말하였다. ☐ Yes ☐ No
   그러지 못했다면, 그 이유는?

Q3

1. 나는 주어진 읽기 지문과 강의의 내용을 모두 이해하고 노트테이킹하였다. ☐ Yes ☐ No
   그러지 못했다면, 그 이유는?
2. 나는 말하고자 하는 내용을 주어진 시간 내에 모두 말하였다. ☐ Yes ☐ No
   그러지 못했다면, 그 이유는?

Q4

1. 나는 주어진 강의의 내용을 모두 이해하고 노트테이킹하였다. ☐ Yes ☐ No
   그러지 못했다면, 그 이유는?
2. 나는 말하고자 하는 내용을 주어진 시간 내에 모두 말하였다. ☐ Yes ☐ No
   그러지 못했다면, 그 이유는?

goHackers.com

HACKERS TOEFL ACTUAL TEST SPEAKING

TEST 02

INDEPENDENT TASK
Q1

INTEGRATED TASK
Q2 / Q3 / Q4

SELF-CHECK LIST

무료 음원 바로 듣기

🎧 MP3는 TEST 02 폴더에 수록되어 있습니다.

테스트 전 확인사항

☐ 휴대전화의 전원을 껐습니다.
☐ 메모할 종이와 연필이 준비되었습니다.
☐ MP3를 들을 준비가 되었습니다.
☐ 답안 말하기 프로그램을 실행할 준비가 되었습니다.
☐ 시간을 체크할 시계가 준비되었습니다.

Speaking Section Directions

The TOEFL iBT Speaking Section tests your ability to speak about a wide range of subjects.

There are four questions, and you must use the microphone to answer each one.

You will have a limited amount of time to prepare a response for each question.

🎧 TEST02_Q1

Question 1 of 4

Do you agree or disagree with the following statement? **Teaching in an elementary school is easier than teaching in a university.** Use specific reasons and details in your response.

PREPARATION TIME
00: 00: 15

RESPONSE TIME
00: 00: 45

모범 답안 · 해석 p.46

Reading Time: 50 seconds

Dear Editor,

I'd like to make a suggestion to the school administration. I think that instead of putting up printed information posters, they should use digital signs. For one thing, printed posters are not sustainable. They consume materials like ink and paper, and they create waste when they eventually have to be discarded. Moreover, given today's technology, printed posters seem far less practical than digital signs. Right now, separate posters have to be printed out for every announcement, and there are physical limits to the number that can be put up. With digital signs, you can have any number of announcements visible from a single, stand-alone device. I hope the school administration will consider making a change.

Sincerely,
Sandra Newton

Now get ready to answer the question.

The man expresses his opinion about the proposal described in the letter. Briefly summarize the proposal. Then, state the man's opinion about the proposal and explain the reasons he gives for holding that opinion.

PREPARATION TIME
00: 00: 30

RESPONSE TIME
00: 00: 60

Reading Time: 50 seconds

Convergent Evolution

Evolution is the process of biological change that occurs in species over many generations. It has several fascinating aspects, one being convergent evolution. This happens when two or more different species face the same evolutionary challenges and independently evolve features that are alike in form and function to cope with them. Even unrelated animals can come to resemble each other. One common explanation of convergent evolution attributes it to creatures occupying similar niches in an ecosystem with regard to food sources and habitat. The comparable conditions the animals live under cause them to undergo the same adaptations.

Now get ready to answer the question.

Using the examples from the lecture, explain the concept of convergent evolution.

PREPARATION TIME
00: 00: 30

RESPONSE TIME
00: 00: 60

TEST02_Q4

Question 4 of 4

Now get ready to answer the question.

Using points and examples from the lecture, explain how to cope with common customer concerns.

PREPARATION TIME
00: 00: 20

RESPONSE TIME
00: 00: 60

SELF-CHECK LIST   TEST 02

이번 테스트는 어땠나요? 다음 체크 리스트로 자신의 테스트 진행 내용을 점검하고 앞으로 개선해야 할 점을 확인해 보세요.

Q1

1. 나는 답안을 말하기 전에 아웃라인을 통해 말하고자 하는 내용을 명확히 정리하였다. ☐ Yes ☐ No
   그러지 못했다면, 그 이유는?
2. 나는 말하고자 하는 내용을 주어진 시간 내에 모두 말하였다. ☐ Yes ☐ No
   그러지 못했다면, 그 이유는?

Q2

1. 나는 주어진 읽기 지문과 대화의 내용을 모두 이해하고 노트테이킹하였다. ☐ Yes ☐ No
   그러지 못했다면, 그 이유는?
2. 나는 말하고자 하는 내용을 주어진 시간 내에 모두 말하였다. ☐ Yes ☐ No
   그러지 못했다면, 그 이유는?

Q3

1. 나는 주어진 읽기 지문과 강의의 내용을 모두 이해하고 노트테이킹하였다. ☐ Yes ☐ No
   그러지 못했다면, 그 이유는?
2. 나는 말하고자 하는 내용을 주어진 시간 내에 모두 말하였다. ☐ Yes ☐ No
   그러지 못했다면, 그 이유는?

Q4

1. 나는 주어진 강의의 내용을 모두 이해하고 노트테이킹하였다. ☐ Yes ☐ No
   그러지 못했다면, 그 이유는?
2. 나는 말하고자 하는 내용을 주어진 시간 내에 모두 말하였다. ☐ Yes ☐ No
   그러지 못했다면, 그 이유는?

goHackers.com

HACKERS TOEFL ACTUAL TEST SPEAKING
TEST 03

INDEPENDENT TASK
Q1

INTEGRATED TASK
Q2 / Q3 / Q4

SELF-CHECK LIST

무료 음원 바로 듣기

🎧 MP3는 TEST 03 폴더에 수록되어 있습니다.

테스트 전 확인사항

☐ 휴대전화의 전원을 껐습니다.
☐ 메모할 종이와 연필이 준비되었습니다.
☐ MP3를 들을 준비가 되었습니다.
☐ 답안 말하기 프로그램을 실행할 준비가 되었습니다.
☐ 시간을 체크할 시계가 준비되었습니다.

Speaking Section Directions

The TOEFL iBT Speaking Section tests your ability to speak about a wide range of subjects.

There are four questions, and you must use the microphone to answer each one.

You will have a limited amount of time to prepare a response for each question.

Question 1 of 4

You have joined two clubs at your university, but you are considering quitting one of them because you want to focus more on your studies next semester. Would you prefer to quit the basketball club or the reading club? Use specific examples and details to explain your answer.

PREPARATION TIME
00: 00: 15

RESPONSE TIME
00: 00: 45

Question 2 of 4

Reading Time: 50 seconds

New Multimedia Equipment for All Classrooms

The university has decided to purchase new multimedia equipment for all classrooms by the start of the next semester. It is hoped that the use of these devices will make lectures more interesting for students. If professors employ audio and video to convey information during their lectures, students will be more engaged. In addition, access to multimedia equipment will result in the teaching process becoming more convenient. This is because it will be easier for professors to organize and present materials to students. The administration firmly believes that by investing in multimedia equipment, the university is creating a better learning environment for all students.

Now get ready to answer the question.

The man expresses his opinion regarding the announcement. State his opinion and explain the reasons he gives for expressing that opinion.

PREPARATION TIME
00: 00: 30

RESPONSE TIME
00: 00: 60

Reading Time: 45 seconds

Place Marketing

Various cities, regions, and countries compete for potential tourists since they are a key source of revenue. This has given rise to what is known as place marketing, which involves applying branding and sales techniques to geographical areas. Typically, a unique historical, cultural, or natural aspect of the location is emphasized in order to establish a specific identity. This brand is then communicated through advertising campaigns that may include television commercials, online marketing, or brochures. Once people associate a positive image with the place, they are more likely to visit there.

Now get ready to answer the question.

Using the example of a city, explain the concept of place marketing.

PREPARATION TIME
00: 00: 30

RESPONSE TIME
00: 00: 60

Question 4 of 4

Now get ready to answer the question.

Using the examples of the bottlenose dolphin and anchovies, explain cooperative behavior among animals.

PREPARATION TIME
00: 00: 20

RESPONSE TIME
00: 00: 60

SELF-CHECK LIST   TEST 03

이번 테스트는 어땠나요? 다음 체크 리스트로 자신의 테스트 진행 내용을 점검하고 앞으로 개선해야 할 점을 확인해 보세요.

Q1

1. 나는 답안을 말하기 전에 아웃라인을 통해 말하고자 하는 내용을 명확히 정리하였다. ☐ Yes ☐ No
그러지 못했다면, 그 이유는?

2. 나는 말하고자 하는 내용을 주어진 시간 내에 모두 말하였다. ☐ Yes ☐ No
그러지 못했다면, 그 이유는?

Q2

1. 나는 주어진 읽기 지문과 대화의 내용을 모두 이해하고 노트테이킹하였다. ☐ Yes ☐ No
그러지 못했다면, 그 이유는?

2. 나는 말하고자 하는 내용을 주어진 시간 내에 모두 말하였다. ☐ Yes ☐ No
그러지 못했다면, 그 이유는?

Q3

1. 나는 주어진 읽기 지문과 강의의 내용을 모두 이해하고 노트테이킹하였다. ☐ Yes ☐ No
그러지 못했다면, 그 이유는?

2. 나는 말하고자 하는 내용을 주어진 시간 내에 모두 말하였다. ☐ Yes ☐ No
그러지 못했다면, 그 이유는?

Q4

1. 나는 주어진 강의의 내용을 모두 이해하고 노트테이킹하였다. ☐ Yes ☐ No
그러지 못했다면, 그 이유는?

2. 나는 말하고자 하는 내용을 주어진 시간 내에 모두 말하였다. ☐ Yes ☐ No
그러지 못했다면, 그 이유는?

goHackers.com

HACKERS TOEFL ACTUAL TEST SPEAKING

TEST 04

INDEPENDENT TASK
Q1

INTEGRATED TASK
Q2 / Q3 / Q4

SELF-CHECK LIST

🎧 MP3는 TEST 04 폴더에 수록되어 있습니다.

테스트 전 확인사항

☐ 휴대전화의 전원을 껐습니다.
☐ 메모할 종이와 연필이 준비되었습니다.
☐ MP3를 들을 준비가 되었습니다.
☐ 답안 말하기 프로그램을 실행할 준비가 되었습니다.
☐ 시간을 체크할 시계가 준비되었습니다.

Speaking Section Directions

The TOEFL iBT Speaking Section tests your ability to speak about a wide range of subjects.

There are four questions, and you must use the microphone to answer each one.

You will have a limited amount of time to prepare a response for each question.

TEST04_Q1

Question 1 of 4

Some students like to take courses online. Others prefer to take courses on campus. Which do you prefer and why? Include details and examples to support your explanation.

PREPARATION TIME
00: 00: 15

RESPONSE TIME
00: 00: 45

Reading Time: 45 seconds

Free Tennis Classes at Rec Center

Starting next week, the tennis classes at the recreation center will be offered free of charge to students rather than at the existing hourly rate. This was made possible by a grant that the center recently received to stimulate further interest in athletics on campus. Therefore, those students who were prevented from taking classes due to budgetary concerns will now be able to participate. It is expected that the change will be beneficial for students while promoting healthy activities on campus.

Now get ready to answer the question.

The woman expresses her opinion about the change described in the article. Briefly summarize the change and explain the reasons she gives for holding that opinion.

PREPARATION TIME
00: 00: 30

RESPONSE TIME
00: 00: 60

Reading Time: 50 seconds

Anchoring Effect

When overwhelmed with information, people may subconsciously rely on the first piece of information they encounter on a given topic. This initial information is called an "anchor," and it acts as a critical reference point throughout the entire decision-making process. People tend to make further judgments and decisions based on it because doing so simplifies decision-making. This phenomenon, known as the anchoring effect, is a type of cognitive bias that can significantly affect one's ability to make sound decisions. Problems may arise when the anchor is inaccurate or even completely irrelevant to the situation, since subsequent judgments will be biased.

Now get ready to answer the question.

Using the example from the professor's lecture, explain what the anchoring effect is and how it can affect our decision-making.

PREPARATION TIME
00: 00: 30

RESPONSE TIME
00: 00: 60

Question 4 of 4

Now get ready to answer the question.

Using points and examples from the lecture, explain two forms of group influence.

PREPARATION TIME
00: 00: 20

RESPONSE TIME
00: 00: 60

SELF-CHECK LIST TEST 04

이번 테스트는 어땠나요? 다음 체크 리스트로 자신의 테스트 진행 내용을 점검하고 앞으로 개선해야 할 점을 확인해 보세요.

Q1

1. 나는 답안을 말하기 전에 아웃라인을 통해 말하고자 하는 내용을 명확히 정리하였다. ☐ Yes ☐ No
그러지 못했다면, 그 이유는?

2. 나는 말하고자 하는 내용을 주어진 시간 내에 모두 말하였다. ☐ Yes ☐ No
그러지 못했다면, 그 이유는?

Q2

1. 나는 주어진 읽기 지문과 대화의 내용을 모두 이해하고 노트테이킹하였다. ☐ Yes ☐ No
그러지 못했다면, 그 이유는?

2. 나는 말하고자 하는 내용을 주어진 시간 내에 모두 말하였다. ☐ Yes ☐ No
그러지 못했다면, 그 이유는?

Q3

1. 나는 주어진 읽기 지문과 강의의 내용을 모두 이해하고 노트테이킹하였다. ☐ Yes ☐ No
그러지 못했다면, 그 이유는?

2. 나는 말하고자 하는 내용을 주어진 시간 내에 모두 말하였다. ☐ Yes ☐ No
그러지 못했다면, 그 이유는?

Q4

1. 나는 주어진 강의의 내용을 모두 이해하고 노트테이킹하였다. ☐ Yes ☐ No
그러지 못했다면, 그 이유는?

2. 나는 말하고자 하는 내용을 주어진 시간 내에 모두 말하였다. ☐ Yes ☐ No
그러지 못했다면, 그 이유는?

goHackers.com

HACKERS TOEFL ACTUAL TEST SPEAKING
TEST 05

INDEPENDENT TASK
Q1

INTEGRATED TASK
Q2 / Q3 / Q4

SELF-CHECK LIST

무료 음원 바로 듣기

🎧 MP3는 TEST 05 폴더에 수록되어 있습니다.

테스트 전 호-인사항

☐ 휴대전화의 전원을 껐습니다.
☐ 메모할 종이와 연필이 준비되었습니다.
☐ MP3를 들을 준비가 되었습니다.
☐ 답안 말하기 프로그램을 실행할 준비가 되었습니다.
☐ 시간을 체크할 시계가 준비되었습니다.

Speaking Section Directions

The TOEFL iBT Speaking Section tests your ability to speak about a wide range of subjects.

There are four questions, and you must use the microphone to answer each one.

You will have a limited amount of time to prepare a response for each question.

🎧 TEST05_Q1

Question 1 of 4

Do you agree or disagree with the following statement? **As people get older, their personalities change.** Use details and examples to explain your answer.

PREPARATION TIME
00: 00: 15

RESPONSE TIME
00: 00: 45

Reading Time: 45 seconds

Dear Editor,

I would like to request that the broadcast schedule of the university's radio station be extended. Currently, the station airs programs from 12:00 p.m. to 1:00 p.m. only. This is problematic because students who are occupied at this time may miss out on important information. Moreover, longer broadcast hours would facilitate the offering of a greater range of content. The station airs only university announcements and educational programs, but many students would find it enjoyable to listen to music or talk shows. I hope you will consider my suggestion carefully.

Janice Morrison

Now get ready to answer the question.

The woman expresses her opinion regarding the proposal. State her opinion and explain the reasons she gives for holding that opinion.

PREPARATION TIME
00: 00: 30

RESPONSE TIME
00: 00: 60

Reading Time: 45 seconds

Warning Coloration

One strategy that some animals use to survive is warning coloration. This method is the use of color by potential prey animals to alert predators that they are not an appropriate food source. Usually, it comes in the form of bold and highly contrasting colors, such as black or white stripes on a background of bright yellow, red, or orange. For this survival technique to work, the predator species must recognize the animal displaying warning coloration as unpalatable or dangerous. This typically requires the predator to learn from experience that the prey animal is harmful and should not be eaten.

Now get ready to answer the question.

Explain how the examples from the lecture illustrate warning coloration.

PREPARATION TIME
00: 00: 30

RESPONSE TIME
00: 00: 60

Question 4 of 4

Now get ready to answer the question.

Using the examples mentioned by the professor, describe how weeds benefit the soil.

PREPARATION TIME
00: 00: 20

RESPONSE TIME
00: 00: 60

SELF-CHECK LIST   TEST 05

이번 테스트는 어땠나요? 다음 체크 리스트로 자신의 테스트 진행 내용을 점검하고 앞으로 개선해야 할 점을 확인해 보세요.

Q1

1. 나는 답안을 말하기 전에 아웃라인을 통해 말하고자 하는 내용을 명확히 정리하였다. ☐ Yes ☐ No
   그러지 못했다면, 그 이유는?

2. 나는 말하고자 하는 내용을 주어진 시간 내에 모두 말하였다. ☐ Yes ☐ No
   그러지 못했다면, 그 이유는?

Q2

1. 나는 주어진 읽기 지문과 대화의 내용을 모두 이해하고 노트테이킹하였다. ☐ Yes ☐ No
   그러지 못했다면, 그 이유는?

2. 나는 말하고자 하는 내용을 주어진 시간 내에 모두 말하였다. ☐ Yes ☐ No
   그러지 못했다면, 그 이유는?

Q3

1. 나는 주어진 읽기 지문과 강의의 내용을 모두 이해하고 노트테이킹하였다. ☐ Yes ☐ No
   그러지 못했다면, 그 이유는?

2. 나는 말하고자 하는 내용을 주어진 시간 내에 모두 말하였다. ☐ Yes ☐ No
   그러지 못했다면, 그 이유는?

Q4

1. 나는 주어진 강의의 내용을 모두 이해하고 노트테이킹하였다. ☐ Yes ☐ No
   그러지 못했다면, 그 이유는?

2. 나는 말하고자 하는 내용을 주어진 시간 내에 모두 말하였다. ☐ Yes ☐ No
   그러지 못했다면, 그 이유는?

goHackers.com

HACKERS TOEFL ACTUAL TEST SPEAKING
TEST 06

INDEPENDENT TASK
Q1

INTEGRATED TASK
Q2 / Q3 / Q4

SELF-CHECK LIST

무료 음원 바로 듣기

🎧 MP3는 TEST 06 폴더에 수록되어 있습니다.

테스트 전 확인사항
☐ 휴대전화의 전원을 껐습니다.
☐ 메모할 종이와 연필이 준비되었습니다.
☐ MP3를 들을 준비가 되었습니다.
☐ 답안 말하기 프로그램을 실행할 준비가 되었습니다.
☐ 시간을 체크할 시계가 준비되었습니다.

Speaking Section Directions

The TOEFL iBT Speaking Section tests your ability to speak about a wide range of subjects.

There are four questions, and you must use the microphone to answer each one.

You will have a limited amount of time to prepare a response for each question.

Question 1 of 4

Suppose that someone has donated a large area of land to your community. Some people think the land should be used for a children's playground, while others believe it would be better to create a shared garden for residents to grow vegetables and fruit. Which do you think is better? Explain why.

PREPARATION TIME
00: 00: 15

RESPONSE TIME
00: 00: 45

Reading Time: 45 seconds

Student Engineering Project Contest

All currently enrolled undergraduate students of engineering are invited to participate in the Engineering Department's annual Student Project Contest. This year's theme is "Cooling the Planet." Working in teams of two or more under the supervision of a faculty advisor, participating students must provide innovative and engineering-focused solutions to the problem of global warming. Entries must be submitted in digital format no later than April 9. Results will be announced on May 30, and the top three winners will receive cash prizes of $1,000, $750, and $500, respectively. Please visit the department website to view the complete requirements.

Now get ready to answer the question.

The man expresses his opinion regarding the article. State his opinion and explain the reasons he gives for expressing that opinion.

PREPARATION TIME
00: 00: 30

RESPONSE TIME
00: 00: 60

Reading Time: 50 seconds

Product Positioning

A number of marketing strategies are used by companies to ensure sufficient sales of new products. One of the most effective is product positioning, which involves presenting a good or service in such a way that consumers can easily differentiate it from similar offerings by other companies. The key is that what distinguishes the product must be something that meets the expectations of potential customers. For example, if ownership of a certain good is viewed as an indicator of social status, then a company may want to position its product as a luxury model relative to other brands on the market.

Now get ready to answer the question.

Using the example of the hiking boots, explain the concept of product positioning.

PREPARATION TIME
00: 00: 30

RESPONSE TIME
00: 00: 60

Question 4 of 4

Now get ready to answer the question.

Using points and examples from the talk, describe two methods of reducing atmospheric CO_2.

PREPARATION TIME
00: 00: 20

RESPONSE TIME
00: 00: 60

SELF-CHECK LIST   TEST 06

이번 테스트는 어땠나요? 다음 체크 리스트로 자신의 테스트 진행 내용을 점검하고 앞으로 개선해야 할 점을 확인해 보세요.

Q1

1. 나는 답안을 말하기 전에 아웃라인을 통해 말하고자 하는 내용을 명확히 정리하였다. ☐ Yes ☐ No
그러지 못했다면, 그 이유는?

2. 나는 말하고자 하는 내용을 주어진 시간 내에 모두 말하였다. ☐ Yes ☐ No
그러지 못했다면, 그 이유는?

Q2

1. 나는 주어진 읽기 지문과 대화의 내용을 모두 이해하고 노트테이킹하였다. ☐ Yes ☐ No
그러지 못했다면, 그 이유는?

2. 나는 말하고자 하는 내용을 주어진 시간 내에 모두 말하였다. ☐ Yes ☐ No
그러지 못했다면, 그 이유는?

Q3

1. 나는 주어진 읽기 지문과 강의의 내용을 모두 이해하고 노트테이킹하였다. ☐ Yes ☐ No
그러지 못했다면, 그 이유는?

2. 나는 말하고자 하는 내용을 주어진 시간 내에 모두 말하였다. ☐ Yes ☐ No
그러지 못했다면, 그 이유는?

Q4

1. 나는 주어진 강의의 내용을 모두 이해하고 노트테이킹하였다. ☐ Yes ☐ No
그러지 못했다면, 그 이유는?

2. 나는 말하고자 하는 내용을 주어진 시간 내에 모두 말하였다. ☐ Yes ☐ No
그러지 못했다면, 그 이유는?

goHackers.com

HACKERS TOEFL ACTUAL TEST SPEAKING

TEST 07

INDEPENDENT TASK
Q1

INTEGRATED TASK
Q2 / Q3 / Q4

SELF-CHECK LIST

🎧 MP3는 TEST 07 폴더에 수록되어 있습니다.

무료 음원 바로 듣기

테스트 전 확인사항

☐ 휴대전화의 전원을 껐습니다.
☐ 메모할 종이와 연필이 준비되었습니다.
☐ MP3를 들을 준비가 되었습니다.
☐ 답안 말하기 프로그램을 실행할 준비가 되었습니다.
☐ 시간을 체크할 시계가 준비되었습니다.

Speaking Section Directions

The TOEFL iBT Speaking Section tests your ability to speak about a wide range of subjects.

There are four questions, and you must use the microphone to answer each one.

You will have a limited amount of time to prepare a response for each question.

TEST07_Q1

Question 1 of 4

Some students prefer to study in the morning. Others prefer to study at night. Which method of studying do you prefer and why?

PREPARATION TIME
00: 00: 15

RESPONSE TIME
00: 00: 45

모범 답안 · 해석 p.96

Reading Time: 45 seconds

Dear Editor,

I am writing to urge the university to tear down the old auditorium on campus. Anyone can see that the building's design is very old-fashioned and clashes with the architectural styles of other university buildings. In short, the auditorium is an eyesore, and getting rid of it would do much to make the campus a more beautiful place. Moreover, since the auditorium is very old, it frequently requires expensive repairs. Thus, the university would save a significant amount of money by demolishing it.

Jillian Radford

Now get ready to answer the question.

The man expresses his opinion regarding the letter. State his opinion and explain the reasons he gives for expressing that opinion.

PREPARATION TIME
00: 00: 30

RESPONSE TIME
00: 00: 60

Reading Time: 45 seconds

Method of Loci

Many people have trouble memorizing information. However, there are ways to improve one's memory. One is the method of loci, a mental system that visually links new information to a location. This form of memorization is effective because it utilizes the spatial memory, which contains information about the physical environment. A familiar place can serve as a framework for the storage of non-spatial memories because it is firmly established in the mind. To recall a piece of data, all a person has to do is visualize the object or landmark it has been associated with.

Now get ready to answer the question.

Using the example from the lecture, explain how the method of loci works.

PREPARATION TIME
00: 00: 30

RESPONSE TIME
00: 00: 60

Question 4 of 4

Now get ready to answer the question.

Using the examples of mechanical and chemical digestion, explain human digestion.

PREPARATION TIME
00: 00: 20

RESPONSE TIME
00: 00: 60

SELF-CHECK LIST　TEST 07

이번 테스트는 어땠나요? 다음 체크 리스트로 자신의 테스트 진행 내용을 점검하고 앞으로 개선해야 할 점을 확인해 보세요.

Q1

1. 나는 답안을 말하기 전에 아웃라인을 통해 말하고자 하는 내용을 명확히 정리하였다. ☐ Yes ☐ No
그러지 못했다면, 그 이유는?

2. 나는 말하고자 하는 내용을 주어진 시간 내에 모두 말하였다. ☐ Yes ☐ No
그러지 못했다면, 그 이유는?

Q2

1. 나는 주어진 읽기 지문과 대화의 내용을 모두 이해하고 노트테이킹하였다. ☐ Yes ☐ No
그러지 못했다면, 그 이유는?

2. 나는 말하고자 하는 내용을 주어진 시간 내에 모두 말하였다. ☐ Yes ☐ No
그러지 못했다면, 그 이유는?

Q3

1. 나는 주어진 읽기 지문과 강의의 내용을 모두 이해하고 노트테이킹하였다. ☐ Yes ☐ No
그러지 못했다면, 그 이유는?

2. 나는 말하고자 하는 내용을 주어진 시간 내에 모두 말하였다. ☐ Yes ☐ No
그러지 못했다면, 그 이유는?

Q4

1. 나는 주어진 강의의 내용을 모두 이해하고 노트테이킹하였다. ☐ Yes ☐ No
그러지 못했다면, 그 이유는?

2. 나는 말하고자 하는 내용을 주어진 시간 내에 모두 말하였다. ☐ Yes ☐ No
그러지 못했다면, 그 이유는?

goHackers.com

HACKERS TOEFL ACTUAL TEST SPEAKING
TEST 08

INDEPENDENT TASK
Q1

INTEGRATED TASK
Q2 / Q3 / Q4

SELF-CHECK LIST

무료 음원 바로 듣기

🎧 MP3는 TEST 08 폴더에 수록되어 있습니다.

테스트 전 확인사항

☐ 휴대전화의 전원을 껐습니다.
☐ 메모할 종이와 연필이 준비되었습니다.
☐ MP3를 들을 준비가 되었습니다.
☐ 답안 말하기 프로그램을 실행할 준비가 되었습니다.
☐ 시간을 체크할 시계가 준비되었습니다.

Speaking Section Directions

The TOEFL iBT Speaking Section tests your ability to speak about a wide range of subjects.

There are four questions, and you must use the microphone to answer each one.

You will have a limited amount of time to prepare a response for each question.

🎧 TEST08_Q1

Question 1 of 4

Some people like to watch TV news programs on a daily basis. Others prefer to watch these shows every now and then. Which do you prefer and why?

PREPARATION TIME
00: 00: 15

RESPONSE TIME
00: 00: 45

Reading Time: 50 seconds

Individual Graded Art Assignment

For this assignment, students will visit the City Museum and, using a selected painting or sculpture as inspiration, produce a creative interpretation. This is intended to test each student's ability to apply concepts learned in class. Along with their final artwork, students must give a 15-minute presentation explaining their reasoning and creative process. To assist in this endeavor, the school has arranged with the City Museum to provide students with free admission. Students need only show their student ID and may enter on multiple occasions during the museum's regular hours. Students will be given two weeks to complete this assignment.

Now get ready to answer the question.

The woman expresses her opinion regarding the announcement. State her opinion and explain the reasons she gives for expressing that opinion.

PREPARATION TIME
00: 00: 30

RESPONSE TIME
00: 00: 60

False signaling

Some predatory animals hunt their prey using a technique called false signaling. This is a form of biological deception in which a predator imitates the signals of another organism, preventing prey from correctly identifying the predator. In some cases, the predator mimics the prey species itself. For example, the predator may disguise itself as a female of the prey species in order to lure unsuspecting males that are looking for a mate. In other cases, the predator acts like an organism that is beneficial to the prey, such as a food source, as a way to draw the prey closer.

Now get ready to answer the question.

Using the examples of katydids and death adders, describe how they illustrate the concept of false signaling.

Now get ready to answer the question.

Using points and examples from the talk, explain how two types of art exhibitions are different.

PREPARATION TIME
00: 00: 20

RESPONSE TIME
00: 00: 60

SELF-CHECK LIST TEST 08

이번 테스트는 어땠나요? 다음 체크 리스트로 자신의 테스트 진행 내용을 점검하고 앞으로 개선해야 할 점을 확인해 보세요.

Q1

1. 나는 답안을 말하기 전에 아웃라인을 통해 말하고자 하는 내용을 명확히 정리하였다. ☐ Yes ☐ No
   그러지 못했다면, 그 이유는?
2. 나는 말하고자 하는 내용을 주어진 시간 내에 모두 말하였다. ☐ Yes ☐ No
   그러지 못했다면, 그 이유는?

Q2

1. 나는 주어진 읽기 지문과 대화의 내용을 모두 이해하고 노트테이킹하였다. ☐ Yes ☐ No
   그러지 못했다면, 그 이유는?
2. 나는 말하고자 하는 내용을 주어진 시간 내에 모두 말하였다. ☐ Yes ☐ No
   그러지 못했다면, 그 이유는?

Q3

1. 나는 주어진 읽기 지문과 강의의 내용을 모두 이해하고 노트테이킹하였다. ☐ Yes ☐ No
   그러지 못했다면, 그 이유는?
2. 나는 말하고자 하는 내용을 주어진 시간 내에 모두 말하였다. ☐ Yes ☐ No
   그러지 못했다면, 그 이유는?

Q4

1. 나는 주어진 강의의 내용을 모두 이해하고 노트테이킹하였다. ☐ Yes ☐ No
   그러지 못했다면, 그 이유는?
2. 나는 말하고자 하는 내용을 주어진 시간 내에 모두 말하였다. ☐ Yes ☐ No
   그러지 못했다면, 그 이유는?

goHackers.com

HACKERS TOEFL ACTUAL TEST SPEAKING
TEST 09

INDEPENDENT TASK
Q1

INTEGRATED TASK
Q2 / Q3 / Q4

SELF-CHECK LIST

무료 음원 바로 듣기

🎧 MP3는 TEST 09 폴더에 수록되어 있습니다.

테스트 전 확인사항

☐ 휴대전화의 전원을 껐습니다.
☐ 메모할 종이와 연필이 준비되었습니다.
☐ MP3를 들을 준비가 되었습니다.
☐ 답안 말하기 프로그램을 실행할 준비가 되었습니다.
☐ 시간을 체크할 시계가 준비되었습니다.

Speaking Section Directions

The TOEFL iBT Speaking Section tests your ability to speak about a wide range of subjects.

There are four questions, and you must use the microphone to answer each one.

You will have a limited amount of time to prepare a response for each question.

🎧 TEST09_Q1

Question 1 of 4

Some people prefer to plan activities for their free time. Others choose not to make any plans at all for their free time. Which do you prefer and why?

PREPARATION TIME
00: 00: 15

RESPONSE TIME
00: 00: 45

모범 답안·해석 p.116

Reading Time: 50 seconds

Dear Editor,

The university presently has no mechanism in place for obtaining and disseminating student feedback about classes. However, I firmly believe that a class evaluation system should be instituted. Students would fill out feedback forms upon the completion of a course, and the results of the survey would be made public on the university website. Allowing students to read each other's comments about classes will help them make informed decisions when they register at the beginning of each semester. In addition, public evaluations will enable the university to adjust classes as necessary based on the feedback received. This will improve the overall quality of education at our school.

Jeff Owens

Now get ready to answer the question.

The woman expresses her opinion about the proposal described in the letter. Briefly summarize the proposal and explain the reasons she gives for holding that opinion.

PREPARATION TIME
00: 00: 30

RESPONSE TIME
00: 00: 60

Reading Time: 50 seconds

The Illusion of Transparency

A person placed in a stressful situation, such as giving a speech to a large group of people, has a natural tendency to assume that his or her nervousness is apparent to observers. The truth, however, is that people are prone to overestimating the extent to which their internal mental states are discernible to others. Psychologists refer to this cognitive bias as the illusion of transparency. It stems from the fact that all humans have an egocentric worldview—we experience reality through the filter of our own perceptions. As people are highly conscious of their own feelings and thoughts, they instinctively assume that others must be aware of them as well.

Now get ready to answer the question.

Explain how the example from the lecture illustrates the illusion of transparency.

PREPARATION TIME
00: 00: 30

RESPONSE TIME
00: 00: 60

Question 4 of 4

Now get ready to answer the question.

Using the points and examples from the lecture, describe two ways that fires benefit a forest.

PREPARATION TIME
00 : 00 : 20

RESPONSE TIME
00 : 00 : 60

SELF-CHECK LIST TEST 09

이번 테스트는 어땠나요? 다음 체크 리스트로 자신의 테스트 진행 내용을 점검하고 앞으로 개선해야 할 점을 확인해 보세요.

Q1

1. 나는 답안을 말하기 전에 아웃라인을 통해 말하고자 하는 내용을 명확히 정리하였다. ☐ Yes ☐ No
   그러지 못했다면, 그 이유는?

2. 나는 말하고자 하는 내용을 주어진 시간 내에 모두 말하였다. ☐ Yes ☐ No
   그러지 못했다면, 그 이유는?

Q2

1. 나는 주어진 읽기 지문과 대화의 내용을 모두 이해하고 노트테이킹하였다. ☐ Yes ☐ No
   그러지 못했다면, 그 이유는?

2. 나는 말하고자 하는 내용을 주어진 시간 내에 모두 말하였다. ☐ Yes ☐ No
   그러지 못했다면, 그 이유는?

Q3

1. 나는 주어진 읽기 지문과 강의의 내용을 모두 이해하고 노트테이킹하였다. ☐ Yes ☐ No
   그러지 못했다면, 그 이유는?

2. 나는 말하고자 하는 내용을 주어진 시간 내에 모두 말하였다. ☐ Yes ☐ No
   그러지 못했다면, 그 이유는?

Q4

1. 나는 주어진 강의의 내용을 모두 이해하고 노트테이킹하였다. ☐ Yes ☐ No
   그러지 못했다면, 그 이유는?

2. 나는 말하고자 하는 내용을 주어진 시간 내에 모두 말하였다. ☐ Yes ☐ No
   그러지 못했다면, 그 이유는?

goHackers.com

HACKERS TOEFL ACTUAL TEST SPEAKING
TEST 10

INDEPENDENT TASK
Q1

INTEGRATED TASK
Q2 / Q3 / Q4

SELF-CHECK LIST

🎧 MP3는 TEST 10 폴더에 수록되어 있습니다.

무료 음원 바로 듣기

테스트 전 확인사항

☐ 휴대전화의 전원을 껐습니다.
☐ 메모할 종이와 연필이 준비되었습니다.
☐ MP3를 들을 준비가 되었습니다.
☐ 답안 말하기 프로그램을 실행할 준비가 되었습니다.
☐ 시간을 체크할 시계가 준비되었습니다.

Speaking Section Directions

The TOEFL iBT Speaking Section tests your ability to speak about a wide range of subjects.

There are four questions, and you must use the microphone to answer each one.

You will have a limited amount of time to prepare a response for each question.

Question 1 of 4

State whether you agree or disagree with the following statement. Then explain your reasons using specific details in your explanation.

Children should help out with chores as soon as they are old enough.

PREPARATION TIME
00: 00: 15

RESPONSE TIME
00: 00: 45

Reading Time: 50 seconds

Dormitory Assignments to Be by Major

At present, the university assigns students to dormitories randomly. Starting next semester, however, the university will begin organizing the on-campus residences according to major, with students in the same area of study being placed in the same dormitory building. Difficulties tend to arise when students with different majors room together. Specifically, students have been complaining about problems related to dissimilar class schedules and conflicting daily routines. We hope reorganizing the dormitories in this way will facilitate a more harmonious living situation. Additionally, students grouped together by major may benefit academically since they can study with their dorm mates and assist each other with their courses.

Now get ready to answer the question.

The man expresses his opinion of the change described in the article. Briefly summarize the change and explain the reasons he gives for holding that opinion.

PREPARATION TIME
00: 00: 30

RESPONSE TIME
00: 00: 60

Agonistic Behavior

Hostile encounters between animals of different species often result in death. However, animals of the same species tend to limit their conflicts to threats and controlled acts of aggression. Referred to as agonistic behavior, these interactions stem from resource shortages and are characterized by careful calculation of the potential costs and benefits of fighting. Participants usually show a reluctance to engage in physical combat because the reward for victory rarely outweighs the danger of injury or death. In the rare cases that actual fighting does occur, both animals show restraint to reduce the risk of serious physical harm.

Now get ready to answer the question.

Using the examples of the gorilla and lobster, explain the concept of agonistic behavior.

Question 4 of 4

Now get ready to answer the question.

Using points and examples from the talk, describe two criteria that goals should meet.

PREPARATION TIME
00: 00: 20

RESPONSE TIME
00: 00: 60

SELF-CHECK LIST — TEST 10

이번 테스트는 어땠나요? 다음 체크 리스트로 자신의 테스트 진행 내용을 점검하고 앞으로 개선해야 할 점을 확인해 보세요.

Q1

1. 나는 답안을 말하기 전에 아웃라인을 통해 말하고자 하는 내용을 명확히 정리하였다. ☐ Yes ☐ No
   그러지 못했다면, 그 이유는?
2. 나는 말하고자 하는 내용을 주어진 시간 내에 모두 말하였다. ☐ Yes ☐ No
   그러지 못했다면, 그 이유는?

Q2

1. 나는 주어진 읽기 지문과 대화의 내용을 모두 이해하고 노트테이킹하였다. ☐ Yes ☐ No
   그러지 못했다면, 그 이유는?
2. 나는 말하고자 하는 내용을 주어진 시간 내에 모두 말하였다. ☐ Yes ☐ No
   그러지 못했다면, 그 이유는?

Q3

1. 나는 주어진 읽기 지문과 강의의 내용을 모두 이해하고 노트테이킹하였다. ☐ Yes ☐ No
   그러지 못했다면, 그 이유는?
2. 나는 말하고자 하는 내용을 주어진 시간 내에 모두 말하였다. ☐ Yes ☐ No
   그러지 못했다면, 그 이유는?

Q4

1. 나는 주어진 강의의 내용을 모두 이해하고 노트테이킹하였다. ☐ Yes ☐ No
   그러지 못했다면, 그 이유는?
2. 나는 말하고자 하는 내용을 주어진 시간 내에 모두 말하였다. ☐ Yes ☐ No
   그러지 못했다면, 그 이유는?

goHackers.com

HACKERS TOEFL ACTUAL TEST SPEAKING
TEST 11

INDEPENDENT TASK
Q1

INTEGRATED TASK
Q2 / Q3 / Q4

SELF-CHECK LIST

무료 음원 바로 듣기

🎧 MP3는 TEST 11 폴더에 수록되어 있습니다.

테스트 전 확인사항
☐ 휴대전화의 전원을 껐습니다.
☐ 메모할 종이와 연필이 준비되었습니다.
☐ MP3를 들을 준비가 되었습니다.
☐ 답안 말하기 프로그램을 실행할 준비가 되었습니다.
☐ 시간을 체크할 시계가 준비되었습니다.

Speaking Section Directions

The TOEFL iBT Speaking Section tests your ability to speak about a wide range of subjects.

There are four questions, and you must use the microphone to answer each one.

You will have a limited amount of time to prepare a response for each question.

Question 1 of 4

Some people go through a product's manual carefully before using it. Others don't bother to read the manual at all. Which do you think is better? Explain why.

PREPARATION TIME
00: 00: 15

RESPONSE TIME
00: 00: 45

Reading Time: 50 seconds

New Foreign Language Requirement

After serious consideration, the university has decided to institute a new foreign language requirement for all students who begin their studies next year or later. Specifically, students affected by the change must take at least three foreign language courses in order to earn their degrees. Because companies these days prefer bilingual candidates, speaking a second language will help students be more competitive when applying for jobs. Also, university officials believe that the new policy will enable students to communicate well with non-English speakers, putting them in a good position to thrive in the global era in which we live.

Now get ready to answer the question.

The woman expresses her opinion regarding the announcement. State her opinion and explain the reasons she gives for expressing that opinion.

PREPARATION TIME
00: 00: 30

RESPONSE TIME
00: 00: 60

Question 3 of 4

Reading Time: 50 seconds

Scope Creep

In the course of executing a project, it is common for those involved to come up with ideas along the way that would improve or enhance the outcome. But when a project that is already in progress starts to expand beyond its original goals, it is experiencing what is known as scope creep. This can be caused by insufficient communication between parties about the overall aims of the project and by weak management that fails to set clear objectives or boundaries for the team. In general, scope creep is harmful since it leads to needless complications and unforeseen costs. This is because even though the project keeps expanding, usually there is no accompanying increase in time or budget.

Now get ready to answer the question.

Explain how the example from the lecture illustrates scope creep.

PREPARATION TIME
00: 00: 30

RESPONSE TIME
00: 00: 60

Now get ready to answer the question.

Using the examples of arctic ground squirrels and the white-tailed deer, explain two ways mammals deal with the cold in winter.

PREPARATION TIME
00 : 00 : 20

RESPONSE TIME
00 : 00 : 60

SELF-CHECK LIST　TEST 11

이번 테스트는 어땠나요? 다음 체크 리스트로 자신의 테스트 진행 내용을 점검하고 앞으로 개선해야 할 점을 확인해 보세요.

Q1

1. 나는 답안을 말하기 전에 아웃라인을 통해 말하고자 하는 내용을 명확히 정리하였다. ☐ Yes ☐ No
   그러지 못했다면, 그 이유는?
2. 나는 말하고자 하는 내용을 주어진 시간 내에 모두 말하였다. ☐ Yes ☐ No
   그러지 못했다면, 그 이유는?

Q2

1. 나는 주어진 읽기 지문과 대화의 내용을 모두 이해하고 노트테이킹하였다. ☐ Yes ☐ No
   그러지 못했다면, 그 이유는?
2. 나는 말하고자 하는 내용을 주어진 시간 내에 모두 말하였다. ☐ Yes ☐ No
   그러지 못했다면, 그 이유는?

Q3

1. 나는 주어진 읽기 지문과 강의의 내용을 모두 이해하고 노트테이킹하였다. ☐ Yes ☐ No
   그러지 못했다면, 그 이유는?
2. 나는 말하고자 하는 내용을 주어진 시간 내에 모두 말하였다. ☐ Yes ☐ No
   그러지 못했다면, 그 이유는?

Q4

1. 나는 주어진 강의의 내용을 모두 이해하고 노트테이킹하였다. ☐ Yes ☐ No
   그러지 못했다면, 그 이유는?
2. 나는 말하고자 하는 내용을 주어진 시간 내에 모두 말하였다. ☐ Yes ☐ No
   그러지 못했다면, 그 이유는?

goHackers.com

HACKERS TOEFL ACTUAL TEST SPEAKING
TEST 12

INDEPENDENT TASK
Q1

INTEGRATED TASK
Q2 / Q3 / Q4

SELF-CHECK LIST

무료 음원 바로 듣기

🎧 MP3는 TEST 12 폴더에 수록되어 있습니다.

테스트 전 확인사항

☐ 휴대전화의 전원을 껐습니다.
☐ 메모할 종이와 연필이 준비되었습니다.
☐ MP3를 들을 준비가 되었습니다.
☐ 답안 말하기 프로그램을 실행할 준비가 되었습니다.
☐ 시간을 체크할 시계가 준비되었습니다.

Speaking Section Directions

The TOEFL iBT Speaking Section tests your ability to speak about a wide range of subjects.

There are four questions, and you must use the microphone to answer each one.

You will have a limited amount of time to prepare a response for each question.

Question 1 of 4

Do you agree or disagree with the following statement? **It should be mandatory for children to attend school until the age of 16.** Use specific examples and details to support your opinion.

PREPARATION TIME
00 : 00 : 15

RESPONSE TIME
00 : 00 : 45

Reading Time: 50 seconds

Daytime Ban for Private Cars on Campus

Beginning next year, the university aims to ban the use of all private cars on campus from 8 A.M. to 5 P.M. During these times, travel around the campus will be possible by walking, cycling, or using the campus shuttle. This policy change is intended to improve the quality of life on campus by addressing traffic and safety issues. To support this change, the university will introduce a new bike-sharing program with convenient pick-up and drop-off locations. This program will offer an efficient alternative for getting around campus during the hours when private cars are not permitted.

Now get ready to answer the question.

The woman expresses her opinion about the plan described in the announcement. Briefly summarize the plan. Then, state the woman's opinion and explain the reasons she gives for holding that opinion.

PREPARATION TIME
00: 00: 30

RESPONSE TIME
00: 00: 60

Brood Parasites

How successful parents are at getting their offspring to maturity is a crucial factor in the survival of a species. And while many organisms put a great deal of effort into caring for their young, some species have developed an ingenious strategy, which is to rely on others to do the parenting for them. This phenomenon is most commonly studied in birds, and birds that lay their eggs in the nests of others are known as brood parasites. Because brood parasites do not have to invest in raising their young, they are able to perpetuate their genes with very little energy costs.

Now get ready to answer the question.

Using the examples of the brown-headed cowbird and the black-headed duck, explain how brood parasites behave.

Question 4 of 4

Now get ready to answer the question.

Using the examples of peacock flounder and leaf-tail gecko, explain two ways that animals use protective resemblance.

PREPARATION TIME
00: 00: 20

RESPONSE TIME
00: 00: 60

SELF-CHECK LIST   TEST 12

이번 테스트는 어땠나요? 다음 체크 리스트로 자신의 테스트 진행 내용을 점검하고 앞으로 개선해야 할 점을 확인해 보세요.

Q1

1. 나는 답안을 말하기 전에 아웃라인을 통해 말하고자 하는 내용을 명확히 정리하였다. ☐ Yes ☐ No
   그러지 못했다면, 그 이유는?

2. 나는 말하고자 하는 내용을 주어진 시간 내에 모두 말하였다. ☐ Yes ☐ No
   그러지 못했다면, 그 이유는?

Q2

1. 나는 주어진 읽기 지문과 대화의 내용을 모두 이해하고 노트테이킹하였다. ☐ Yes ☐ No
   그러지 못했다면, 그 이유는?

2. 나는 말하고자 하는 내용을 주어진 시간 내에 모두 말하였다. ☐ Yes ☐ No
   그러지 못했다면, 그 이유는?

Q3

1. 나는 주어진 읽기 지문과 강의의 내용을 모두 이해하고 노트테이킹하였다. ☐ Yes ☐ No
   그러지 못했다면, 그 이유는?

2. 나는 말하고자 하는 내용을 주어진 시간 내에 모두 말하였다. ☐ Yes ☐ No
   그러지 못했다면, 그 이유는?

Q4

1. 나는 주어진 강의의 내용을 모두 이해하고 노트테이킹하였다. ☐ Yes ☐ No
   그러지 못했다면, 그 이유는?

2. 나는 말하고자 하는 내용을 주어진 시간 내에 모두 말하였다. ☐ Yes ☐ No
   그러지 못했다면, 그 이유는?

MEMO

본 교재 인강 · 교재 MP3 · iBT 스피킹 실전모의고사 · 답안 말하기 프로그램
해커스인강 HackersIngang.com

토플 쉐도잉&말하기 연습 프로그램 · 토플 스피킹/라이팅 첨삭 게시판 · 토플 공부전략 강의 · 토플 자료 및 유학 정보
고우해커스 goHackers.com